U0670290

本书得到闽南师范大学学术专著出版专项基金资助

宋代产权制度研究

刘 云／著

The Study on the Property
Institutions in the Song Dynasty

中国社会科学出版社

图书在版编目（CIP）数据

宋代产权制度研究／刘云著．—北京：中国社会科学出版社，2019.12
ISBN 978-7-5203-6533-8

Ⅰ.①宋⋯　Ⅱ.①刘⋯　Ⅲ.①中国经济—产权制度—研究—宋代
Ⅳ.①F129.44

中国版本图书馆 CIP 数据核字（2020）第 086989 号

出 版 人　赵剑英
责任编辑　宋燕鹏
责任校对　周　昊
责任印制　李寡寡

出　　　版　中国社会科学出版社
社　　　址　北京鼓楼西大街甲 158 号
邮　　　编　100720
网　　　址　http://www.csspw.cn
发 行 部　010-84083685
门 市 部　010-84029450
经　　　销　新华书店及其他书店

印刷装订　北京君升印刷有限公司
版　　　次　2019 年 12 月第 1 版
印　　　次　2019 年 12 月第 1 次印刷

开　　　本　710×1000　1/16
印　　　张　15.5
插　　　页　2
字　　　数　243 千字
定　　　价　98.00 元

凡购买中国社会科学出版社图书，如有质量问题请与本社营销中心联系调换
电话：010-84083683
版权所有　侵权必究

序

陈明光

历史是人们对过去事实的认知。历史研究者如何掌握和运用认知工具，决定着其研究的广度、深度和创新程度。刘云博士在本书采用产权制度作为其认知对象和阐释工具，我对此颇感兴趣。我一直觉得运用现代产权理论去阐释中国古代的相关社会经济问题，是一个可以有所作为的学术课题。

虽然在中国传世的官私文献中直到民国之前尚无"产权"一词，然而产权的存在却是自古以来的客观历史事实。例如，"溥天之下，莫非王土"①，就是先秦时期出现的一种产权宣示。到了唐五代，官府对产权处置作出空前繁复的法令规定。例如，唐朝的《田令》规定："诸官人、百姓，并不得将田宅舍施及卖易与寺观。违者，钱物及田宅并没官。""诸田为水侵射，不依旧流，新出之地，先给被侵之家。若别县界新出并准此。其两岸异管，从正流为断。""诸竞田，判得已耕种者，后虽改判，苗入种人；耕而未种者，酬其功力。未经判决，强耕种者，苗从地判。""诸职分陆田（注：桑柘、絤绢等目）限三月三十日，稻田限四月三十日。以前上者，并入后人；以后上者，入前人。其麦田以九月三十日为限。若前人自耕未种，后人酬其功直；已自种者，准租分法。其限有月闰者，只以所附月为限，不得更理闰月。若非次移任，已施功力，交与现官者，见官亦酌其功

---

① 《诗经·北山》。

1

直，同官均分如法。若罪犯不至，去官，虽在禁，其田并同见任；去官者，同阙官例。或本官暂出即还者，其权署之人不在分给。”“诸公私田荒废三年以上，有能借佃者，经官司申牒借之，虽隔越亦听。（注：易田于易限之内，不在倍限。）私田三年还主，公田九年还官。其私田虽废三年，主欲自佃，先尽其主。限满之日，所借人口分田未足者，官田即听充口分（注：若当县受田悉足者，年限虽满，亦不在追限。应得永业者，听充永业。）私田不合。令其借而不耕，经二年者，任有力者借之。即不自加功转分与人者，其地即回借见佃之人。若佃人虽经熟讫，三年之外不能耕种，依式追回，改给。”①

再如，唐宣宗大中二年（848）正月制：

> 所在逃户，见在桑田屋宇等，多是暂时东西，便被邻人与所由等计会，虽云代纳税钱，悉将斫伐毁折。及愿归复，多已荡尽，因致荒废，遂成闲田。从今已后，如有此色，勒乡村老人与所由并邻近等同检勘分明，分析作状，送县入案。任邻人及无田产人，且为佃事，与纳税粮。如五年内不来复业者，便任佃人为主，逃户不在论理之限。其屋宇桑田树木等权佃人，逃户未归五年内，不得辄有毁除斫伐。如有违犯者，据限日量情以科责，并科所由等不检校之罪。②

后周显德二年（955）五月二十五日的敕文规定：

> 应自前及今后有逃户庄田，许人请射承佃，供纳租税。如三周年后本户归来业者，其桑土不论荒熟并庄田（三分）交还一分。应已上承佃户如是自出力别盖造到屋舍，及栽种到树木、园圃，并不在交还之限。如五周年外归业者，庄田除本户坟茔外，不在交付。如有荒废桑土，承佃户自来无力佃莳，只仰交割与归业人户佃莳。③

---

① 天一阁博物馆等：《天一阁藏明钞本天圣令校证》下册，中华书局 2006 年版，第 253—259 页。

② （宋）王溥：《唐会要》卷八五《逃户》。

③ （宋）王溥：《五代会要》卷二五《逃户》。

又如，唐元和六年（811）以后的一段敕文称：

> 应典卖倚当物业，先问房亲。房亲不要，次问四邻。四邻不要，他人并得交易。房亲着价不尽，亦任就得价高处交易。如业主、牙人等欺罔邻、亲，契帖内虚抬价钱，及邻、亲妄有遮恡者，并据所欺钱数与情状轻重，酌量科断。①

上述法令规定涉及田宅一类产权在所有权、占有权、经营权、阻止他人侵犯权、收益权、处置权等多个层面的分割或重组，它们都或多或少的牵扯着特定的社会经济关系，对当时的社会经济生活带来复杂的影响。

对于如何运用现代产权理论去阐释中国古代的相关社会经济问题，我曾写过几篇文章试作探讨，②并发现从传世文献所展示的纷繁历史事实来看，宋朝是中国古代产权制度变迁承上启下的重要历史时期，宋朝的产权是一个兼具复杂性和学术创新性的研究领域，因此鼓励青年学者大胆加以尝试。2000—2003年我曾指导姜密女史撰成博士学位论文《宋代"系官田产"研究》③，从产权变动的角度比较系统地探讨了宋朝国有土地制度的若干重要问题。2004—2007年我则指导刘云君撰成博士学位论文《宋代产权制度专题研究》。该文选择宋代的产权结构、财产检校制度、产权文书等作为论述对象，认为宋代产权制度的基本内容，是出于对交易成本与产权收益的考量，宋代各产权主体调整产权权利束组合，国家修改法令以适应并规范产权权利，并以产权文书作为联接资产、产权主体与国家的媒介。文中通过实证分析与理论阐释，说明了产权制度在激励宋代社会经济的发展，提高宋代基层民众的社会福利，维护社会秩序，稳定宋朝社会的经济基础等方面所发挥的作用。我作为指导老师，对该文稿有过先睹之欣快，间为商榷之迟吟。2007年6月，在听取了评审专家的意见和修改建议之

---

① （宋）窦仪等撰：《宋刑统》卷一二《户婚律·典卖指当物业》，中华书局1984年点校本。

② 参见拙文《六朝"民田"的产权及交易方式》（《河北学刊》2010年第2期），《唐五代逃田产权制度变迁》（《厦门大学学报》2004年第4期），《宋朝逃田产权制度与地方政府管理职能变迁》（《文史哲》2005年第1期），《司法与产权——唐五代的"籍没家产"》，（韩国《亚洲研究》第5卷，韩国汉城2009年版）。

③ 中国社会科学出版社2006年版。

后，刘云君顺利通过论文答辩。其后他将学位论文的部分内容在学术期刊发表多篇论文，现复经修订润色，付梓刊行。我相信本书的正式出版能方便学界同仁比较完整地检视刘云博士迄今为止对宋代产权制度的研究方法、资料运用和研究心得，之后对其得失提出中肯的意见和建议，相互促进，以更加深入地开展宋代产权制度乃至宋代社会经济史的研究，从而取得更多更好的学术成果。

2017 年 6 月 1 日于厦门大学敬贤寓所

目　　录

绪　　论

一　产权概念界定及其历史适用性

美国法律经济学家波斯纳（Posner，Richard A.）认为，产权具有普遍性的特点，[①] 即世界上几乎每个人都有自己的财产或者资产[②]，而资源存在相对稀缺性与分布的不均衡性，以及个人获得的资源不同，为了各自的需要，人们之间必然会围绕资产或财产的各种权利问题产生各种关系，这些财产权利应当包括财产的所有、经营、收益、交易、分割、继承等，这就有了所谓的产权问题。自 20 世纪 30 年代罗纳德·科斯（Coase，Ronald H.）发表《论企业的性质》[③] 一文以来，产权问题逐渐得到经济学家的重视，他们对产权进行了专门研究，逐渐建立一套产权理论。到 20 世纪 90 年代初，产权理论逐渐为人们所接受，在世界上形成了比较著名的一个经济学流派——产权学派，他们研究的这门学科也被称为产权经济学。

产权经济学认为，产权是一种排他性权利，也是一个由多种权利构成的权利束。[④] 产权不是指人与物之间的关系，而是指由社会强制实施的围

---

① Richard A. Posner, *The Economic Analysis of Law*, Boston and Toronto：Little Brown, 1972：p. 29.

② 本书提到的"资产"或者"资源"主要是指在宋代跟国计民生密切相关的各种土地、房舍、园圃、坑冶矿产、河流山川湖泊等自然物质以及能给人们带来各种收益的物质或非物质形态的有价值的东西。

③ Ronald H. Coase, "The Nature of the Firm", *Economica* 4, 1937：pp. 386 – 405.

④ Ronald H. Coase, "The Problem of Social Cost", *Journal of Law and Economics* 3, No. 1, October, 1960：pp. 1 – 44.

绕一定资源及其使用所引起的人们之间相互认可的权、责、利关系。在具体内容上，产权包括一定资源的所有权、使用权、经营权、处置权、收益权、交易权、继承权、阻止他人侵犯等权利，具有激励功能、约束功能、资源配置功能等，同时兼有排他性、可分割性、可转移性等特点。产权是一种社会工具，能帮助一个人形成他与其他人进行交易时的合理预期，而这些预期主要通过社会的法律、习俗和道德得到表达。[①] 在本书，笔者对产权权利束的内容有所调整，并根据相关文献对其中的主要概念稍作解释：[②]

（1）所有权，是指资产所有人排他性地拥有某种资产并排他性地行使附着在资产上的各种权利的权利，这实际上是一种抽象性的权利。

（2）占有权，是指资产所有者排他性支配自己的法定资产，或者是获得资产所有者的授权而排他性支配他人资产的权利。

（3）经营权，是指资产所有者及其授权者排他性支配资产进行生产、加工、租借、贸易、消费等的权利。

（4）处置权，是指资产所有者及其授权者排他性地将合法资产进行分割、交换与交易、馈赠等的权利。

（5）收益权，是指资产所有者及其授权者排他性地分享由资产带来的各种收益的权利。

（6）阻止他人侵犯权，是指资产所有者及其授权者在自己的排他性权利受到侵犯时可以向国家权力机构或者其他权威机构进行申诉的权利。

概括言之，这个产权权利束主要是指对资产进行保存、交换、分割与重组的过程。

在产权结构或者内容上，根据资产所有者（即产权主体）享受财产权利的方式不同，所有的资产可分为国有（或公有）产权、私有产权、共有

---

① ［美］德姆塞茨：《关于产权的理论》，［美］科斯、诺斯等编著：《财产权利与制度变迁——产权学派与制度学派译文集》，刘守英等译，上海人民出版社、上海三联书店 2002 年版，第 96—113 页。

② 下面的解释笔者参考了以下论著的观点：A. M. Honoré, Ownership, In Anthony Gordon Guest (ed.), *Oxford Essays in Jurisprudence: a collaborative work*, Oxford: Oxford University Press, 1961: pp. 35 - 57；［英］F. H. Lawson & Bernard Rudden, *The Law of Property*, Oxford: Clarendon, 1982: pp. 6 - 8.

产权以及开放性资源四大类。①

秘鲁当代著名经济学家赫尔南多·德·索托（Hernando de Soto）指出，产权是"人们之间围绕财产的保存、使用和交换而达成共识"的法律表述，从而使人们通过一系列确认、固定和实现产权潜在价值的程序或者原则，使全社会能够从这些资产中提取潜在的附加值，实现社会经济的增长。产权具有六大效应：确定资产的经济潜能；将分散的信息纳入一种制度；建立责任和信用体系；使资产具有可交换性；建立产权的人际关系网络；保护产权交易。② 简而言之，产权制度构成对社会经济行为的激励。③

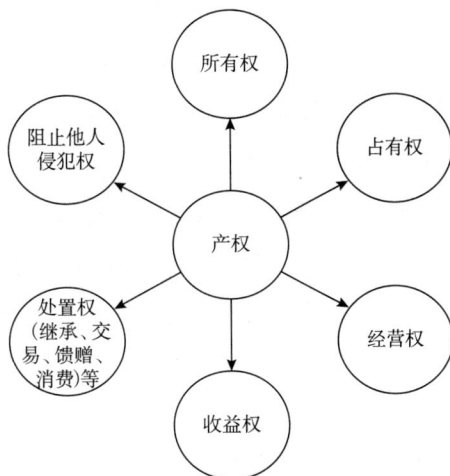

图 0-1 产权权利束示意图

笔者认为，在中国传统社会中，产权一般可以分为国有产权、私有产权、共有产权以及开放性资源四个部分。唐宋以来的史籍记载有相关的论述：唐代的田产有"官田""私田""寺观田"的三分法，宋代则有官产、私产（或称民产）以及寺观产业之分。每部分产权主体的权利束（见图 0-1）是社会经济发展的主要推动力之一，交易成本与产权收益的考虑

---

① ［冰岛］思拉恩·埃格特森：《经济行为与制度》，吴经邦等译，商务印书馆 2004 年版，第 37—38 页。

② ［秘鲁］Hernando de Soto：《资本的秘密》，于海生译，华夏出版社 2007 年版，第 36—46、122 页。

③ ［美］Gary D. Libecap：《产权的缔约分析》，陈宇东等译，中国社会科学出版社 2001 年版，第 12 页。

是各个产权主体调节产权权利束组合的主要因素。产权具有社会属性，即在中国古代社会，各阶层人们的身份与地位直接影响到他们在整个社会经济体系中产权的分配数量与权利享受。如西汉初年的《赐律》规定，不同爵位的人以及"公卒、士五、庶人"与"司寇隐官"等社会其他阶层的人们可以拥有不同数量的"赐田"与"宅"；[①] 西晋平吴后，朝廷允许"国王公侯"在京城拥有一处住宅，并可以在近郊占有一定数量的"刍藁之田"，也允许其他城内无宅城外有宅的人保留自己的住宅；随后颁布的"户调之式"规定了一般庶民占田与课田的数量，也规定品官之家按照"官品第一至于第九，各以贵贱占田"，以及"各以品之高卑荫其亲属"并荫占一定数量的"衣食客及佃客"；[②] 北魏[③]与西魏、北齐、北周以及隋朝[④]的田令也规定了品官至庶人占田宅、荫占奴婢（奴婢也受田）的数量和受还之制；唐代田令规定，各级官员按照"官、爵及勋"授田，庶民、官奴婢也有统一的授田、还田标准。[⑤] 隋朝[⑥]、唐朝[⑦]还有根据官员职位高低授予职分田与公廨田的规定，宋代[⑧]与元代[⑨]官员则只有职田。宋代有"限田免役"之法，根据官员官品高低限定他们可以蠲免差役与赋税的田地数量；[⑩] 还有法令规定官员与庶民死后下葬所占墓田的大小。[⑪]

① 张家山汉墓二四七号竹简整理小组：《张家山汉墓竹简［二四七号墓］》，文物出版社2001年版，第179—181页。

② （唐）房玄龄等：《晋书》卷二六《食货志》，中华书局1974年标点本，第790—791页。

③ （北齐）魏收：《魏书》卷一一〇《食货志》，中华书局1974年标点本，第2853—2854页。

④ 四个朝代的田令皆见（唐）魏征等《隋书》卷二四《食货志》，中华书局1982年标点本，第671—693页。五个朝代田令的具体论述还可以参考杨际平《北朝隋唐均田制新探》第一章第五节，岳麓书社2003年版，第61—75页。

⑤ （唐）杜佑：《通典》卷二《食货二·田制下》，浙江古籍出版社2000年影印万有文库十通本，第15—16页。

⑥ （唐）魏征等：《隋书》卷二四《食货志》，第671—693页。

⑦ （唐）李林甫等：《唐六典》卷三《尚书户部》，陈仲夫点校，中华书局2005年版，第75—76页。

⑧ （宋）佚名：《宋大诏令集》卷一七八《定职田诏》，中华书局1997年影印本，第642—643页。

⑨ （明）宋濂等：《元史》卷九六《食货志四·职田数》，中华书局1976年标点本，第2465—2466页。

⑩ （宋）谢深甫等：《庆元条法事类》卷四八《赋役门一·科敷·田格》，中国书店1990年影印本，第359—360页。

⑪ （宋）谢深甫等：《庆元条法事类》卷七七《服制门·丧葬·服制式（墓田）》，第444页。

　　当然，在中国古代社会中，产权的经济属性与社会属性实际上很难截然分割开来，在不同的场合二者只是有轻重或主次的区分。秦汉时期，国家主导社会身份性产权分配，说明由于当时社会生产技术相对落后，只有以强大的国家势力与宗族势力直接介入经济生产过程，才能使当时社会生产成本最小化，从而稳定整个社会经济，这种社会身份性产权实际上也蕴含着经济属性。随着社会经济技术的发展[1]与社会结构的变迁，从唐代中后期开始，市场配置资源的方式逐渐占据了主要位置，产权制度以经济属性运行为主，产权的社会属性主要表现在社会的经济协调[2]与财产的分割继承当中（详见本书第二章、第三章）。而正是唐中后期后，身份性的产权分配方式被市场的产权分配方式所取代，社会各阶层可以比较自由地进入产权权利束当中，这扩大了产权权利束的规模，产生了产权的"倍乘"效应。宋代以后，中国经济发展进入了新的增长阶段。

　　现有研究成果业已表明，产权理论作为分析工具应用于中国古代经济史研究具有可行性，但是必须结合具体史实，有选择地加以使用。[3]

　　中国的传世文献似乎没有一个专门的词汇，可以明确对应现代意义的"产权"概念，但有一些含义相近的词语。早在公元前7世纪，管子（？—前645）就认识到"民产"[4] 对国家和社会的意义比较重大，或者称为"财物"[5]、"资财"[6]；孟子（约前372—前289）敏锐地观察到"恒产"

---

　　[1]　参考郑学檬《中国古代经济重心南移和唐宋江南经济研究》，岳麓书社2003年版。

　　[2]　梁庚尧：《南宋的农村经济》第五章，台北联经出版事业公司1984年版，第261—232页。

　　[3]　参考陈明光《论唐五代逃田产权制度变迁》（《厦门大学学报》2004年第4期）、《宋朝逃田产权制度与地方政府管理职能变迁》（《文史哲》2005年第1期）；概括性论述参考王棣《宋代经济史稿》（导言：对宋代经济的基本估计，第一章宋代社会经济鸟瞰）（长春出版社2001年版，第1—70页）。另参考刘云：《论唐前期的土地产权制度》（《厦门大学学报》2006年第1期）。

　　[4]　《管子校注》卷五《八观第十三》云："计敌与，量上意，察国本，观民产之所有余不足，而存亡之国可知也"（新编诸子集成本，梁运华整理，中华书局2004年版，第272页）。

　　[5]　《管子校注》卷二十四《轻重丁第八十三》云："……贷称之家皆折其券而削其书。发其积藏，出其财物，以赈贫病，分其故赏，故国中大给……"（第1493页）。

　　[6]　《管子校注》卷二十四《轻重丁第八十三》云："功臣之家皆争发其积藏，出其资财，以予其远近兄弟"（第1490页）。《韩非子·解老第二十》亦云"所谓廉者，必生死之命也，轻恬资财也"（韩非：《韩非子》第六卷《解老第二十》，张觉点校，岳麓书社1997年版，第125页）。

"民产"对经济和社会有巨大影响；① 韩非子（约前 280—前 233）则称为"产业""资财"；② 秦汉以来，有称为"家业""家赀""赀产""田产"的。唐宋时期，人们对"产业"或者"资产"的认识与分类越来越清楚。唐初欧阳询（557—641）主编的《艺文类聚》卷六十五、六十六有"产业部"，内容包括农、田、园、圃、蚕、织、鋷、市、田猎、钓、钱，一共 10 种。按照文中的解释，这里的"农"主要是来自农田的收获；"田""园""圃""市""钱"等本身就是有价值的资源；"蚕""织"则是通过一定的生产技术获得的收益；"鋷"可视为通过采矿冶炼而获得的收益；"田猎"与"钓"是从山林与水泽中获得的收益。这些可以当作唐人对各种资源的产权收益的认识；③ 而宋代李昉（925—996）等人编辑的《太平御览》卷八二一到卷八三六有"资产部"，里面列举了田、农、耒、获、蚕、织、市、屠、商贾、猎、陶、钓、钱 13 种。④ 在唐人认识的基础上，宋人对资源的分类更细，如把农业生产工具"耒"视为能获得收益的资源，把"农""屠""商贾"归结为一种能获得收益的技术，"获"主要是指来自土地、果园、菜圃等的收益，技术收益中加入了"陶"作为一种手工技术，其他则如旧。不过李昉等人的观点应该只是代表了北宋前期宋人的认识。淳化五年（994）三月，宋太宗诏称："自今每岁以人丁、物力定差，第一等户充里正，第二等户充户长，不得冒名应役。"⑤ 此所谓的"物力"应该就是现代人所说的"资产"。绍定二年（1229），权发遣处州叶武

① 《孟子注疏》卷第一下《梁惠王章句上》云："无恒产而有恒心者，惟士为能。若民，则无恒产，因无恒心。……是故明君制民之产，必使仰足以事父母，俯足以畜妻子，乐岁终身饱，凶年免于死亡。然后驱而之善，故民之从之也轻。"（李学勤主编：《十三经注疏·孟子注疏》，北京大学出版社 1999 年标点本，第 23 页）

② 《韩非子·解老第二十》云"民不敢犯法，则上内不用刑罚，而外不事利其产业，上内不用刑罚、而外不事利其产业则民蓄息，民蓄息而畜积盛，民蓄息而畜积盛之谓有德"（第 128 页）；另见司马迁《史记》卷三十《平准书》云："其明年，山东被水灾，民多饥乏。于是天子遣使者虚郡国仓廥，以振贫民。犹不足，又募豪富人相贷假。尚不能相救，乃徙贫民于关以西，及充朔方以南新秦中，七十余万口，衣食皆仰给县官。数岁，假予产业，使者分部护之，冠盖相望。其费以亿计，不可胜数"（中华书局 1963 年标点本，第 1425 页），等等。

③ （唐）欧阳询等：《艺文类聚》卷六五至六六，中华书局 1965 年标点本，第 1157—1183 页。

④ （宋）李昉等：《太平御览》卷八二一至八三六，中华书局 1985 年影印本，第 3654—3737 页。

⑤ （宋）李焘：《续资治通鉴长编》（以下简称为《长编》）卷三五，太宗淳化五年三月戊辰，上海师范大学古籍整理研究所等点校，中华书局 1995 年标点本，第 775 页。

子奏称："本州七县除二税之外，复有和买，而和买所敷，则起于物力。物力有贰，有实业物力，有浮财物力。"① 可见宋人又把资产分为实业与浮财两大类。宋代的实业主要指"民田、庐舍、牛具、畜产、桑枣杂木"等。浮财主要包括"农器、春磨、铲釜、犬豕"以及金银、钱币、纸币等。② 宋代社会各阶层围绕"产业"或"资产"（实业与浮财）等资源及其使用而形成的由社会强制实施的人们之间相互认可的权、责、利关系，就是本所说的宋代产权制度，为行文简约，均以"产权"名之。

古往今来，产权的实施都具有社会强制性，因为在频繁的产权活动中，必然涉及各种产权的所有权、占有权、经营权、收益权、交易权、继承权的分割与重新组合，自然容易产生各种纠纷乃至弊端，正如宋人许月卿（1216—1285）所言，"利之所在，害亦随之"③。为了处理这些纠纷，克服弊端，政府就必须进行强有力的、公正的产权界定和保护。因此，政府作为第三方，是产权的界定者、仲裁者、保护者，通过行政、军队、警察、法院等维持整个产权体系的运转。

国家具有界定权、裁判权与征税权三大产权权力，各种产权法令是其具体表现方式。各种产权文书是连接国家、资产以及各产权主体的主要媒介，从而对产权制度的实施起到关键性的作用。新经济史学认为，国家的存在是经济增长的关键，同时国家又是人为经济衰退的根源。④ 从中国古代经济史来看，政府在宏观上主要是通过调节土地产权的权利束来达到促进经济增长的目的。春秋时期秦国商鞅变法，"废井田，开阡陌"，开启了中国历史上产权制度变革的新时代。正是土地产权的激励，使得秦国的经济迅速发展，国力大增，一跃成为春秋强国，为秦始皇最终统一全国奠定

---

① （清）陆心源：《括苍金石志》卷七《叶武子奏免浮财物力割付碑》，《续修四库全书》，上海古籍出版社1995年版，史部，第911册，第53—55页。

② 《长编》卷二七七，"神宗熙宁九年九月是秋"，第6789页；"浮财"并参考（宋）刘克庄《后村先生大全集》卷之一九三《书判（江东皋司）·建昌县刘氏诉立嗣事》，四部丛刊初编本，上海书店1936年版，第10页上栏—第17页下栏）。另参考邢铁《宋代家庭研究》，上海人民出版社2005年版，第133—134、158—159页。

③ （宋）许月卿：《百官箴》卷六《提举市舶箴》，文渊阁《四库全书》，台湾商务印书馆1986年版，史部，第602册，第702页。

④ [美]道格拉斯·诺思：《经济史中的结构与变迁》，陈郁等译，上海三联书店、上海人民出版社2002年版，第20页。

了坚实的经济基础。此后，秦始皇"令黔首自实其田"，西汉的"公卿授田""分田劫假"，王莽更"名田之制"，刘秀"度田"，曹魏实行"户调"制度，西晋推行"占田"制度，北魏至隋唐的"均田"制度，以及北宋的"度田""方田"与南宋的"经界""推排""公田"，等等，这些以调整土地产权权利束为核心的产权政策一直是中国古代统治者调节宏观经济的主要经济工具，每一次都不同程度地反映了产权制度的变革。

因此，本书拟阐述的宋代产权制度的基本内容是，出于对交易成本与产权收益的考量，宋代各产权主体调整产权权利束组合，国家修改法令以适应并规范产权权利，并以产权文书作为连接资产、产权主体与国家的媒介。

目前中国正处于社会经济发展转型阶段，制约经济发展的瓶颈之一是整个国民经济的产权结构严重失调，农业领域的产权制度建设严重滞后，导致农村一方面经济增长缓慢，农民收入不理想，另一方面农村劳动力严重过剩，农地抛荒现象仍然严重。全国人大第十届第五次会议上通过的《物权法》对社会经济生活的影响也刚刚开始。因此，研究宋代产权制度及其实施状况，有助于我们了解中国产权制度的历史变迁，并从中得出有益的启示。

二 学术史回顾

近代以来，学人对于宋代史的研究硕果斐然，对经济史的研究用功尤勤，产权制度，尤其是土地产权制度为其中的热点、难点之一。林文勋教授对 20 世纪宋代土地制度的百年研究做了学术总结，[①] 同时学界对于土地制度之外的其他产权问题的总结则相对薄弱。根据本书的论题内容，以下学术史的回顾，重点放在宋代的产权结构、产权管理法令、财产检校制度与产权文书等方面。为简便行文，以下提及诸位作者均省去敬称，尚请见谅。

---

① 参考林文勋《宋代土地制度研究述评》，包伟民主编《宋代制度史研究百年（1900—2000）》，商务印书馆 2004 年版，第 374—413 页；亦可参见姜密《宋代"系官田产"研究》前言，博士学位论文，厦门大学，2003 年，第 7—15 页。

关于宋代产权制度的宏观研究，王棣认为，宋代土地产权形态有三个变化，即私有土地产权的法律界定的明晰化、宋代土地产权交易的自由化、私有土地产权的集中化。[①] 魏天安认为，中唐两税法后土地制度变化的重要特点是，国家法权对土地所有权由诸多限制变为更加尊重和放任，土地所有权由较为模糊到更加清晰。[②] 宫崎市定[③]、梁庚尧[④]、王棣[⑤]、赵冈[⑥]均注意到宋代地权出现分散化的趋势。杨际平[⑦]则认为北宋时期地权集中的同时也存在地权分散的倾向，两者方向相反，在很大程度上起相互抵消的作用。陈明光[⑧]指出，汉宋时期"计赀定课"在制度层面上一直存在着若干严重缺陷，主要是资产评估的法定对象的界定长期不明晰，没有设定免征基数，资产评估方法不完善等，由此不可避免地造成制度实施的诸多弊端，并对农村经济发展产生不小的阻碍作用。究其原因，农村经济发展水平的地区不平衡，农村商品货币经济的普遍不发达，是当时的统治集团无法克服上述"计赀定课"的制度缺陷的客观原因。林文勋[⑨]认为唐宋时期土地产权制度出现变革，即社会承认土地所有者身份的合法性，将"税"与"租"分开，土地私有产权受到国家法律保护，政府在土地所有制关系中的职能与作用发生根本性变革，并产生了巨大的社会效应：促进了土地资源的优化配置，推动了生产关系的发展变化，促进了"富民"这一新兴的社会阶层的兴起，直接推动了土地的垦殖。

关于宋代产权制度的微观研究，先辈时贤对所有权、经营与收益权、交易权、继承权以及政府的产权管理等进行了不同程度的研究，相关主要

---

① 王棣：《宋代经济史稿》，第 24—32 页。

② 魏天安：《从模糊到明晰：中国古代土地产权制度之变迁》，《中国农史》2003 年第 4 期。

③ [日] 宫崎市定：《宋代以后の土地所有形态》，《东洋史研究》第十二卷第二号，1955 年 12 月；载氏著：《アジア史研究》第四，京都同朋舍 1978 年版，第 87—129 页。

④ 梁庚尧：《南宋的农村经济》，第 122—131 页。

⑤ 王棣：《宋代经济史稿》，第 203—204 页。

⑥ [美] 赵冈：《地权分配的长期趋势》，《中国社会经济史研究》2002 年第 1 期。

⑦ 杨际平：《中晚唐五代北宋地权的集中与分散》，《中国社会经济史研究》2005 年第 3 期。

⑧ 陈明光：《试论汉宋时期农村"计赀定课"的制度性缺陷》，《文史哲》2007 年第 2 期。

⑨ 林文勋：《唐宋土地产权制度的变革及其效应》，缪坤和主编：《经济史论丛（一）》，中国经济出版社 2005 年版，第 20—40 页。

成果如下：

第一，就现有的论著来看，有关宋代产权制度的大部分研究都集中在土地产权制度方面，对国有产权的研究最多，私有产权和共有产权相对较少。国有产权制度的研究，主要集中在官田（包括公田、开垦的荒田、没官田、水利田、官圩田、湖田、牧田、职田、学田、逃田、户绝田、屯田与营田等）、国有房产[①]的研究。陶希圣最早研究了宋代职田制度的变化与收入的形式[②]，若璋在 1948 年开始研究宋代的屯田[③]。大致同时期的日本学者日野开三郎对南宋时期官田作物种植进行了相关研究[④]，吉冈义信研究了宋代湖田的发展经过以及对南宋财政收入的重要性[⑤]。

新中国成立后，不少学者对官田进行了不同程度的研究。程溯洛[⑥]对宋代官田的数量进行了考证，并指出与农民的关系。杨国宜[⑦]、张邦炜[⑧]、赵振绪[⑨]研究了宋代屯田与边防的重要性，指出边屯能节省军费开支。蒋兆成[⑩]认为，两宋时期官田有两个显著变化，一是官田普遍采用租佃制，对农民和士兵进行地租剥削，二是官田私有化，即官田变为私田。李英华[⑪]认为，宋代官田从直接强制劳动者生产到包佃制是一种进步。曾琼碧[⑫]分析了宋代官田的来源，并指出官私土地之间存在相互转化的现象，也有论及南宋的屯田与营田制度。魏天安[⑬]论证了宋代官庄的内涵与性质、官

---

① 参见胡建华《宋代城市房地产管理简论》，《中国史研究》1989 年第 4 期；魏华仙《从〈夷坚志〉看宋代房产诸形态》，《贵州文史丛刊》2005 年第 2 期。

② 陶希圣：《宋代的职田》，《食货半月刊》2 卷 4 期，1935 年 6 月。

③ 若璋：《宋代的屯田》，《东南日报》1948 年 2 月 2 日第 4 版。

④ ［日］日野开三郎：《南宋官田の附种に就いて——宋代の赁・租牛と牛政第二章》，《史渊》五八，1953 年 9 月。

⑤ ［日］吉冈义信：《宋代の湖田》，《铃峰女子短大研究集报》(3)，1956 年 10 月，第 23—45 页。

⑥ 程溯洛：《南宋的官田与农民》，《历史教学》1953 年第 8 期。

⑦ 杨国宜：《北宋土地占有形态及其影响》，《历史教学问题》3 卷，1958 年 3 月。

⑧ 张邦炜：《论宋代的官田》，《甘肃师大学报》1962 年第 4 期。

⑨ 赵振绪：《宋代屯田与边防重要性》，《中华文化复兴月刊》3 卷 2 期，1970 年 11 月。

⑩ 蒋兆成：《宋代官田的演变》，《杭州大学学报》1981 年第 3 期；《宋代官田的衰落》，《河北大学学报》1982 年第 3 期。

⑪ 李英华：《封建国有土地制琐议》，《云南社会科学》1989 年第 6 期。

⑫ 曾琼碧：《宋代官田的来源以及官私土地的相互转化》，《中山大学学报》1993 年第 1 期。

⑬ 魏天安：《宋代官庄制度考实》，《河南大学学报》1991 年第 4 期；《宋代官田的数量和来源》，《中州学刊》1991 年第 4 期。

庄的组织形式以及产品分配方式，认为宋代的官田数量在熙宁七年（1074 年）多达八十万顷，占垦田总数的 10% 以上。姜密①也有相似的观点。陈明光②用产权理论对宋代的逃田进行了新的研究。漆侠③研究了学田的租佃关系，周荔④则较全面地研究了学田的起始与发展、性质及其来源、管理制度、被侵占情况以及作用和影响，认为学田无论在促进文化教育事业发展，或是在促进社会生产力发展方面，都起了积极作用。汤开建⑤、郦家驹⑥、李清凌⑦、侯家驹⑧、李蔚⑨、章峰⑩、安国楼⑪、崔永红⑫、覃乃昌⑬、杭宏秋⑭、史继刚⑮、雷震⑯、蛭田展充⑰、覃雪源⑱、程龙⑲等研究了屯田或营田的相关问题，并进行了一些相关的辩论，展

① 姜密：《宋代"系官田产"释义》，《厦门大学学报》2003 年第4 期。

② 陈明光：《宋朝逃田产权制度与地方政府管理职能变迁》，《文史哲》2005 年第 1 期。

③ 漆侠：《宋代学田制中封建租佃关系的发展》，《社会科学战线》1979 年第 3 期。

④ 周荔：《宋代的学田》，中国社会科学院历史研究所经济史研究组编：《中国古代社会经济史诸问题》，福建人民出版社 1990 年版，第 153—174 页。

⑤ 汤开建：《试论南宋的营田》，《兰州大学学报》1982 年第 1 期。

⑥ 郦家驹：《论南宋的屯田和营田》，中国社会科学院历史研究所宋辽金元史研究室编：《宋辽金史论丛》第一辑，中华书局 1985 年版，第 135—151 页；《再论南宋的屯田和营田》，邓广铭、郦家驹等主编：《宋史研究论文集 1982 年年会编刊》，河南人民出版社 1984 年版，第 134—157 页。

⑦ 李清凌：《关于宋代营田的几个问题》，《西北师院学报》1985 年第 3 期。

⑧ 侯家驹：《宋代屯田营田辨》，《中华文化复兴月刊》19 卷 9 期，1986 年。

⑨ 李蔚：《论宋代西北的屯田》，邓广铭、漆侠等主编：《宋史研究论文集 1987 年年会编刊》，河北教育出版社 1989 年版，第 207—237 页。

⑩ 章峰：《论宋代的屯田与营田——"屯田以兵，营田以民"说刍议》，武建国主编：《中国经济史研究》，云南人民出版社 1990 年版。

⑪ 安国楼：《北宋军事方田制述略》，《杭州大学学报》1992 年第 4 期。

⑫ 崔永红：《北宋河湟地区招刺弓箭手垦田戍守的措施及意义》，《青海社会科学》1993 年第 3 期。

⑬ 覃乃昌：《唐宋至明清时期广西的屯田》，《广西民族研究》1997 年第 1 期。

⑭ 杭宏秋：《南宋江淮屯田史略》，《古今农业》1999 年第 1 期。

⑮ 史继刚：《宋代屯田、营田问题新探》，《中国社会经济史研究》1999 年第 2 期。

⑯ 雷震：《南宋时期汉中的屯田与水利》，《汉中师范学院学报》1999 年第 2 期；《南宋沿边屯田的原因及其作用》，《汉中师范学院学报》2001 年第 2 期。

⑰ ［日］蛭田展充：《宋初河北の屯田政策》，《史観》〈早稻田大学史学会〉141，1999 年 9 月，第 30—43 页。

⑱ 覃雪源：《唐宋至明清时期广西的屯田制度》，《史林》2000 年第 1 期。

⑲ 程龙：《论康定庆历时期西北沿边屯田与宋夏战争的互动关系》，《中国历史地理论丛》2006 年第 1 辑。

示了人们对国有产权认识的变化。周藤吉之①、宁可②、巴兆祥③、何勇强④、庄华峰⑤等阐述了圩田的国有特征，穆朝庆⑥、李清凌⑦等对职田，小竹文夫⑧、董光涛⑨、周宝珠⑩等对淤田，以及徐黎丽对牧田和赐田⑪，进行了研究，他们认为这些田产大多属国有产权；玉井是博⑫、河原由郎⑬等也指出水利田大部分是属于国有产权。而对于私有产权的研究方面，上文提到的研究圩田的学者认为圩田中也有私有性质的，不过规模较小，大多数研究者主要侧重于对意识形态的划分⑭，不过西嶋隽玭⑮、

① ［日］周藤吉之：《宋代浙西地方の围田の发展——土地所有制との关系》，初刊于《东洋文化研究所纪要》三九，1966 年；《宋代浙西地方の围田の发展补论》，《东洋大学大学院纪要》四，1969 年；皆收入氏著：《宋代史研究》，东京大学东洋文库 1970 年版，第 305—436 页。

② 宁可：《宋代的圩田》，《史学月刊》1958 年第 12 期。

③ 巴兆祥：《江淮地区圩田的兴筑与维护》，《中国农史》1997 年第 3 期。

④ 何勇强：《论唐宋时期圩田的三种形态——以太湖流域的圩田为中心》，《浙江学刊》2003 年第 3 期。

⑤ 庄华峰：《古代江南地区圩田开发及其对生态环境的影响》，《中国历史地理论丛》2005 年第 3 辑。

⑥ 穆朝庆：《论宋代的职田制度：兼评"厚俸养廉"政策》，《中州学刊》1992 年第 4 期。

⑦ 李清凌：《宋代的职田制度与廉政措施》，《西北师大学报》1997 年第 1 期。

⑧ ［日］小竹文夫：《支那民族の开垦治田形态——围田又は圩田を中心として》，《支那研究》五八。

⑨ 董光涛：《宋代淤田推广之研究》，《花莲师专学报》1 卷 3 期，1971 年夏。

⑩ 周宝珠：《宋代北方的淤田》，《史学月刊》1964 年第 10 期。

⑪ 徐黎丽：《两宋牧田探析》，《开发研究》1994 年第 4 期；《略论两宋的赐田》，《内蒙古民族师院学报》1995 年第 2 期。

⑫ ［日］玉井是博：《宋代水利田の一特异相》，初刊于《史学论丛》〈京城帝国大学文学会论丛七〉，收入氏著：《支那社会经济史研究》，东京岩波书店 1943 年版，第 355—414 页。

⑬ ［日］河原由郎：《宋初に于ける自作农育成过程にみる襄州水利田の开发について》，《史学研究》五一；《宋代特に治平・熙宁年间に于ける唐・襄二州水利田の开发について》，《东洋史学》八。

⑭ 参考南开大学历史系中国古代史教研组主编《中国封建社会土地所有制形式问题讨论集》（上、下），生活・读书・新知三联书店 1963 年版，以及李景林《对北宋土地占有情况的初步探索》，《历史教学》1956 年第 4 期；杨国宜《南宋大地主土地所有制的发展》，《史学月刊》1959 年第 9 期；乌廷玉《北宋大土地所有制的发展和"千步方田法"》，《松辽学刊》1985 年第 1 期；程溯洛《宋代封建土地所有制的各种形态与农民负担》，《历史研究》1982 年第 7 期；朱家源《试论宋代品官地主庄田土地占有形式》，中国社会科学院历史研究所宋辽金元史研究室编《宋辽金史论丛第一辑》，第 83—109 页；姜锡东《试论宋代的官僚地主土地所有制》，《中国经济史研究》1994 年第 3 期；周生春《试论宋代江南水利田的开发和地主所有制特点》，《中国农史》1995 年第 3 期。

⑮ ［日］西嶋隽玭：《宋代の庄田について》，《山口经济学杂志》二の三，1951 年 12 月，第 34—41 页。

黄毓甲①、张传玺②、余也非③、朱瑞熙④、傅宗文⑤、杨际平⑥等也指出了宋代社会存在私有土地产权的事实，赵俪生⑦指出两宋土地关系的主要特点是官田的私田化与官租的私租化，并认为土地兼并、统治者广置营田与出卖官田、田主对佃户比以前有所不同是两宋时期土地经济的主流现象。

宋代的共有产权可以分为寺院道观产业、宗族产业与乡族产业。中国及日本学者有大量的研究。三岛一⑧、鞠清远⑨、黄敏枝⑩、游彪⑪、王国强⑫等研究了宋代寺院的田产与庄园，游彪、王国强认为宋代寺院的土地产权占有方式与以前有所不同；仁井田陞⑬、福泽与九郎⑭、牧野巽⑮、丹

① 黄毓甲：《宋元土地私有制之发展》，《金陵学报》9 卷 1—2 期，1939 年 5 月。

② 张传玺编著：《中国历代农田制度之嬗变》第 7 卷《两宋的田制》，（台北）时事教育资料社 1961 年版，第 33—40 页。

③ 余也非：《宋元私田地租制度》，《四川大学学报》1981 年第 3 期。

④ 朱瑞熙：《宋代社会研究》第三章，中州书画社 1983 年版，第 55—62 页。

⑤ 傅宗文：《宋代的私庄》，《中国社会经济史研究》1982 年第 2 期。

⑥ 杨际平：《宋代民田出租的地租形态研究》，《中国经济史研究》1992 年第 1 期。

⑦ 赵俪生：《试论两宋土地关系的特点》，《吉林师大学报》1979 年第 1 期；《两宋土地经济中的几个主流现象》，《文史哲》1983 年第 4 期。

⑧ ［日］三岛一：《唐宋时代に于ける贵族对寺院の经济の交涉に关する一考察》，市村博士古稀记念东洋史论丛刊行会编：《东洋史论丛：市村博士古稀记念》，东京富山房 1933 年版。

⑨ 鞠清远：《唐宋元寺院庄园研究》，《中国经济》2 卷 9 期，1934 年 9 月。

⑩ 黄敏枝：《宋代佛教社会经济史论集》，台北学生书局 1989 年版。

⑪ 游彪：《论宋代佛教寺院的土地占有及其经营》，《中国经济史研究》1992 年第 2 期；《宋代"禁寺、观毋市田"新解》，《中国经济史研究》2002 年第 4 期；收入氏著《宋代寺院经济史稿》，河北大学出版社 2003 年版。

⑫ 王国强：《试论宋代寺院占田的新方式》，《保山师专学报》1999 年第 3 期。

⑬ ［日］仁井田陞：《唐宋时代の家族共产と遗言法》，市村博士古稀记念东洋史论丛刊行会编：《东洋史论丛：市村博士古稀记念》，东京富山房 1933 年版；《旧中国社会の"仲间"主义と家族——团体の所有の问题をも合せて》，*THE SOCIOLOGY OF LAW* (9)，1957，pp. 141 - 206；《中国の同族又は村落の土地所有问题——宋代以后のいゎゆる「共同体」》，《东洋文化研究所纪要》一，1956 年 11 月。

⑭ ［日］福泽与九郎：《宋代乡曲（乡人）义田庄小考》，《史学研究》62，1956 年，第 41—51 页。

⑮ ［日］牧野巽：《司马氏书仪の大家族主义と文公家礼》，氏著《近世中国宗族研究》，御茶の水书房，1980 年。

乔二①等论述了宋代的宗族产业特征以及相关内容，朱瑞熙②、邢铁③还论述了作为宗族共有产业的墓田。邢铁④、斯波义信⑤、小林义广⑥、王善军⑦分析了义庄的共有产权性质与发展，王日根⑧则解释了义田作为共有产权的生成机制与发展过程；梁庚尧⑨就家族合作、社会声望与地方公益之间的关系，论述了明州乡曲义田的源起与演变。欧美学者也从社会史的角度进行探讨。周藤吉之⑩阐释了作为共有产权的义役田与义役的关系。加藤繁⑪初步论述了宋代的检校库制度，指出财产检校制度的起源跟检校官制度的联系，认为这是一种类似于官营的信托制度。李伟国⑫基本上赞成加藤繁的观点，还认为"检校范围，主要限于有相当财产的命官之孤幼，并未推及于贫寒之家"。

第二，宋代产权制度的经营与收益权。与前代相比，宋代产权的经营方式出现了新的变化，主要体现在租佃契约的普遍化、产权经营的包佃制、官产租佃的招投标制。这方面的研究成果较多。关于土地经营方面，

---

① ［日］丹乔二：《宋元时代江南圩田地带における村落共同体について一浜岛敦俊氏の「田头制」论にふれて》《研究纪要》（日本大学·人文科学研究所）40，1990年。

② 朱瑞熙：《宋代社会研究》中州书画社1983年版，第102—106页。

③ 邢铁：《宋代的茔田和墓田》，《中国社会经济史研究》1993年第4期。

④ 邢铁：《宋代的义庄》，《历史教学》，1987年第5期。

⑤ ［日］斯波义信：《「义庄」から「公司」へ一『中间领域』统考，《歴史と地理》504，1997年。

⑥ ［日］小林义广：《宋代宗族研究の现状と课题——范氏义荘研究を中心に》，《名古屋大学东洋史研究报告》25，2001年。

⑦ 王善军：《范氏义庄与宋代范氏家族的发展》，《中国农史》2004年第二期。

⑧ 王日根：《宋以来义田的发展述略》，《中国经济史研究》1992年第4期；《宋以来义田生成机制论》，《厦门大学学报》1996年第2期。

⑨ 梁庚尧：《家族合作、社会声望与地方公益：宋元四明乡曲义田的源起与演变》，原载《中国近世家族与社会学术研讨会论文集》，"中央"研究院历史语言研究所1998年版，收入黄宽重等主编《台湾学者中国史研究论集·家族与社会》，中国大百科全书出版社2005年版，第338—363页。

⑩ ［日］周藤吉之：《南宋にぉける义役の设立とその运营——特に义役田について》，《东洋学报》四八の四，1966年；收入氏著《宋代史研究》，东京大学东洋文库1969年版，第261—304页。

⑪ ［日］加藤繁：《宋の检校库に就いて》，史学六の三，1927年9月，收入氏著《支那经济史考证》下卷；中译文《宋代检校库》，《中国经济史考证》，台北世华出版社1981年版，第681—684页。

⑫ 李伟国：《略论宋代的检校库》，载邓广铭等编《宋史研究会论文集》（一九八四年年会编刊），浙江人民出版社1987年版，第224—229页。

庄园制比较早受到关注，日本学者中田熏[1]较早指出唐代的庄园是"在唐代的均田法逐渐崩溃，随着土地兼并的结果，大地主到处产生，而逐渐发展起来的土地制度"，随后加藤繁[2]从分析庄、庄田、别庄、庄园等名称入手，指出"唐代的庄田、庄园的名称的确是到了唐代才显著起来，但它的实质在汉代就继续存在"，随后则把租佃制的变迁与庄园的发展联系起来考察，认为"租佃制度从秦汉时起已经存在，但以后一直到六朝，还没有很大发展，农民的大部分是自耕农，而从后魏隋唐的均田法，也可以认为是一种维持自耕农的制度，总之，在一定程度上堵住了佃农的增加和自耕农的减少；而到唐中叶以后，随着均田制的崩溃，土地的兼并越来越盛行，同时，租佃制度也顿时蔓延到各地。而这种租佃制度的蔓延，是由庄园发展的形式出现在历史上的"[3]。周藤吉之[4]研究了宋代庄园制度的发展与管理，李埏[5]、苏双碧[6]、漆侠[7]、陈振[8]等讨论了庄园制度内部庄园主与佃户的关系问题，而邓广铭[9]则认为宋代的庄园只是一种官府的土地经营方式，不但没有制度化，并且没有表现出有走向制度化的趋势。学者们

---

①　［日］中田熏：《日本庄园的系统》，《国家学会杂志》20—1、2，1906 年，收入氏著《法制史论集》第二卷，岩波书店 1938 年版。

②　［日］加藤繁：《唐代庄园的性质及其由来》，《东洋学报》第 7 卷 3 号，1917 年。

③　［日］加藤繁：《唐宋时代的庄园组织及其成为村落而发展的情况》，《狩野教授还历纪念中国学论丛》，1928 年。

④　［日］周藤吉之：《宋代庄园制の发达》，《东洋文化研究所纪要》四，收入氏著《中国土地制度史研究》，东京大学出版会 1980 年版，第 195—288 页；《宋代庄园の管理——特に干人を中心として》，《东洋学报》三二の四，收入氏著《中国土地制度史研究》，第 65—108 页；《宋金时代に于ける荘园と佃户の一考察——特に长安附近について》，收入氏著《中国土地制度史研究》，第 173—194 页。

⑤　李埏：《〈水浒传〉中所反映的庄园与矛盾》，《云南大学学报》1958 年第 1 期。

⑥　苏双碧：《北京市历史学会第二届年会讨论唐宋庄园制度等问题》，《人民日报》1963 年 4 月 6 日第 4 版。

⑦　漆侠：《宋代以川峡路为中心的庄园农奴制》，见氏著《求是集》，天津人民出版社 1982 年版。

⑧　陈振：《关于唐宋庄园的几个问题》，邓广铭等主编：《宋史研究论集》，上海古籍出版社 1982 年版。

⑨　邓广铭：《唐宋庄园制度质疑》，《历史研究》1963 年第 6 期。

比较一致的意见是宋代社会主要推行租佃制①，并且出现铲佃制②、包佃制③等新经营方式，杨际平④提出宋代官田出租并不签订契约；草野靖⑤指出南宋时期出现产权分离的现象。跟国计民生密切相关的酒、盐、茶、矾等生产生活物资以及矿产资源则多是采用国家专卖制度为主，辅以国家监管下民营的买扑形式⑥。作为一种消费资源和财政来源，宋朝政府对全国的酒实行了比较严密的国家专卖制度，武田今作⑦、丸龟金作⑧、吴云端⑨、杨师群⑩、李华瑞⑪、阎明恕⑫等研究了宋代的国家榷酒制度，杨师

---

① 季敏：《宋元佃农制研究》，《中原文化》7—8 卷，1934 年 5 月；张荫麟：《北宋的土地分配与社会骚动》，《社会经济史集刊》6 卷 1 期，1939 年 6 月；黄毓甲：《宋元之佃农制与佃农生活》（上、下），《说文月刊》2 卷 2、3 期，1940 年 5 月、6 月；〔日〕古川新平：《北宋前半期に于ける废监租佃の问题》（一）（二），《史渊》四四、四七；张维华：《试论两宋封建地主经济的几个象征并提出几个相关的问题》，《山东大学学报》2 卷 2 期，1955 年 12 月，页 87—108；朱瑞熙：《宋代社会研究》第四章，第 63—72 页。

② 〔日〕周藤吉之：《宋代佃户の铲佃制——官田を中心として》，见氏著《唐宋社会经济史研究》，东京大学出版会 1975 年版，第 147—178 页。

③ 曾琼碧：《宋代的官田招佃制》，《宋辽金史论丛第二辑》，中华书局 1985 年版；《宋代租佃官田的"二地主"》，《中国史研究》1987 年第 2 期。杨康荪：《宋代官田包佃述论》，《历史研究》1985 年第 5 期。葛金芳：《宋代官田包佃成因简析》，《中州学刊》1988 年第 3 期；《宋代官田包佃特征辨证》，《史学月刊》1988 年第 5 期；《宋代官田包佃作用评议》，《江汉论坛》1989 年第 7 期；《宋代官田包佃性质探微》，《学术月刊》1988 年第 9 期。姚恩全：《宋元时期江南包佃的制度经济学分析》，《财经问题研究》2002 年第 6 期。

④ 杨际平：《宋代官田出租订立租佃契约说质疑》，《陕西师大学报》1990 年第 4 期。

⑤ 〔日〕草野靖：《宋元时代の水利田开发と一田两主惯行の萌芽〈上、下〉》，《东洋学报》53 卷 1、2 号。

⑥ 裴汝诚、许沛藻：《宋代买扑制度略论》，《中华文史论丛》1984 年第 1 期；刘云生：《宋代招标投标制度论略》，《广东社会科学》2004 年第 5 期。

⑦ 〔日〕武田今作：《宋代榷酤考〈上、下〉》，傅安华译，《中国经济》3 卷 1、2 期，1935 年 1 月、2 月，第 1—19 页、第 1—22 页。

⑧ 〔日〕丸龟金作：《宋代の榷酤に就いて》，《史学杂志》四五の五·六。

⑨ 吴云端：《宋代酒的专卖制度》，《中央日报》1947 年 1 月 18 日第 5 版。

⑩ 杨师群：《两宋榷酒结构模式之演变》，《中国史研究》1989 年第 3 期；《宋代官营酒务》，《中州学刊》1992 年第 4 期。

⑪ 李华瑞：《宋代非商品酒的生产和管理》，《河北大学学报》1991 年第 3 期；《宋代酒的销售简论》，《河北大学学报》1994 年第 3 期。

⑫ 阎明恕：《论两宋时期的官营酒业》，《贵州文史丛刊》2003 年第 4 期。

群①、李华瑞②还分别探讨了酒的买扑制度。而茶叶的经营方面，黄纯艳③就宋代茶叶的生产分布、经营方式、销售渠道等做了总结，孙洪升④分析了宋代的茶商资本，史锦梅⑤对宋代茶业新的经营方式进行了研究。盐的生产经营方面，戴裔煊⑥、吉田寅⑦分别研究了宋代或南宋盐的总体生产情况，程光裕⑧、吴天颖⑨、郭正忠⑩、王昭贵⑪对川盐的生产进行了研究，指出其中有类似于资本主义萌芽的生产经营方式；钱公博⑫对解盐、河上光一⑬对北宋淮南盐、汤开建⑭对宋代香港等地区盐的生产分别进行了论述。此外，宫崎市定⑮、梁庚尧⑯研究了宋代农业的民间资本问题，曾我部静雄⑰探讨了宋代民间坊场的经营，许惠民⑱论述了宋代煤矿的开发，宫崎

①　杨师群：《宋代榷酒中的买扑经营》，《学术月刊》1988 年第 11 期。

②　李华瑞：《试论宋代榷酒制度中的买扑形式》，《西北师大学报》1991 年第 1 期；氏著《宋代酒的生产和征榷》，河北大学出版社 1995 年版，第 198—227 页。

③　黄纯艳：《宋代茶法研究》，云南大学出版社 2002 年版。

④　孙洪升：《唐宋时期茶商资本的运动形态》，《云南教育学院学报》1999 年第 6 期；《论唐宋时期的茶商资本》，《农业考古》2004 年第 4 期。

⑤　史锦梅：《从宋朝茶叶的生产看资本主义的萌芽》，《江西财经大学学报》2004 年第 3 期。

⑥　戴裔煊：《宋代食盐生产及统制方法之研究》，《中山文化季刊》1 卷 2 期，1943 年 7 月；《宋代钞盐制度研究》，中华书局 1981 年版。

⑦　[日] 吉田寅：《南宋盐专卖的管理，焦点在生产——〈宋代社会と经济史の研究〉第一部分》，《东洋史论文集》，东京，1960 年。

⑧　程光裕：《宋代川盐之生产与统制》，《海疆学刊》1 卷，1948 年。

⑨　吴天颖：《论宋代四川制盐业中的生产关系》，《文史哲》1964 年第 2 期。

⑩　郭正忠：《宋代四川盐业生产中的资本主义萌芽》，《社会科学研究》1981 年第 11 期。

⑪　王昭贵：《四川井盐业经济的繁荣和资本主义生产关系的最初萌芽》，《盐业史研究》1992 年第 3 期。

⑫　钱公博：《宋代解盐的生产和运销制度》，《大陆杂志》28 卷 5 期，1964 年 3 月。

⑬　[日] 河上光一：《北宋代的淮南盐的生产构造和收盐机构》，《史学杂志》，1964 年 12 月。

⑭　汤开建：《宋代香港地区的盐业生产及盐的走私》，《暨南学报》1995 年第 2 期。

⑮　[日] 宫崎市定：《中国近世における生业资本の贷借について》，《东洋史研究》第 11 卷第 1 号，1950 年 9 月，今据《宫崎市定全集》第九卷，东京岩波书店 1993 年版，第 425—441 页。

⑯　梁庚尧：《南宋的农家劳力与农业资本》，《台大历史学报》5 卷，1978 年 6 月，今据氏著《南宋农村的经济》。

⑰　[日] 曾我部静雄：《宋代の坊场の民间经营について》，氏著《宋代政经史の研究》，吉川弘文馆 1974 年版，第 443—464 页。

⑱　许惠民：《北宋时期煤炭的开发利用》，《中国史研究》1987 年第 2 期；《南宋时期煤炭的开发利用——兼对两宋煤炭开采的总结》《云南社会科学》1994 年第 6 期。

市定①、刘秋根、姜锡东②分别阐明了宋代的商业合伙经营方式，赵雅书③对蚕丝业经营以及薛国中④对矿业的经营也有独到之处的研究。

至于收益权方面，涉及到官田、民田的地租分配，实际上就是土地的收益分配。张维华⑤、杨际平⑥、刘永成⑦、林甘泉等⑧、方行⑨、巫宝三⑩等研究了宋代土地收益权的分配方式，认为主要有分成制和定额制，漆侠⑪认为对分制在宋代地租形态中占主导地位；土地收益权的支付方式上，漆侠⑫、汪圣铎⑬、包伟民⑭、高聪明与何玉兴⑮等主要研究了货币地租，包氏还认为存在支付方式的转换与折算。另外，李华瑞⑯研究了宋代政府的榷酒收入，郭正忠⑰分析了宋代的盐利，黄纯艳⑱研究了宋代的茶利。

第三，宋代产权的交易。关于土地产权买卖方面，由于产权具有可分割性与可转移性，产权在买卖时，权利可以分开进行买卖，可以买卖土地所有权，或者是经营权等，无论是国有产权、私有产权或共有产权。梁太

---

① ［日］宫崎市定：《合本组织の发达》，《东洋史研究》第 13 卷第 5 号，1955 年 1 月，今据《宫崎市定全集》09，第 442—445 页。

② 姜锡东：《宋代商人和商业资本》中华书局 2002 年版，第 46—64 页。

③ 赵雅书：《宋代农家经营之蚕丝业》，《台大历史学报》3 卷，1976 年 5 月，第 119—129 页。

④ 薛国中：《宋代矿业中经营方式与产品所有权之变迁》，《湖北大学学报》1989 年第 1 期。

⑤ 张维华：《宋代的地租形态》，《史学月刊》1964 年第 7 期。

⑥ 杨际平：《宋代民田出租的地租形态研究》，《中国经济史研究》1992 年第 1 期。

⑦ 刘永成：《中国租佃制度史》，台北文津出版社 1997 年版。

⑧ 林甘泉等：《中国土地制度史》，台北文津出版社 1997 年版。

⑨ 方行：《略论中国地主制经济》，《中国史研究》1998 年第 4 期；《中国封建地租与商品经济》，《中国经济史研究》2002 年第 2 期。

⑩ 巫宝三：《中国古代地租与田赋思想的演进》，《南京社会科学》1998 年第 8 期。

⑪ 漆侠：《宋代经济史（上）》第 9 章，上海人民出版社 1987 年版。

⑫ 漆侠：《宋代货币地租及其发展》，《河北大学学报》1979 年第 1 期；《宋代的货币地租》，《中国社会经济史论丛》第二辑，山西人民出版社 1982 年版；《宋代地租形态——兼论地价及其地租的关系》，氏著《求是集》，天津人民出版社 1982 年版。

⑬ 汪圣铎：《宋代货币地租分析》，《北京史苑》1983 年第 1 期。

⑭ 包伟民：《论宋代的折钱租与钱租的性质》，《历史研究》1988 年第 1 期。

⑮ 高聪明、何玉兴：《论宋代的货币地租——与包伟民商榷》，《历史研究》1992 年第 5 期。

⑯ 李华瑞：《宋代酒的生产和征榷》，河北大学出版社 1995 年版，第 198—227 页。

⑰ 郭正忠：《宋代盐业经济史》，人民出版社 1990 年版。

⑱ 黄纯艳：《宋代茶法研究》，第 255—275 页。

济①、郦家驹②研究了两宋时期土地所有权的转移。张洞明③、任崇岳④、魏天安⑤讨论了国有产权所有权的交易。周龙华⑥、曾昭柱⑦、方行⑧研究了其他所有权交易的情况。王菱菱⑨研究了宋代矿产品的买卖。周藤吉之⑩注意到土地产权中经营权的买卖。游彪⑪认为寺观也可以购买土地。除了所有权一次性卖断，也可以把所有权进行抵押，宋人称之为"典"。⑫ 宋代产权交易有法律保障，郭东旭⑬论述了宋代的物权法与债权法，刘春萍⑭、戴建国⑮、郑定与柴荣⑯认为田宅等产权交易要办理相关手续，签订契约。关于产权交易的中介——牙人的研究，小林高四郎⑰初步考证唐宋牙人的沿革、行业和职能等问题；龙登高⑱指出，作为市场交易的中介人与经纪人，宋代的牙客一方面促进了商品经济的发展，另一方面又成为市场进一步发展的障碍；李达三⑲认为宋代有部分牙人的中介职能出现了变异，成

① 梁太济：《两宋的土地买卖》，见邓广铭等主编《宋史研究论文集》，上海古籍出版社1982年版，第104—119页。

② 郦家驹：《两宋时期土地所有权的转移》，《中国史研究》1988年第4期。

③ 张洞明：《宋代政府鬻卖官田述论》，《中国史研究》1983年第1期。

④ 任崇岳：《南宋末年"买公田"述论》，《河南大学学报》1990年第4期。

⑤ 魏天安：《宋代官田鬻卖规模考实》，《史学月刊》2005年第1期。

⑥ 周龙华：《从两则土地税额材料看宋代的土地买卖》，《贵州社会科学》1992年第1期。

⑦ 曾昭柱：《会同发现一件宋代民间卖地文契》，《怀化学院学报》1994年第4期。

⑧ 方行：《中国封建社会的土地市场》，《中国经济史研究》2001年第2期。

⑨ 王菱菱：《宋政府的矿产品收买措施及其效果》，《中国史研究》2000年第2期。

⑩ ［日］周藤吉之：《宋代官田的佃权买卖——资陪又是酬价交佃について》，《东方学》7，收入氏著《中国土地制度史研究》，第385—404页。

⑪ 游彪：《宋代"禁寺、观毋市田"新解》，《中国经济史研究》2002年第4期。

⑫ ［日］周藤吉之：《宋代的典小作制》，《法制史研究》7；余贵林、郝群：《宋代典卖制度散论》，《中州学刊》1997年第5期；付坚强：《我国历史上田宅典权制度流变考》，《中国农史》2000年第4期；李如钧：《宋代土地交易之研究——以典为中心讨论》，硕士学位论文，新订清华大学，2000年。

⑬ 郭东旭：《宋代法制研究》，河北大学出版社2000年版，第473—537页。

⑭ 刘春萍：《南宋田宅交易法初探》，《求是学刊》1994年第6期。

⑮ 戴建国：《宋代的田宅交易投税凭由和官印田宅契书》，《中国史研究》2001年第3期。

⑯ 郑定、柴荣：《两宋土地交易中的若干法律问题》，《江海学刊》2002年第6期。

⑰ ［日］小林高四郎：《唐宋牙人考》，《史学》8—1，1929年3月；《唐宋牙人考补正》，《史学》8—3，1929年11月。

⑱ 龙登高：《论宋代的牙客》，《思想战线》1990年第5期。

⑲ 李达三：《宋代牙人的变异》，《中国经济史研究》1991年第4期。

为专门的商业经营者；陈明光、毛蕾[1]指出宋代产权交易要有牙人作为中介；廖大珂[2]、任仲书与于海生[3]、梁庚尧[4]、黎志刚[5]等认为宋代的牙人在经济贸易中起到重要的促进作用。此外，土地买卖对民间风俗也有影响。[6]

第四，宋代产权的分割与继承。邢铁[7]说明了宋代的诸子平均析产情况；岛田正郎[8]认为在南宋的江南地区存在着男女平均分配财产或近于平均分配的现象，邢铁[9]、刘春萍[10]、郭东旭[11]、高楠[12]探讨了南宋继承法问题。中日学者集中讨论了宋代女性财产继承权问题。[13]而奁田、奁产是出嫁女性财产的重要象征。邢铁[14]、高楠[15]等研究了这些问题。美国学者马伯良（McKnight，Brian E.）通过分析宋代绝户资产分配的法律结果，认为

---

[1] 陈明光、毛蕾：《唐宋以来的牙人与田宅典当买卖》，《中国史研究》2000 年第 4 期。

[2] 廖大珂：《宋代牙人牙行与海外贸易》，《海交史研究》1990 年第 2 期。

[3] 任仲书、于海生：《宋代"牙人"的经济活动及影响》，《史学集刊》2003 年第 3 期。

[4] 梁庚尧：《宋代牙人与商业纠纷》，《燕京学报》2003 年新 14 期。

[5] 黎志刚：《宋代牙人与乡村经济的市场化》，《云南社会科学》2006 年第 4 期。

[6] ［日］小林高四郎：《宋代地券攷》，《社会经济史学》二の一；方豪：《金门出土宋墓买地券考释》，《史学集刊》（中国历史学会）3 卷，1971 年 5 月，第 1—16 页；李锡厚：《宋代私有田宅的亲邻权利》，《中国社会科学院研究生院学报》1999 年第 1 期。

[7] 邢铁：《我国古代的诸子平均析产问题》，《中国史研究》1995 年第 4 期。

[8] ［日］岛田正郎：《南宋家产继承法上的几种现象》，《大陆杂志》30 卷 4 期，1956 年。

[9] 邢铁：《宋代的财产遗嘱继承问题》，《历史研究》1992 年第 6 期。

[10] 刘春萍：《南宋继承法规范初探》，《学术交流》1997 年第 2 期。

[11] 郭东旭：《宋代法制研究》第八章第三节，第 453—472 页。

[12] 高楠：《浅谈宋代的家庭立嗣纠纷》，《邯郸职业技术学院学报》2002 年第 3 期。

[13] ［日］仁井田陞：《宋代の家产法に于ける女子の地位》，《穗积先生追悼论文集「家族法の诸问题」『中国社会の法と伦理』》，有斐阁 1953 年版；［日］滋贺秀三：《中国家族法补考——仁井田陞博士「宋代の家产法に于ける女子の地位」を读みて》，《国家学杂志》六七・五・六・九・一・一一・一二、六八の七・八；［日］柳田节子：《宋代女性の财产权》，《法政史学》42，1990 年；［日］小松惠子：《宋代における女性の财产权について》，《东洋史研究室报告》〈广岛大学・文学部〉13，1991 年；［日］永田三枝：《南宋期における女性の财产权について》，《北大史学》（北海道大学）31，1991 年；［日］板桥真一：《宋代の户绝财产と女子の财产权をめぐって》，《柳田节子先生古稀记念・中国の传统社会と家族》汲古书院 1993 年版；［日］大泽正昭：《南宋の裁判と女性财产权》，《历史学研究》717，1998 年；何燕侠：《女性财产继承权的历史考察》，《大连大学学报》2003 年第 3 期。

[14] 邢铁：《宋代的奁田和墓田》，《中国社会经济史研究》1993 年第 4 期。

[15] 高楠、王茂华：《宋代家庭中的奁产纠纷——以在室女为例》，《贵州文史丛刊》2004 年第 2 期；高楠：《宋代家庭中的奁产纠纷——以已婚女为例》，《中国社会经济史研究》2004 年第 3 期。

国家的决定影响了人们代际之间的产权分配方式，产权分配通过影响税基的方式来影响国家。①

　　第五，政府的产权管理。产权制度能否落实，最终要靠政府的法令去推行，进行产权管理②。这方面的研究比较多地集中在千步方田法③、方田均税法④、经界法⑤与公田法⑥的研究。由于土地自由交易，政府不立田

　　① ［美］马伯良（Brian E. McKnight），*WHO GETS IT WHEN YOU GO：THE LEGAL CONSE-QUENCES OF THE ENDING OF HOUSEHOLDS（JUEHU 绝户）IN THE SONG DYNASTY（960－1279 C. E.）*，Koninklijke Brill NV，Leiden，2000，pp. 314—363.

　　② 如土地产权管理，参考郭丽冰《略论宋代国家的土地管理》，《广东教育学院学报》2005年第2期。

　　③ 乌廷玉：《北宋大土地所有制的发展和"千步方田法"》，《松辽学刊》1985年第1期。

　　④ 曹道安：《北宋之方田与手实》，《中央日报》1947年9月24日第9版；张子铭：《宋元的地籍整理》，《中央日报》1948年5月24日第7版；［日］佐伯富：《王安石の于田法》，《东亚经济研究》二八の一・二；［日］荒木敏夫：《宋代の方田均税法》，《东洋史研究》六の五；［日］周藤吉之：《北宋に于ける方田均税法の施行过程——特に王安石・蔡京の新法としての》，《日本学士院纪要》一の二・三，收入氏著《中国土地制度史研究》，第429—510页；［日］东一夫：《方田均税法の实施地域に关する考察》，《东洋史学论集》一；［日］东一夫：《北宋仁宗朝の千步方田法について》，《史潮》五二；［日］东一夫：《方田均税法の机构について》，《东京学艺大报告》五（史学・地理学）．［日］东一夫：《方田均税法の性格に关する一考察》，《东洋史学论集》三；［日］周藤吉之：《王安石の新法とその史的意义——农民政策を中心として》，《仁井田陞博士追悼论文集》，劲草房1966年版，第1—23页，收入氏著《宋代史研究》，第1—25页；张建国：《宋代的方田法》，《花莲女师专学报》2卷，1972年1月，第341—346页．［日］佐伯富：《王安石の淤田法》，氏著《中国史研究》第一，东京同朋舍1978年版，第543—579页。

　　⑤ ［日］曾我部静雄：《南宋の土地经界法》，《文化》五の二，今据氏著《宋代政经史の研究》，第405—442页；陈伯瀛：《中国田制丛考》第七卷《经界与均赋》，上海商务印书馆1935年版，第127—177页；胡余暄：《宋代的土地整理与均税问题》，《农村经济》3卷7期，1936年5月；陈登原：《中国田赋史》第六章《两宋田赋》，上海书店1984年影印商务印书馆1936年版，第133—137页；华山：《南宋统治阶级分割地租的斗争——经界法和公田法》，《山东大学学报》1960年第1期；王德毅：《李椿年与南宋土地经界》，《食货月刊复刊》2卷5期，1972年8月，第，20—39页；龚汝富、姚小建：《南宋理财家李椿年与"经界法"的推行》，《烟台师院学报》1998年第3期。

　　⑥ ［日］周藤吉之：《南宋末の公田法》（上、下），《东洋学报》三五の三・四，第241—273页；《东洋学报》，三六の一，第45—65页，收入氏著《中国土地制度史研究》，第537—592页；吴旭霞：《论南宋末年的公田法》，《江西社会科学》1986年第6期；［日］草野靖：《贾似道公田法の系谱》，《中国社会・制度・文化史の诸问题——日野开三郎博士颂寿纪念论集》，日本福冈中国书店1987年版，第118—138页；［日］寺地遵：《南宋末期公田法の背景》，《史学研究》（広岛史学研究会）231，2001年。

制，"不抑兼并"，① 造成产权分配不均，② 社会出现了要求均平的呼声③，所以政府一方面推行有名无实的"限田"政策④，另一方面又鼓励百姓垦田⑤。杨际平对研究者习以为常的"田制不立""不抑兼并"提出批评，认为宋朝政府实行了产权管制，但在事实上做不到"抑兼并"，它反而为土地交易提供保护和公正；并进一步指出"田制不立"不是宋人所说，宋人并没有笼统地说"不抑兼并"，宋朝实际上是有田制，也抑兼并的。⑥

第六，宋代产权文书的研究。关于这方面的成果较少。相对而言，契约的研究似乎多些。一般而言，古代社会中，产权交易必须签订契约。杨际平⑦认为宋代官田出租只有政府发给佃户的"户帖""公凭""契券"，双方并没有订立契约；郭东旭⑧研究了动产买卖契约的种类、田宅买卖契约的发达、契税制度的完备以及印契的法律效力；马珺⑨提到宋代契约的种类、订立契约的程序、典当契约中当事人的权利以及担保制度；吴建伟⑩提及北宋伪造契约的现象。关于宋代的户帖，刘俊文在《折狱龟鉴译注》卷六《核奸》之《刘沆问邻》条中对"户抄"作了解释，认为"户抄"就是"户帖"，是"由官府发给，上载籍贯、丁口、姓名、年龄及产

---

① 葛金芳：《试论"不抑兼并"——北宋土地政策研究之二》，《武汉师范学院学报》1984年第2期；唐兆梅：《析北宋的"不抑兼并"》，《中国史研究》1988年第1期；马兴东：《宋代"不立田制"问题试析》，《史学月刊》1990年第6期；蔡绍荣：《也析北宋的"不抑兼并"：兼与唐兆梅先生商榷》，《学术月刊》1993年第12期。

② 陶希圣：《王安石以前田赋不均与田赋改革》，《食货半月刊》1卷1期，1934年12月，页20—22。

③ 李文治：《南宋平均地权的几种理论》，《大公报史学周刊》115卷，1936年12月11日第6版；[日]重松俊章：《宋代の均产一揆と其系统》，《史学杂志》四二の八；[日]池田诚：《均产一揆の历史的意义——九—十世纪における变革の问题》，《历史学研究》一五二，1943年8月。

④ 张景贤：《关于宋代的"限田"政策》，《河北大学学报》1981年第3期。

⑤ 梁庚尧：《南宋的荒田开垦政策》，《史原》5卷，1974年10月，第55—113页；《南宋的圩田政策》，《书目季刊》8卷1期，1974年6月，第3—28页。

⑥ 杨际平：《唐宋土地制度的承继与变化》，《文史哲》2005年第1期；《宋代"田制不立"、"不抑兼并"说驳议》，《中国社会经济史研究》2006年第2期。

⑦ 杨际平：《宋代官田出租订立租佃契约说质疑》，《陕西师大学报》1990年第4期。

⑧ 郭东旭：《宋代买卖契约制度的发展》，《河北大学学报》1997年第3期。

⑨ 马珺：《论中国古代的契约制度》，《河南省政法管理干部学院学报》1999年第2期。

⑩ 吴建伟：《再论宋代作伪现象》，《西华大学学报》2005年第2期。

业等"①；葛金芳②比较全面地论述了户帖的含义与内容、功能及其在两宋版籍体系中的作用；苏启龙③把砧基簿作为宋代的户口统计制度之一；仁井田陞初步研究了唐宋元时期的家产分割文书。④

从以上的研究成果分析，我们可以看出，以往学界对系官田产的研究比较集中，对系官田产的经营、收益、产权转移研究较多，着重强调宋代朝廷与官府对农民的剥削与压迫，而对于其他的系官资产、其他产权类型的研究相对比较欠缺。这除了受以往强调阶级斗争学说的影响之外，应该也跟资料搜集的难易程度有关。因为史籍中保存的大多数是官方资料，搜集起来比较容易，关于私有产权、共有产权的资料相对较少，搜集起来相对困难些。

三 研究方法与资料

本书尝试运用产权理论作为分析工具，结合宋代史实，采用实证分析的方法，探讨宋代产权制度的发展轨迹。

本书依据的资料主要来自三个方面：一是传世文献，以《宋会要辑稿》《续资治通鉴长编》《建炎以来系年要录》《文献通考》《宋史》《名公书判清明集》《宋刑统》《庆元条法事类》《天一阁藏明钞本天圣令校证》，各种版本的宋元方志与《天一阁方志丛刊》《永乐大典》以及相关政书为主，辅以《四库全书》与《宋集珍本丛刊》的宋人文集和笔记小说，以及元明清相关的文献等；二是考古发现的文书、金石资料。主要是台湾新文丰出版公司编辑的《石刻资料新编》（1982 年出版，共 3 辑）以及《续修四库全书》"史部·金石类"中的各省金石志保存了不少宋代的产权资料。池田温《中国古代籍帐研究》一书中的"录文"与文物出版社出版的《吐鲁番文书》十册、唐耕耦与陆宏基主编的《敦煌社会经济文献真迹释

① （宋）郑克编著：《折狱龟鉴译注》，刘俊文等译注，上海古籍出版社 1988 年版，第335 页。

② 葛金芳：《宋代户帖考释》，《中国社会经济史研究》1989 年第 1 期。

③ 苏启龙（即苏基朗，Billy So Keelong）：《宋代的户口统计制度》，《中国社会经济史研究》1985 年第 1 期。

④ ［日］仁井田陞：《唐宋法律文书の研究》，东京大学出版会 1983 年版，第 543—618 页。

录》① 以及后续出版的敦煌吐鲁番文书等，虽然大部分是唐代文书，但是也有部分是敦煌使用北宋初年年号的文书，无疑对宋代产权制度的研究有很大的借鉴作用。三是国内外相关研究论著。厦门大学图书馆馆藏除了丰富的中国大陆出版物，还有数量可观的日文论著与英文论著；电子资源有《人大复印资料数据库》《中国期刊全文数据库》《JSTOR 西文过刊全文库》《ProQuest 博士论文数据库》等，凡此都为笔者检索参考资料提供了极大的方便。

笔者还注重文献版本的考察，相互对照、对比，挖掘遗漏史料，考究相互之间文字的不同，并加以辨析，以证诸历史的真实面貌。以《淳熙三山志》为例，它是南宋淳熙九年（1182）由福建路泉州晋江县人梁克家（1127—1187）修撰的。就笔者所知，现在已经出版的有 6 种版本，即文渊阁《四库全书》本，北京中华书局宋元方志丛刊本，华东师范大学图书馆藏稀见方志丛刊本，海风出版社本，方志出版社本，乌程程氏抄本之影印本。根据卢美松在方志出版社本《淳熙三山志·序言》的介绍，流传至今的《淳熙三山志》刻本与抄本中，最好的当属 1980 年在台北缩印的"宋元地方志三十七种"之一的乌程程氏抄本，是经过缪荃孙与海宁陈氏鉴藏的精抄本，其他的有华东师范大学图书馆藏的明崇祯十一年林弘衍"越山草堂"刊本，福建省图书馆藏明崇祯十一年林弘衍"越山草堂"抄本，《四库全书》文渊阁抄本，福建师大馆藏的螺州陈氏赐书楼民国节抄本、福建省图书馆藏的抱山堂民国抄本。② 对照文渊阁《四库全书》本《淳熙三山志》，本人发现，北京中华书局宋元方志丛刊本、华东师大藏本之卷十、十一、十二有不少脱漏文字，③ 这两个版本以及四库本的卷十一都脱漏一页；④ 而且注意到中华书局宋元方志丛刊本、华东师大藏本是两

---

① 唐耕耦、陆宏基主编：《敦煌社会经济文献真迹释录》（全五辑），全国图书馆文献缩微复制中心，1990 年。

② （宋）梁克家：《三山志·卢美松序》，陈叔侗校注，方志出版社 2003 年版，第 184—185 页。

③ （宋）梁克家：《淳熙三山志》卷一〇、一一、一二，文渊阁四库全书，台湾商务印书馆 1986 年版，第 484 册，第 208—210、212—213、216—217 页。

④ （宋）梁克家：《三山志》卷一一，陈叔侗校注，方志出版社 2003 年版，第 184—185 页。从第 184 页倒数第 3 行"措置出卖"到最后。

个不同的刻本，估计中华书局宋元方志丛刊本是重刻本，两个版面合在一起了。

四　框架以及创新与不足

本书拟选择宋代的产权结构、财产检校制度与产权文书三个专题作为论述对象，运用产权理论，分析说明产权制度对于激励宋代社会经济的发展，维护社会的相对稳定的作用与影响。全书框架的设计为：

绪论，论述有关理论与概念界定、学术史，以及研究方法、资料来源与创新预期等；

第一章，简要分析宋代产权结构的基本内容以及国家法律的相应规定，指出产权结构的不同主体会产生不同的产权权利束组合，从而影响经济的运行方式；

第二章，通过对宋代产权类型中共有产权的资产——宗族义田义庄、助学砥官义庄与举子义庄、义役田庄的个案分析，论述共有产权的来源及其所有权、占有权、经营权、交易权、处置权等产权权利束的状况；

第三章，论述宋代户绝法令与孤幼财产检校法令的源流以及在宋代的演变、实施及其影响，通过阐述宋代国家对私人财产继承与分割的管理——财产检校制度，说明宋代国家在产权权利束中的作用；

第四章，阐述宋代民间主要产权文书——户帖、砧基簿与分家关书的源流、内容及其应用，说明产权文书作为国家与资产、产权主体及其权利束的媒介作用；

最后，结论。

本书预期在五个方面有所创新：1. 改进了产权权利束的表述内容，提出中国古代社会的产权结构，并运用产权理论分析了宋代的产权结构，提出了更加符合当时历史实际的产权观点；2. 比较全面地分析了宋代"义产"的产权状况，具体分析其中的宗族义庄、义役田、举子田等宋代义产的来源、占有、经营、收益支付与产权转移的产权权利束，并简要论述其经济与社会功能；3. 全面揭示了宋代的遗产分割与继承的产权制度——财产检校制度，纠正了以往学者对检校制度认识的误区，指出宋代的财产检校制度是从唐代继承而来的，并复原了《元符户令》中的《元符检校孤幼资产令》《政和户令》中的《政和检校孤幼资产令》等；4. 全面研究了宋代的主要产权文书户帖、砧基簿、分家关书，并对其中的一些史实进行了辨析；5. 取得若干历史资料的考证新成果，比如宋代寺观购买田产的法令变迁，《长编》卷五〇一《元符户令》中"二千贯止"的考证，检校库出现的时间考证等等。

第一章　宋代产权结构述论

在产权经济学的经典文献中，经济结构是指决定经济实绩基本因素的社会特征，包括一个社会的政治和经济制度、技术、人口以及意识形态。①而产权结构是指决定产权之经济实绩基本因素的社会特征，包括一个社会的国家产权管理制度、产权的市场机制以及界定产权的技术、产权权利束的人口分布以及人们的产权意识。结合宋代的历史事实，本书所指的产权结构主要是指宋代的某一产权类型的资源比例、权利束的大致人口分布以及各种产权权利的主要特点等。宋代产权的界定技术，本书归结为宋代民间的主要产权文书。

根据产权所有者的不同，产权制度的所有权类型一般可以分为四种：国有（或公有）产权、私有产权、共有产权以及开放性资源。国有产权的所有权主体是国家的各级政府，私有产权的所有主体是个人，共有产权的所有主体是指一个或者多个组织或团体，而不是政府或者个人，而开放性资源的产权主体一般是不具体的，或者是名义上属于国家，但是区域内政府、组织或任何个人都可以享有的资源。

自从中国近代史学建立以来，学界对中国古代社会的所有权制度一般都是以身份性阶层去划分的，分为封建土地私有制、封建国家土地所有制以及个体农民所有制。这种划分方法诚然跟历史中的某些事实（主要是指古代身份性原因对产权权利的影响）大致是一致的，但是并不能全面反映

① ［美］道格拉斯·C. 诺思：《经济史中的结构与变迁》，陈郁、罗华平译，上海人民出版社1994年版，第3页。

经济史实的原貌。本书以产权经济属性论点为基础，结合所有权的身份性理论，提出从产权本身的经济属性划分的观点，认为中国古代社会从西周时期的宗法共有制度，到春秋战国时期的官有、私有产权的形成，至魏晋南北朝时期寺院经济组织的形成，产权共有制度发端，这样就形成了国有产权、私有产权、共有产权（族田或墓田等也是属于共有产权）以及开放性资源四种产权类型的产权体系。在实证分析时，对于产权的人口分布采用了身份性分析，其他的诸如各种产权类型的资源比例、权利束中每一种产权权利的特点则仍然采用接近经济学的分析方法。

自唐初以来，人们的产权认识已经跟前代有所不同。从产权结构来看，唐代出现了官田、百姓田、寺观田等内容。[1] 从资源的产权类型来看，唐代社会资产可以分为国有产权（即官有资产，或者称为系官资产）、共有产权（寺观资产、宗族共产等）、私有产权（百姓资产，或称为民产）以及开放性资源（例如荒田、荒山、河流、湖泊等）。以日本大谷探险队掠走的吐鲁番文书为例。

大谷文书 2372 号[2]：

1　◻渠第一堰＿康何战

　　　　　　　　　　昌

2　◻职田九亩半　　佃人焦知通种粟

　　　　　　　　　　昌

3　都督职田拾壹亩半　　佃人宋居仁种粟

　　化

4　杜浮禄拾亩　　自佃种粟

　　昌

5　仁王寺陆亩　　佃人张君行种粟

　　？　　　　　　　　大

---

① 参见杨际平《麴氏高昌与唐代西州、交州租佃制研究》，收入韩国磐主编《敦煌吐鲁番出土经济文书研究》，厦门大学出版社 1986 年版，第 225—292 页。

② ［日］周藤吉之：《唐宋社会经济史研究》，东京大学出版会 1975 年版，第 23—24 页。

6　□寿寺贰亩　　　佃人氾文最种粟
　　　大

7　氾文最贰亩　　　自佃种粟
　　　　　　　西

8　县公廨柒亩一百步　佃人唐智宗种粟
　　　　　　　西

9　康索典壹亩半　　佃人唐智宗种粟
　　　　　　　西

10　赵寅贞半亩　　　佃人唐智宗种粟
　　　　　　　　昌

11　阚祜洛贰亩　　　佃人康富多
　　　尚

12　张少府壹亩　　　佃人康善隆
　　　尚

13　□相德壹亩　　　佃人康善隆

14　□肆亩　　自佃种粟　　（后略）

大谷文书 2371 号①：

（前缺）
1　　等爱寺六亩　佃人赵子德
2　　弘宝寺六亩　自　　佃
3　　卅七亩半　一十亩官　一十六亩　寺
4　　　　一十一亩半　百姓

在 2372 号文书中，□□职田、都督职田与县公廨田显然是官田，属于
国有产权；仁王寺、□寿寺的田产属于共有产权，杜浮禄、氾文最、康索
典、赵寅贞、阚祜洛、张少府、□相德等人是私有产权的所有者，虽然他们
的土地名义上是属于国家分配，实际上多为百姓私田，正如宋人叶适所说

---

① ［日］周藤吉之：《唐宋社会经济史研究》，第 14—15 页。

的，"唐世虽有公田之名，而有私田之实"①。唐代有些文书中还注明有"自田"，这也被杨际平②、卢向前③诸先生的研究所证实为私田。而在 2371 号文书中，我们可以看到，唐人已经自觉不自觉地把这些田产根据所有者的不同而分为"官""寺""百姓"三大类，这正与产权经济学中关于国有产权、共有产权与私有产权的划分相一致。从出土的敦煌吐鲁番文书可以看出，唐代的所谓均田其实是达不到法律所规定的标准的，欠田甚多，所以不少百姓在国家"均田"不足的情况下，只好一边耕种自己的土地，一边租佃官田、私田或寺观田耕作，如上面文书中提到的"氾文最"。不过，正如笔者已指出的，唐代前期的土地产权结构尚不完整，国家主导了整个产权分配，所有权名义上归国家，实际上是国家与个人共同拥有土地的所有权，土地私有者拥有相对完整的使用权和经营权，但是收益权与处置权在很大程度上为国家所控制，土地不能自由买卖，但是产权保护的法令也相对严密。④

如下文所述，唐中后期以后，产权类型的基本结构还是相同，仍然分为国有产权、共有产权、私有产权以及开放性资源四种，但是国家开始退出产权分配的主导地位，转向以市场分配为主，私有产权的地位变得重要起来，产权所有者的各种权利更加具有自主性，官府转而保护资产所有者的所有权、收益权与交易权等，赋税制度"惟以资产为宗"，并建立了新的产权登记制度——户帖制度，一直到五代时期，仍然沿袭这些产权运行体系。

进入宋代，产权类型的基本结构还是沿用唐代。从宋代文献中，我们看到宋人对产权类型的划分（认识）也主要是"官产"（或者"系官田产"）、"民产"（或称为"私产"）、寺观产业与相关的义田义庄等。这些内容在宋元方志中例证尤多，如《嘉定赤城志》记载，台州的产权结构主要分为民田、学田与寺观田，实际上是指民产、学产（学田即官产之一）与寺观产业，因为其中每一项虽然名义上是田，但都包括田、地（含坊郭宅地基）以及山。⑤ 为了便于论证，笔者将宋元方志中有关宋代产权结构的记载一一整理，制成表 1–1。

① 《文献通考》卷二《田赋二》，第 43 页。
② 参考杨际平《北朝隋唐均田制新探》，第 157—195 页。
③ 卢向前《唐代西州土地关系述论》的相关章节，上海古籍出版社 2001 年版。
④ 刘云：《论唐代前期的土地产权制度》，《厦门大学学报》2006 年第 1 期。
⑤ （宋）陈耆卿：《嘉定赤城志》卷十三《版籍门一·田》，宋元方志丛刊第 7 册，中华书局 1990 年版，第 7389 页上栏—第 7390 页下栏。

表 1-1 宋元方志所载宋代产权类型一览

地区		产权类型与数量				资料出处
		官产	民产	寺观产业	义产	
福建路福州	垦田	官庄田：1 顷 90 亩 3 角 46 步				
		赡学田：旧管田 76 顷 78 亩 1 角 14 步，园地、山林、屋基、埕池塘坂等 125 顷 45 亩 2 角 32 步，房廊屋 68 间，屋地基 12 所；续添田园沙洲地 17 顷 50 亩 3 角 38 步，屋 18 所，庵基地 1 所	35308 顷 72 亩 13 步	5324 顷 46 亩 2 角 20 步		《淳熙三山志》卷十《版籍类一》，第 7878 页上栏—第 7879 页上栏
		职田：21 顷 90 亩 1 步，园 904 顷 94 亩 1 角 53 步				
		沙洲田：271 顷 98 亩 2 角 30 步				
	园林山地池塘陂堰	1570 顷 84 亩 2 角 24 步	46787 顷 92 亩 2 角 20 步	15800 顷 59 亩 1 角 25 步		
	海田			230 余顷，5260 丈		
两浙路建德县	田		131635 亩			(宋) 郑瑶等纂：《景定严州续志》卷二《建德县民产》，宋元方志丛刊第 5 册，第 4366—4367 页
	坊郭基地		33864 丈			
	桑牧地		545297 亩			

地 区		产权类型与数量				资料出处
		官产	民产	寺观产业	义产	
福建路仙游县	学田	游学田：35 亩 14 步；赡学田：300 余亩；建兴院田产田 85 段，园 11 段；建福院田 25 段，园 2 段；郑家绝户田园田计 7 段，园计 4 段				（宋）黄岩孙纂：《（宝祐）仙溪志》卷一《学田祀田》，宋元方志丛刊第 8 册，第 8275 页上栏—8276 页上栏
	祀田	田七丘，园一丘				
两浙路昆山县		231519 亩 140 步	496736 亩	不详		（宋）凌万顷、边实纂：《淳祐玉峰志》卷之中《税赋、官租》，宋元方志丛刊第 1 册，第 1062—1067 页
两浙路台州		田 2814 亩 2 角 21 步，地 1888 亩 3 角 43 步，山 3514 亩 2 角 10 步	田 2628283 亩有奇；地 948222 亩有奇，基 172440 丈有奇；山 1753538 亩有奇	田 135449 亩；地 36076 亩，基 6350 丈；山 131274 亩，又 2857 丈		（宋）陈耆卿纂：《嘉定赤城志》卷一三《版籍门一·田》，第 7389 页上栏—第 7390 页下栏；同书卷一四《版籍门二·寺院》，宋元方志丛刊第 7 册，第 7392 页下栏—7408 页下栏
江东路建康府		官田 27774 亩 99 步半，学产：田 9380 亩 1 角 60 步，坊场三所，芦场 21 顷 38 亩	4327352 亩 1 角 17 步半	不详	义庄湖田 7278 亩 3 角 28 步，义阡义冢田 158 亩	（宋）马光祖修、周应合纂：《景定建康志》卷四〇《田赋志一·田数》，第 1988 页上栏—1989 页上栏；同书卷四三《风土志二·义冢》，宋元方志丛刊第 2 册，第 2041 页上栏—2043 页下栏

续表

地　区	产权类型与数量				资料出处
	官产	民产	寺观产业	义产	
两浙路镇江府	177569 亩	3483558 亩	不详		（元）俞希鲁纂：《至顺镇江志》卷五《田土》，宋元方志丛刊第 3 册，第 2678 页下栏
两浙路明州	学产田地山 23056 亩 3 角 37 步半，屋 20 间半 7 厦 1 舍，外赁屋 9 间 1 舍，砂岸 9 处	不详	田 7890 亩，山 370 亩	郡义田数百亩	（宋）方万里、罗濬纂：《宝庆四明志》郡志卷一一《叙祠》、《叙遗》，宋元方志丛刊第5册，第5130—5133 页、第5137 页下栏—5138 页上栏
两浙路明州鄞县	学田 634 亩 2 角 35 步	田 746029 亩 2 角 29 步，地 149005 亩 57 步，山 902064 亩 3 角 47 步	田 21385 亩，山 161325 亩		（宋）方万里、罗濬纂：《宝庆四明志》卷一二《鄞县志卷第一·叙县》、卷一三《鄞县志卷第二·叙赋、叙祠》，宋元方志丛刊第 5 册，第 5144、5160、5166—5174 页
两浙路明州奉化县	学产田地山不详	不详	田 11011 亩，山 48060 亩		（宋）胡榘修、方万里 罗濬纂：《宝庆四明志》卷一五《奉化县志卷第二·叙祠》，宋元方志丛刊第 5 册，第 5192—5198 页

续表

地　区	产权类型与数量				资料出处
	官产	民产	寺观产业	义产	
两浙路明州慈溪县	学产：田 392 亩 1 角 22 步，地 28 亩 2 角 4 步，山 6 亩 2 角 6 步	田亩旧额 469 亩 158 亩 29 步	田 6139 亩，山 17438 亩		(宋) 方万里、罗濬纂：《宝庆四明志》卷一六《慈溪县志卷第一·叙县》、卷一七《慈溪县志卷第二·叙赋、叙祠》，宋元方志丛刊第 5 册，第 5204 页下栏、第 5213 页上栏、第 5220 下栏—第 5222 页上栏
两浙路明州定海县	学产田地山不详，职田、堤堰、官屋不详	田 356750 亩 3 角，河涂不与	田 8507 亩，山 22256 亩		(宋) 方万里、罗濬纂：《宝庆四明志》卷一八《定海县志卷第一·叙县》、卷一九《定海县志卷第二·叙赋、叙祠》，宋元方志丛刊第 5 册，第 5229、5235、5240—5242 页
两浙路明州昌国县	学产：水田 560 亩 2 角 25 步，山地屋基竹木口养 913 亩 1 角 43 步。职田、砂岸等不详	不详	田 8567 亩，山 28761 亩	义庄田 121 亩，地 18 亩；社仓田 67 亩；狱粮田 30 亩①	(宋) 方万里、罗濬纂：《宝庆四明志》卷二〇《昌国县志卷第一·叙赋、叙祠》，宋元方志丛刊第 5 册，第 5246 页下栏、第 5254 页下栏—5256 页上栏

① （元）冯福京等撰：《大德昌国州图志》卷二《叙州》，宋元方志丛刊第 6 册，中华书局 1990 年版，第 6073 页下栏。

地区	产权类型与数量				资料出处
	官产	民产	寺观产业	义产	
两浙路明州象山县	学产田地山不详	131920 亩 2 角	田 5923 亩,山 14578 亩		(宋) 方万里、罗濬纂:《宝庆四明志》卷二一《象山县志卷全·叙赋》,宋元方志丛刊第 5 册,第 5273 页下栏—5274 页下栏
两浙路平江府常熟县	田 200800 亩 51 步,地 16438 亩 3 角 32 步	田 2219092 亩 2 角 10 步,地 191599 亩 3 角 19 步	不详	义役田 50522 亩 1 角 58 步 5 尺 5 寸	(宋) 孙应时纂修、鲍廉增补,(元) 卢镇续修:《琴川志》卷六《叙赋》,宋元方志丛刊第 2 册,第 1205 页下栏—1207 页上栏
江东路徽州府歙县		田园山地祖额 252984 亩 45 步,经界 46 万有奇,今为 458156 亩 2 角 49 步半,塘 1207 处,垾 226 处			(宋) 罗愿纂:《新安志》卷三《歙县·田亩》,宋元方志丛刊第 8 册,第 7634 页上栏
江东路徽州府休宁县	屯田 321 亩 3 角 12 步	田园祖额 186950 亩 3 角 14 步,经界增多,今为 303964 亩 3 角 25 步,塘 510 处,垾 210 处			(宋) 罗愿纂:《新安志》卷四《休宁县·田亩》,宋元方志丛刊第 8 册,第 7646 页下栏

地 区	产权类型与数量				资料出处
	官产	民产	寺观产业	义产	
江东路徽州府祁门县		田园祖额，199563 亩 38 步半，经界为 70 万有奇，今为 717636 亩 2 角 6 步，塘 237 处，搨 975 处			（宋）罗愿纂：《新安志》卷四《祁门县·田亩》宋元方志丛刊第 8 册，第 7653 页上栏
江东路徽州府婺源县		田园旧 679707 亩 2 角，经界为 79 万有奇，今为 795787 亩 2 角 55 步，陂 157 处，搨 17 处			（宋）罗愿纂：《新安志》卷五《婺源县·田亩》，宋元方志丛刊第 8 册，第 7659 页下栏
江东路徽州府绩溪县		田园旧 104538 亩 33 步，经界为 296000 亩有奇，今为 309566 亩 3 角 31 步，塘 95 处，场 117 处			（宋）罗愿纂：《新安志》卷五《绩溪县·田亩》，宋元方志丛刊第 8 册，第 7667 页
江东路徽州府黟县		田亩旧 92135 亩，经界为 334430 亩 2 角 58 步今增 10 亩，搨 190 处			（宋）罗愿纂：《新安志》卷五《黟县·田亩》，宋元方志丛刊第 8 册，第 7673 页上栏

　　宋代的产权结构增加了新的重要内容，即民众能够相对比较自由地进入产权的权利束，享有更多的产权权利。官府对产权的界定与保护更加严

密，产权交易的自主程度提高，更多的私有者进入产权的权利束，产生了较大的产权倍乘效应，促进了整个宋代社会经济的提高与发展。也就是说，在生产技术没有明显提高的情况下，宋代通过产权制度的变革，让产权权利束的自主性提高，同样可以产生产权的"倍乘"效应，从而在整体上推动社会经济发展。从表 1－1 可知，在宋代的产权结构中，私有产权占据优势，国有产权与共有产权的比例相对较小。①

第一节　宋代私有产权概论

在《绪论》中，笔者根据《太平御览》记载，指出宋人关于"资产"的认识主要有土地、房屋、生产工具、货币、资产收益等。从现有的文献来看，记载宋代民产的资料还是不少的，如各种方志、家产分析文书、官府对于民间资产纠纷的法律判词，等等。按照资产的定义来看，其实所有的民户都可以看作是产权所有者，因为，如果宋代地方官吏把"寒瘁小家"的"农器、春磨、铲釜、犬豕"② 等物也列为财产的话，则客户基本上也算是有点资产的，那些有数量不等的田地、邸店等"常产"的主户就更不用说了。

一　宋代私有产权诸形态

（一）唐宋之际私产的主要内容

我们知道，宋代不少制度，无论是正式制度或者非正式制度，大都沿袭唐五代成法，因而敦煌在 20 世纪初出土的相关分家文书可为我们提供一些唐宋民产或者私产内容的信息。以伯希和 2658 号文书《善濮兄弟分家文书》③ 为例，其记载包含的民产信息比较丰富，兹引如下：

---

① 姜密：《宋代"系官田产"研究》，中国社会科学出版社 2006 年版，第 19—20 页。
② 《续资治通鉴长编》卷二七七，"神宗熙宁九年九月是秋"，第 6789 页。
③ ［日］仁井田陞：《唐宋法律文书的研究》，第 612—614 页；中国科学院历史研究所资料室：《敦煌资料》（第一辑），中华书局 1961 年版，第 423—425 页。

（前缺）

01 城外 ▢▢▢▢▢▢▢▢▢▢▢▢

02 畜乘安马等，两家▢▢▢▢▢取▢▢

03 壹领壹拾叁，增兄弟义汩▢上大郎，不入分

04 数，其两家和同对亲诸立此文书。从今而后

05 不许争论。如有先是非者，决丈（杖）五拾。如有故

06 违，山河违（为）誓。

07 城外舍兄西分三口，东分三口院落，西头小牛舞

08 舍合舍外空地，各取壹分。南园于秦（奈）子树巳西大

09 郎巳东弟。北园渠子巳西大郎。巳东弟。树各取半。

10 地水渠北地叁畦，共壹拾壹亩半大郎分。舍东叁畦，

11 舍西壹畦，渠北壹畦，共壹拾亩弟分。向西地肆畦共

12 拾肆亩大郎分。渠子西共叁畦拾陆亩弟分。

13 农地向南仰大地壹畦五亩，大郎。又地两畦共五亩，弟。

14 又向南地壹畦六亩，大郎。又向北仰地六亩，弟。寻渠

15 玖亩地，弟。西边捌亩地舍坑子壹，大郎。长地五亩，弟。

16 舍边地两畦共壹亩，渠北南头寻渠地壹畦肆亩，计五亩，

17 大郎，北仰大地并畔地壹畦贰亩，寻渠南头长地子壹亩，

18 弟。北头长地子两畦各壹亩，西边地子弟。东边，兄。

19 大郎分釜壹口受玖斗。壹斗五胜（疑为"升"）锅壹、胜半龙头

20 铛子壹、铧壹孔、镰两张、鞍两具、镫壹具、被头

21 壹、剪刀壹、灯壹、锹头壹张、马钩壹、碧绢壹丈柒尺、黑

22 自牛壹半对，草马与大郎，鑮壹具。

23 遂恩：铛壹口、并主鏊子壹面、铜钵壹、龙头铛子壹、种

24 金壹付、镰壹张、安壹具、大鈥壹、铜灌子壹、鑮

25 壹具、绢壹丈柒尺、黑自牛壹半。

26 城内舍大郎分堂壹口，内有库舍壹口，东边房壹口。

27 遂恩分西房壹口，并小房子厨舍壹口，院落并砸，

28 舍子合大门外舞舍地大小不等。后移墙停分舞舍

29 西分大郎，东分遂恩。大郎分故车盘，新车盘遂恩，贾

30 数壹仰取新盘出车脚二，各取壹。大郎全毂，遂恩破

31 毂。

32　　　　　　　兄善濮

33　　　　　　　弟遂恩

34　　　　　　　诸亲兄程进

35　　　　　　　兄张贤贤

36　　　　　　　兄索神（押）

这份文书虽然没有确切的年代，但一般被认为是反映 9—10 世纪时期敦煌地区的第一手资料。①

从这份文书我们看到善濮、遂恩两兄弟在分家之前的财产有如下内容：

第一，房产，包括城外舍东西各 3 口，合 6 口，外加西头小牛舞舍（1

---

① 这里需要说明的是，本书转录时，是以 1961 年中国科学院历史研究所编辑的《敦煌资料》（第一辑）中的录文为底本，只是将原文的文字改成了简体字，而其中的数字还是繁体字。上面的录文当中，第 1、17 行是对照仁井田陞先生《唐宋法律文书的研究》第 612、613 页的录文补上去的；第 8 行第 14 个字，《敦煌资料》为"紊"字，而《唐宋法律文书の研究》为"奈"，当是；第 13 行"农"字前面，《敦煌资料》录文前面有一个不明字，而《唐宋法律文书の研究》没有；另外第 30 行末字，《敦煌资料》为一个不明字，而《唐宋法律文书の研究》录为"破"字。各行的编码是笔者加上去的，笔者对其中的一些断句有异议。如：

"03 数，其两家和同对亲诸立此文书。从今而后"，应为"03 数，其两家和同对亲诸，立此文书，从今而后"；

"07 舍合舍外空地，各取壹分。南园于紊子树已西大/08 郎已东弟。北园渠子已西大郎。已东弟。树各取半"，应为"07 舍合舍外空地，各取壹分。南园于紊（奈）子树已西大/08 郎，已东弟；北园渠子已西大郎，已东弟。树各取半"；

"09 地水渠北地叁畦，共壹拾壹亩半大郎分。舍东叁畦，/10 舍西壹畦，渠北壹畦，共壹拾亩弟分。向西地肆畦共/11 拾肆亩大郎分。渠子西共叁畦拾陆亩弟分"，应为"09 地水渠北地叁畦，共壹拾壹亩半，大郎分。舍东叁畦，/10 舍西壹畦，渠北壹畦，共壹拾亩，弟分。向西地肆畦，共/11 拾肆亩，大郎分。渠子西共叁畦，拾陆亩，弟分"；

"16 弟。北头长地子两畦各壹亩，西边地子弟。东边，兄"，应为"16 弟。北头长地子两畦，各壹亩，西边地子，弟，东边，兄""20 自牛壹半对，草马与大郎，鑺壹具"，对照下文，应为"20 自牛壹半，对草马与大郎，鑺壹具"。"28 数壹仰取新盘出车脚二，各取壹。大郎全毂，遂恩破"，按照文意，应为"28 数壹仰取新盘出；车脚二，各取壹。大郎全毂，遂恩破"。

口）以及舍外地（估计是指地基）；城内舍中有堂 1 口（内有库舍 1 口），东西边房各 1 口，小房子厨舍 1 口，院落，舍子合大门外舞舍地，一共有舍、堂 12 口，院落 1 处，舍地（地基）2 处。

第二，田产，包括 32 畦地，共 99.5 亩，另有舍坑子 1 处。

第三，生产工具（包括交通运输工具），有胜半龙头铠子 2 具，铠 1 口，并主鏊子 1 面，铧 1 孔，镰 3 张，鞍 3 具，镫 1 具，锹 1 张，马钩 1 副，镢 2 具，大釾 1 具，黑自牛三头，碾 1 具，车盘 2 具，车脚 2 个，毂 2 副。

第四，园林 2 处。

第五，生活用品：被头 1 件，剪刀 1 把，灯 1 盏，铜钵 1 个，玖斗釜 1 口，壹斗伍升锅 1 个，种金 1 付，铜灌子 1 个。

第六，准货币物：碧绢 1 丈 7 尺，绢 1 丈 7 尺。

由此可见，9—10 世纪时期人们对资产或者财产的界定和分类，与宋人在《太平御览》中的界定与分类基本上是一致的。

进入宋朝，无论是官府的法令、公文、奏劄、判词、方志，或是民间各种财产文书，或是士人文集等所反映的对民产的认识，除了跟李昉等人在《太平御览》中的概括比较一致外，还增加了新的内容：民产或者私产主要是指田产、屋宇（包括房屋地基）、园林（包括桑树、山地）、货币（包括钱币、金、银、交子、会子、关子、钱引、楮币以及丝绸等准货币）、店铺、生产工具（包括交通运输工具）、生活用品、首饰等奢侈品以及书画收藏品[①]，等等。一般而言，官府之论述稍嫌简略，民间财产文书则相对详细些。

（二）宋代法律条文中所见的私有财产

宋太祖建隆四年（963）八月，判大理寺窦仪（914—966）与权大理少卿苏晓等编撰成《宋建隆重详定刑统》，简称《刑统》，其中，重大的变化是在《户婚律》中新增《户绝资产》与《死商钱物》两门，而且前者

---

① 中国社会科学院历史研究所宋辽金元史研究室点校：《名公书判清明集》卷之六《户婚门·赎屋》，叶岩峰：《倚当》，中华书局 2002 年版，第 170 页。文中提到，"李正大称，续有古画梨雀图障一面，高大夫山水四大轴，唐雀内竹鹊四轴，潭帖、绛帖各一部，准还前项未尽之券"，其大意是可以用有价值的书画、书法帖子抵偿欠款，值 150 贯左右，平均每一件值 13 贯多。

明确提到民间的资产内容，称：

> 准《丧葬令》，诸身丧户绝者，所有部曲、客女、奴婢、店宅、资财，并令亲亲依本服，不以出降。转易货卖，将营丧事，及量营功德之外，余财并与女，户虽同，资财无别者，亦准此。无女均入以次近亲，无亲戚者，官为检校，若亡人在日自有遗嘱处分、证验分明者，不用此令。
>
> 准唐开成元年柒月伍日敕节文，自今后如百姓及诸色人死绝，无男空有女已出嫁者，令文合得资产，其间如有心怀觊望、孝道不全、与夫合谋有所侵夺者，委所在长吏严加纠察，如有此色，不在给与之限。
>
> 臣等参详，请今后户绝者，所有店宅、畜产、资财，营葬功德之外，有出嫁女者叁分给与壹分，其余并入官，如有庄田，均与近亲承佃，如有出家亲女被出，及夫亡无子并不曾分割得夫家财产入己、还归父母家后户绝者，并同在室女例，余准令敕处分。[①]

从上引唐代文书中，我们看到唐人认为的私人资产主要包括"部曲、客女、奴婢、店宅、资财"，而从窦仪等人的详细议论中，我们可以觉察到，五代入宋后，官府认为私人资产主要由"店宅""畜产""资财""庄田"等构成。

据《宋会要辑稿》之《民产杂录》的记载，仁宗天圣四年（1026）七月，审刑院官员给皇帝的奏劄中提到了民产问题：

> 详定《户绝条贯》，今后户绝之家，如无在室女，有出嫁女者，将资财、庄宅、物色，除殡葬营斋外，三分与一分，如无出嫁女，即给与出嫁亲姑姊妹侄一分，余二分若亡人在日亲属及入舍婿、义男、随母男等，自来同居营业、佃莳，至户绝人身亡及三年已上者，二分店宅、财物、庄田并给为主，如无出嫁亲姑姊妹侄，并全与同居之

---

① （宋）窦仪等：《宋刑统》卷一二《户婚律·户绝资产》，薛梅卿点校，法律出版社 1999 年版，第 221—222 页。

人，若同居未及三年及户绝之人孑然无同居者，并纳官，庄田依今文均与近亲，如无近亲，即均与从来佃莳或分种之人承税为主，若亡人遗嘱，证验分明，依遗嘱施行。

仁宗加以批准。① 按照惯例，经敕准之后这个报告就可以成为新修订的《户绝条贯》的内容。从中我们可以看到，审刑院提出的亦即法定的民产主要包括"店宅、财物、庄田"以及"物色"等。"物色"应该指生产工具、生活用具等各种物品。至神宗熙宁七年（1074）七月，吕惠卿（1032—1111）为参知政事，着手推行手实法，但是很快遭到朝中大臣的反对，其中御史中丞邓绾（1028—1086）指出，手实法对于普通民户以及商人造成了很大的困扰。他说：

> 臣窃见簿法隐落税产物力及供地色等第、居宅房钱不实者，并许告讦支赏。……本法所谓田土所出，或服食、器用、船车、碾砠等物，牛羊、驴骡之类，凡所以养生之具，民日用而家有之。……
>
> 夫行商坐贾，通货殖财，四民之一心也，其有无交易，不过服食、器用、粟米、财畜、丝麻、布帛之类，或春有之而夏已折阅之，或秋居之而冬已散亡之，则公家簿书如何拘辖，隐落之罪安得而不犯？徒使嚣讼者趋赏报怨，而公相告讦；畏怯者守死忍饿，而不敢为生。其为法未善，可知矣。②

从邓绾的议论中，我们可以了解到，北宋中期一般民产包括土地、房屋等不动产和"服食、器用、船车、碾砠"、牛羊、驴骡等动产，而商人的资产主要包括"服食、器用、粟米、财畜、丝麻、布帛之类"，与前面的内容基本一致。

现存宋代官府的法律判词主要以《名公书判清明集》为详，并散见于一些南宋的文集中，诸如黄榦（1152—1221）《黄勉斋先生文集》卷三二

---

① （清）徐松：《宋会要辑稿》食货六一之五八，中华书局1997年版，第5902页下栏。
② 《续资治通鉴长编》卷二六九，"神宗熙宁八年冬十月辛亥"，第6605—6606页；《文献通考》卷一二《职役考一·历代乡党版籍职役》，第132页。

至三三、刘克庄（1187—1269）《后村先生大全集》卷一九二至一九三、文天祥（1236—1282）《文山先生文集》卷十二。其中对于南宋民间资产的记述也主要以概括性为主，着眼于法律裁决的需要。例如，《名公书判清明集》卷之七《户婚门·孤幼·欺凌孤幼》提到铺兵尤彬与其弟尤彦辅析家而居数十年，尤彬无子有女，但是在尤彬死的前一年，尤彦辅强行立自己八岁的孙子尤荣哥为其兄长的继嗣，尤彬死后，尤彬之妻阿陆拨了"田八亩、会千缗、屋一所，给付荣哥，归本生家抚养"[1]。淳祐元年（1241）二月，某县徐巡检身亡后，留下的财产有"见钱三百贯，金银器凡数十项，官会三千贯"[2]，则徐巡检的资产是以货币和贵重金属为主。某路提刑司副吏王晋贪赃枉法被抄家，抄出的资产中，"银犹且一千二百余两，罗绮杂物，估价不下十万，而旧楮、田宅不预焉"[3]。淳祐年间（1241—1252）湖南路有李子钦者随其母嫁入谭念华家，李子钦"与其母造计设谋，以离间谭念华之亲子，图占谭念华之家业"，谭念华死后，其子谭有吉兄弟向官府起诉，时为提点刑狱兼提举常平的胡颖审理认定的财产主要包括货币（文中称为"财本"）、田产、屋宇等。[4]

（三）宋代方志中所见的私有财产

现存的宋代方志受其编撰体例所限，所记载的各种资产内容比较简略，侧重于概括性的描述。现存宋代方志主要集中于两浙路、福建路、江东路等地某一州县的田亩、山地、地基等的数量记载，这说明宋代的地方官员们认为民间资产主要以土地为象征。在表1-1中，梁克家编撰的《淳熙三山志》提到福建路福州的民产主要有农田、园林、山地、池塘、陂堰等，郑瑶、方仁荣等人编撰的《景定严州续志》记载，南宋景定年间（1260—1264）两浙路严州建德县的民产以田、坊郭地、桑牧之山地等形

---

① 《名公书判清明集》卷之七《户婚门·孤幼》，吴恕斋：《欺凌孤幼》，第229页。

② 《名公书判清明集》卷之十《人伦门·夫妇》，胡石壁：《妻已改适谋占前夫财物》，第378页。

③ 《名公书判清明集》卷之十一《人品门·公吏》，蔡久轩：《籍配》，第415页。

④ 《名公书判清明集》卷之四《户婚门·争业上》，胡石壁：《随母嫁之子图谋亲子之业》，第124—126页。按胡石壁即是胡颖，见《宋史》卷四一六《胡颖传》（第12478—12479页），以本传考之，胡颖应生于宁宗嘉泰年间（1201—1204），大约卒于度宗咸淳九年（1273）前后，卒官于荆湖总领财赋。

式为主。① 而在江东路，民产主要以田、地、塘为主。

（四）宋代民间文书与笔记小说中所见的私人资产

现存记述宋代私人资产的民间文书较少，而且不如上引伯希和 2658 号文书《善濮兄弟分家文书》那么详细，但也可以看出南宋人对家庭主要资产的认识。以南宋德祐二年（1276）《苏氏长基分处遗书》② 为例。在这份文书中，苏氏家族人员并没有详细列举天、地、人、和四房所得的财产明细，只是笼统地说"庐舍、田园、山场、坟冢、产业、屋基"，当然其中"产业"所包含的内容应该是很丰富的，当有生产工具、生活用具之类的物品。这份文书反复提到的"庐舍、田园、山场、坟冢、产业、屋基"，反映的是南宋后期人们对私人主要资产的认识。

值得注意的是，在一些士人文集、笔记小说以及法律判词中，有价值的艺术品（名画、书法帖子）、古玩等也列入个人资产。据《夷坚志》所述，成都人承信郎王祖德死后，他家人准备把他最珍爱的收藏品"黄筌郭熙《山水》、李成《寒林》，凡十轴"估价出卖，作为分割家产的一部分。③ 因为当时不少书画作品"皆冠世之宝"，具有很大的收藏价值，④ 故而能成为一种私人资产。《名公书判清明集》有一则判词，提到"李正大称，续有古画梨雀图障一面，高大夫山水四大轴，唐雀内竹鹊四轴，潭帖、绛帖各一部，准还前项未尽之券"。这批书画、书法帖子值 150 贯左右，平均每一件值 13 贯多。⑤ 另外一则判词提到有一个叫萧真孙的人，五岁时随母亲再嫁姚岳家，长大后图谋包占继父包括书画在内的家产。⑥

---

① （宋）郑瑶、方仁荣：《景定严州续志》卷二《建德县民产》，宋元方志丛刊第 5 册，中华书局 1990 年版，第 4366 页上栏—第 4367 页上栏。

② 371《苏氏长基分处遗书》（德祐二年二月吉日，1275 年 2 月 27 日），转引自杨国桢等《闽南契约文书综录》，《中国社会经济史研究》1990 年增刊，厦门大学出版社 1990 年版，第 105—106 页。标题以及分家文书中的年月日时间是原文收录者所推算，这里德祐二年应为 1276 年。

③ （宋）洪迈：《夷坚乙志》卷二《王祖德》，何卓点校，中华书局 1981 年标点本，第 360 页。

④ （宋）王明清：《挥麈前录》卷之一，丛书集成初编本，上海商务印书馆 1936 年版，第 41—42 页。

⑤ 《名公书判清明集》卷之六《户婚门·赎屋》，叶岩峰：《倚当》，第 170 页。

⑥ 《名公书判清明集》卷之七《户婚门·义子》，佚名：《义子包并亲子财物》，第 242—243 页。

二 宋代法令对私有产权的规定

私有财产是宋代社会的主要产权类型之一，以此为税基的夏秋两税是宋代朝廷财政收入的主要来源。朝廷保护私有财产可据以确定民户差役与科敷的数量，保障赋税收入，并维护整个社会经济秩序的良好运行，降低统治成本与风险。

宋代法律对私有产权的保护主要体现在保护所有权、经营权、处置权与继承权等。

首先，宋代建立了一套相对完善的私人产权登记制度（即户帖制度与砧基簿制度，详见后文），从法律上界定私人财产（主要是田地、房屋等不动产以及耕牛等主要生产工具）的所有权。一般人户立户时，官府根据其实际财产状况发给户帖（或者户契①），说明本户户主的身份、家庭状况以及财产状况。

其二，宋代保护私人财产的所有权。《宋刑统》规定，禁止私自侵占私人田地耕作，违者"一亩以下笞三十，五亩加一等；过杖一百，十亩加一等，罪止徒一年半；荒田，减一等；强者，各加一等"，即使是被盗耕田地的收入归私人田地的产权所有者。禁止他人以各种欺诈手段骗取私人田地等财产，如果骗取后进行买卖，以盗窃罪论处，盗卖田地者"一亩以下笞五十，五亩加一等；过杖一百，十亩加一等，罪止徒二年"。禁止侵占私人墓田进行耕作，违者"杖一百；伤坟者，徒一年。即盗葬他人田者，笞五十；墓田，加一等。仍令移葬。若不识盗葬者，告里正移埋，不告而移，笞三十。即无处移埋者，听于地主口分内埋之"。《宋刑统》不仅禁止一般的民户侵占私产，而且也禁止在职官员以任何名义侵占他人包括田产在内的财产：

> 诸在官侵夺私田者，一亩以下杖六十，三亩加一等；过杖一百，五亩加一等，罪止徒二年半。园圃，加一等。
>
> 【疏议】曰：律称"在官"，即是居官挟势。侵夺百姓私田者，

---

① 《名公书判清明集》卷之三《赋役门·差役》，范西堂：《乞用限田免役》，第83—84页。

"一亩以下杖六十，三亩加一等"，十二亩有余，杖一百。"过杖一百，五亩加一等"，三十二亩有余，罪止徒二年半。"园圃"，谓莳果实、种菜蔬之所而有篱院者，以其沃埆不类，故加一等。若侵夺地及园圃，罪名不等，亦准并满之法。或将职分官田贸易私家之地，科断之法，一准上条"贸易"为罪，若得私家陪贴财物，自依"监主诈欺"。其官人两相侵者，同百姓例。即在官时侵夺、贸易等，去官事发，科罪并准初犯之时。①

法律表明，宋代不仅禁止官员利用职权之便为自己谋私利，还禁止用公权力用官府财产交换私人财产（以上两段律文，均沿自《唐律疏议》，说明自唐以来即如此）。

其三，宋代法律规定，产权所有者在自己的产权受到侵犯时，有财产申诉权。《宋刑统》卷十三《户婚律·婚田入务》云：

准《杂令》，谓诉田宅婚姻债负，起十月一日，至三月三十日检校以外不合，若先有文案交相侵夺者，不在此例。

臣等参详，所有论竞田宅、婚姻、债负之类（原注：债负谓法许征理者），取十月一日以后许官司受理，至正月三十日住接词状，三月三十日以前断遣须毕，如未毕，具停滞刑狱事由闻奏，如是交相侵夺及诸般词讼但不干田农人户者，所在官司随时受理断遣，不拘上件月日之限。②

这条法令沿承自唐五代，③ 规定的是产权所有者申诉的范围、时间以及地方州县审判机构的受理方式。宋《天圣令·杂令卷第三十》的内容大致相同，只是稍简略。④

---

① 以上并见窦仪等《宋刑统》卷一三《户婚律·占盗侵夺公私田》，第228—229页。

② （宋）窦仪等：《宋刑统》卷一三《户婚律·婚田入务》，第232—233页。

③ 参见［日］仁井田陞《唐令拾遗·杂令第三十三》，东京大学出版会1983年版，第852—853页。

④ 天一阁博物馆、中国社会科学院历史研究所天圣令整理课题组校证：《天一阁藏明钞本天圣令校证》上册，中华书局2006年版，第233页。

其四，宋代法律规定了私有产权的处置权、分割权与继承权等（详见本书第三章）。

第二节 宋代的系官资产

"系官田产"是宋代官民对国有土地的一种称呼。受其启发，本书以"系官资产"一词概称宋代归属于各级政府机关掌管的各种田土、地、山、房屋（含地基）、砂岸、税场、盐池、坑冶、诸色仓库、抵当库、药剂局等产业，包括官府出资购买的生产工具与生产设施、军事设施、各级官府衙门的生活设施、祭祀法器法物以及贮存在各种仓库的作为财政收入的诸色财物等物业。宋人对此一般也称为"公产""官产"，如系官田产或称为"官田""公田"。各级官府对所掌管的"系官资产"，要根据朝廷法令进行经营、租佃、处置或者转移，官员调离或新任时要履行交接仪式。

一 宋代系官田产

系官田产是指由各级官府掌管、经营、处置的各种田产（包括农田、农地、山地等）。这是目前学界研究最集中的内容之一，成果也最多，尤其是学田、弓箭手田、屯田营田，[①] 本书就不再展开论述了；关于系省田产、常平田、总领所田、安边所田的专门研究比较少，本书稍作补充。

揆诸史籍，按照其所属机构的不同，系官田产实际上可以分为系省田产、常平田、监牧田地、学田（或称学粮田）、职田、总领所田、安边所田以及属于各个时期不同机构的屯田、营田、带有军垦性质的弓箭手田等。这些田产是随着宋代财政管理制度的发展而发展，随着朝廷财政需要而产生不同的经营、处置方式，其主要功能是支付朝廷的相关财政开支，但是在经营与处置过程当中一般都是鼓励民户参与经营或者直接购买，在一定程度上跟国家的土地产权政策、就业政策密切相关，从而对社会经济也足以产生不可忽略的影响。这些田产虽然由各级政府部门掌管，朝廷以及中央财政机构仍然可以统一管理，发布法令，责令地方各级军政机构

---

① 参见姜密《宋代"系官田产"研究》，中国社会科学出版社 2006 年版。

实施。

　　系省田产，主要是由诸路转运司掌管、经营并根据朝廷法令处置的田产。这部分田产主要有荒地、逃田、省庄等，一般采用"请射耕作"与"招佃"租佃两种组织方式。请射耕作是指佃耕人要向官府提出申请佃作，招佃则是强调官府主动招引人户来承佃，实际上都是租细经营。宋代开国之初，建立三司—转运司财政管理体系，地方大多数田产都是归转运司掌管。三司号称"计省"。"国初，州县钱物悉以系省"①，所有三司掌管的财物皆称为"系省钱物"，地方上转运司就是三司的子司，② 因而转运司掌管的田产也称为"系省田产"。除了上面提到的荒地、逃田、省庄，没官田、户绝田、抵当折纳田产等其实也是由转运司掌管，只是到了神宗熙宁三年设立常平司之后，路分财政机构的职能与管理权限进行了调整，后两种田产才转归由常平司掌管。朝廷对于这些系官田产的产权处置方式采取"以土田分等"的原则，即"以土田分等：近城第一等为官庄，第二等合种，第三等出租，第四等募人耕，五年起税"③。这里特别要讨论逃田的性质问题。陈明光先生指出，政府对逃田的产权处置有一定的期限，如果逃户在规定时间内回去，原来的田产、物业还是属于原主，为私有产权；如果超过规定的期限，这些逃田就属于系官资产，官府按照逃田法处理，或者没收设置官庄，或者是让其他无田、少田人请射为永业。但是"对各种为逃避赋役而逃亡者，包括为避税而再逃的归业户，宋朝对允许他们保留土地所有权的期限，或者对他们复业后欲收赎典卖田产，都作出比较严格的限制"④。也就是说，逃田的产权性质在一定时间内会发生变化，一般是由私有到系官，然后经过人户请射后，又为私有，或者是经官府出卖为私有。终两宋之世，逃田始终是宋代官府所掌管的主要田产之一。熙宁年间（1068—1077），系省庄田的数量为"四千五百九十三顷四十亩零，总收租

---

　　① （宋）梁克家：《三山志》卷九《公廨类三·诸仓库》，陈叔侗校注，第158页。

　　② （宋）张咏：《乖崖集》卷八《升州重修转运司公署记》，台湾商务印书馆1986年版，文渊阁《四库全书》，第1025册，第620—621页。参考靳小龙《宋代转运使与地方控制研究》，博士学位论文，厦门大学，2005年。

　　③ 《续资治通鉴长编》卷二八九，"神宗元丰元年五月壬午"，第7075页。

　　④ 陈明光：《宋朝逃田产权制度与地方政府管理职能变迁》，《文史哲》2005年第1期。

余斛斗匹帛六万一千四百九贯、石、匹"①。

　　常平田是由诸路提举常平司掌管、经营并根据朝廷法令处置的田产，主要包括户绝田、抵当折纳田、市易田、没官田、部分水利田等。《宋史》卷一七三《食货志上一·农田》云："[绍兴]七年（1137），以贼徒田舍及逃田充官庄，其没官田依旧出卖；[绍兴]二十年（1150），凡没官田、城空田、户绝房廊及田，并拨隶常平司；转运、提刑、茶盐司没入田亦如之。"② 由于变化比较快，这些田产的数量难以统计，熙宁年间只有司农寺水利田的数量，据《文献通考》卷七《田赋考七·屯田》记载，神宗熙宁七年开封府界、诸路系省庄、屯田、营田、稻田务及司农寺户绝、水利田，并都水监、淤田司官庄四十四万七千四百四十八顷一十六亩。③ 魏天安认为，北宋神宗熙宁年间的官田数达到 80 万顷左右。这个数据的正确与否姑且不论，但其数据来源值得商榷。他提到的其中一个来源是司农寺水利田。④ 而《宋会要辑稿·水利田》记录了毕仲衍《中书备对》中的水利田数量及其分布，指出"司农寺自熙宁三年至九年终"府界诸路水利田在全国有 10793 处，面积总共为 361178 顷 88 亩，不过其中官地只有 1915 顷 30 亩。⑤ 而且我们注意到，浙江路的水利田有 104848 顷 42 亩，占到其当时全路总耕地面积 362477 顷 56 亩⑥的 29%，这一比例显然过高，不合常理，所以《中书备对》记载的绝大部分水利田应该是民田。至于南宋的没官田数也难于总计，只有部分地区的数字。如乾道三年（1167），户部统计的没官田产中，"除两淮、京西、湖北勿卖外，江、浙、闽、广、湖南

---

　　① （元）马端临：《文献通考》，第 80 页。

　　② 《宋史》卷一七三《食货志上一·农田》，第 4191 页。

　　③ （元）马端临：《文献通考》，第 80 页。

　　④ 魏天安：《宋代官田的数量和来源》，《中州学刊》1991 年第 4 期。笔者认为，魏先生把寺观田产也算入官田数恐怕也是不合理的。寺观赐田虽然大部分来源于闲田、逃田等官田，但一旦赐之后，就成为寺观的财产，所有权已经发生转移，除了寺观户绝田产，统治者一般不会直接收回。

　　⑤ 《宋会要辑稿》食货六一之六八—六九，第 5907 页下栏—第 5908 页上栏。这个总数不正确，应为 360448 顷 86 亩，笔者在相关的计算中也以这个数据为准。

　　⑥ （元）马端临：《文献通考》卷四《田赋考四·历代田赋之制》，第 60 页。

八路以田计者六百四十二万亩有奇，以地计者二万一千亩有奇"①。《淳熙三山志》卷十一云："乾道八年（1172），复诏诸路常平司根括本州所没官田、园、屋舍，总一千九百九十六顷六十六亩四十九步。"② 这应该只是福建路的没官田地数。

总领所田是指南宋时期属于四路总领所掌管的各种系官田产，主要是屯田与营田，或者是部分没官田等。南宋时期，系官田产在各个地方管理机构之间的分配格局发生了一些变化。孝宗乾道元年（1165），淮西总领所下辖的田亩有730顷，这些田亩原来是曾经赐给蔡京、韩世忠、秦桧等人的永丰圩田。③《景定建康志》记载："史宅之差官经理沙田，以米定租，拨隶总所，饷军建康，计十六万二千三百五十八亩。"④ 此"总所"即为淮西总领所。同书卷之四十记载，上元县有612亩圩田属于淮西总领所；江宁县"营租田地隶总领所者"主要有这些："田九千六百九十七亩一角一步"，"地一千八百二十七亩二角二十步"，"草塌七十三亩一角五十一步"，"水漾六十六亩一角四十步"⑤。江东路和淮南路的营田在绍兴十二年（1142）南北和议之后，逐渐转由淮西总领所与淮东总领所掌管，乾道三年（1167）六月，孝宗诏令"罢淮西、东总领所营田，募人耕佃"⑥，到了景定二年（1261），营田由地方州县掌管，收入上交淮西总领所，"建康五县田地，以亩计者二万七千七百七十四亩九十九步半"⑦。乾道二年（1166），朝廷下令，荆襄屯田"除朝省及总领所外，他司毋得预"⑧，即主要由湖广总领所掌管荆襄屯田。绍兴六年（1136），吴玠（1093—1139）在梁州、洋州营田数量达到854顷；绍兴十五年（1145），郑刚中（1088—1154）在关外四州以及兴州、大安军营田的数量更是高达2612

① （宋）李心传：《建炎以来朝野杂记》乙集卷一六《财赋·绍兴至淳熙东南鬻官产本末》，徐规点校，中华书局2000年点校本，第794—795页。

② （宋）梁克家：《三山志》卷一一《版籍类二·官庄田》，陈叔侗校注，第185页。

③ 《宋会要辑稿》食货八之三，第4936页。

④ （宋）周应合纂：《景定建康志》卷一四《建康表十》，第1510页下栏。

⑤ （宋）周应合纂：《景定建康志》卷四《田赋志一·田数》，1988页上栏—第1989页上栏。

⑥ 《宋史》卷三四《孝宗本纪二》，第640页。

⑦ （宋）周应合纂：《景定建康志》卷四一《田赋志二·营租》，第1998页。

⑧ （宋）李心传：《建炎以来朝野杂记》甲集卷一六《财赋三·屯田》，徐规点校，第347页。

顷，加上金州垦田 567 顷，绍兴年间川陕地区的营田总面积达到 4033 顷，① 嘉定十三年（1220），四川宣抚安丙、总领任处厚建议总领所与宣抚司共同措置营田，即两者一起管理四川地区的营田。② 景定五年（1264），贾似道行公田法时，将常州、镇江的公田拨隶淮东总领所。③

安边所田是指由安边所管理的各种系官田产。安边所于嘉定元年（1208）设立，"凡（韩）侂胄与其它权幸没入之田及围田、湖田之在官者，皆隶焉"④，数量不清楚，但是收入颇丰，"诸路岁输米七十二万二千七百斛有奇，钱一百三十一万五千缗有奇"。安边所也拘管一般民户的没官田，如嘉定六年（1213），诸暨县民杜思齐"以造伪获罪"，家产被绍兴府没收，计有田"五百七十八亩，山园、水塘三百七十二亩"⑤。

二　宋代的系官房产

宋代一般每个官府都有公廨屋宇，以为办公、居住、会客迎宾、祭祀之所，还有储藏各种官物的仓库等。有的官府甚至还有专门用来出租的官屋与邸店（包括屋宇、地基）。《宋史》卷一六五《职官志五》记载，太府寺的附属机构中有店宅务，"掌管官屋及邸店，计置出僦及修造之事"⑥。一般诸州有楼店务或者店宅务，⑦ 负责当地的官屋与邸店的租赁与修造。神宗熙宁十年（1077），京师左右厢店宅务所管的出租官屋 14626 间，空地 654 段，宅子 164 所，当年的赁钱达到 216581 贯 66 文省。⑧ 徽宗大观三

---

① （宋）李心传：《建炎以来朝野杂记》甲集卷一六《财赋三·关外营田》，徐规点校，第 350 页。

② 《宋史》卷一七六《食货志上四·屯田》，第 4274 页，并参考《宋史》卷四〇二《安丙传》，安丙此时为四川宣抚使，有便宜行事之权（第 12188—12194 页）。

③ 《续资治通鉴》卷一七七，"理宗景定五年三月辛丑"，第 4841 页。

④ 《文献通考》卷七《田赋考七·屯田》，第 80 页。

⑤ （宋）张淏纂修：《宝庆会稽续志》卷第四《水·（上虞县）堤塘》，第 7136 页。

⑥ 《宋史》卷一六五《职官志五·太府寺》，第 3908 页。

⑦ 《宋史》卷一六三《职官志三·尚书户部》记载，户部左曹户口案设有房地科，"掌诸州楼店务房廊课利，僧道免丁钱及土贡献物"（第 3848 页）。由此可以推断，三司理财时期在每州应该也设有店宅务。史能之《毗陵志》卷六《官寺二·场务》亦云，常州有州楼店务，"国初始置于京师，又不久之诸郡"（常州市图书馆校对，四川美术出版社 2005 年标点本，第 71 页）。

⑧ （宋）方勺：《泊宅编》卷一〇，中华书局 1997 年版，第 57 页。

年（1108），总括"天下二十四路"的学舍，"以楹计之，凡十六万七千六百二十二"，"房廊以楹计之，凡一十五万五千四百五十四"①。官屋以官府自行建造为主。如明州在南宋时期设有沿海制置司，在"仪门外之东西"建立了一个"拨发壕寨"，"以次官舍十有八间，凡器具无一不备。于是油幢气象益严肃焉"。这些官舍是这样布局的：

> 东廊：
>
> 都拨发官房三间，轩屋一间；
>
> 拨发官房一间；
>
> 拨发司房一间；
>
> 押教房一间；
>
> 教头房一间；
>
> 金鼓教头房一间；
>
> 杂职房一间。
>
> 西廊：
>
> 都壕寨官房三间，轩屋一间；
>
> 壕寨官房一间；
>
> 壕寨司房一间；
>
> 制司将佐房一间；
>
> 局兵房一间。②

除了官府自行建造的房产，各州郡还有因户绝、违法等原因被官府没收的房产。乾道三年（1167），户部统计数据显示，除了两淮、京西、湖北之外，江、浙、闽、广、湖南八路没官的房产"以屋计者八千四百间有奇"③。

---

① （宋）葛胜仲：《丹阳集》卷一《乞以学书上御府并藏辟雍劄子》，文渊阁《四库全书》，台湾商务印书馆 1986 年版，集部，第 1127 册，第 399—400 页。

② （宋）梅应发、刘锡：《开庆四明续志》卷六《帐前拨发壕寨官舍》，第 5998 页下栏—第 5999 页上栏。

③ （宋）李心传：《建炎以来朝野杂记》乙集卷一六《财赋·绍兴至淳熙东南鬻官产本末》，第 794—795 页。

三　宋代的系官钱物

系官钱物主要指通过赋税征收、财政购买、国有资产经营、官手工业制造等多种手段获得之后储存于各个仓库的金银钱货、粮食、绸布等纺织品，香料、胡椒、象牙、珠宝等奢侈品，官员的办公用品、官厅生活用具、祭祀器具，系官作坊的生产设施，系官田庄的生产工具，各种兵器与军事设施，草料、油、盐、茶、醋等官府生活必需品等。如徽宗大观三年（1108），总括"天下二十四路"的学钱收入，"以缗计之，岁所入凡三百五万八千八百七十二"①，这是一笔相当可观的收入。《宋会要》对赋税之物有比较详细的说明：

> 凡租税，有谷，有帛，有金铁，有物产，为四类。谷之品有七，曰粟，曰稻，曰麦，曰黍，曰稷，曰菽，曰杂子。粟之品七，曰粟，曰小粟，梁，谷穄，床粟，秫米，黄米。稻之品四，曰秔米，糯米，谷，早稻。麦之品七，曰大麦，小麦，稞麦，𪎭，青麦，白麦。黍之品三，曰黍，蜀黍，稻黍。稷之品三，曰稷，秫稷，糜黍。菽之品十五，曰豌豆，大豆，小豆，绿豆，红白豆，赤豆，褐豆，荍豆，黄豆，胡豆，落豆，元豆，巢豆。杂子之品九，曰芝麻子，床子，稗子，黄床子，苏子，苜蓿子，菜子，荏子，草子。帛之品十：曰罗，曰绫，曰绢，曰纱，曰絁，曰绸，曰杂折，曰丝，曰绵，曰布葛。铁之品四：曰金，曰银，曰铁、镴，曰铜钱。物产之品六：曰畜，曰齿、革、翎毛，曰茶、盐，曰竹木、麻草、刍莱，曰果，曰药、油、纸、薪、炭、漆、蜡，曰杂。六畜之品三，曰马，羊，猪。齿、革、翎毛之品六，曰象，曰麂皮，□皮，狨皮，鹅翎，杂翎。竹之品四，曰箭竹，箭鞬，竹。若菜芦蕿木之品三，曰桑，桥，楮皮。麻之品五，曰青麻，白麻，冬麻，黄麻，苎麻。草之品五，曰紫苏，兰、紫草，红花，杂草。刍之品四，曰草，稻草，草穰，茭草。油之品三，曰木

---

① （宋）葛胜仲：《丹阳集》卷一《乞以学书上御府并藏辟雍劄子》，文渊阁《四库全书》，集部，第1127册，第399—400页。

油，桐油，鱼油。纸之品五，大灰纸，三抄纸，杉纸，小纸，纸。被薪之品三，曰木，紫蒿，紫草。杂物之品十，曰白檽，香桐子，麻鞋，版丸，堵笪，瓷器，苕帚，麻蒨，蓝淀，草荐。①

四　宋代保护系官资产的法令

由于系官资产是宋代朝廷维护国家机器运转的主要资源，是宋朝整个国家机器的经济命脉，所以两宋朝廷对于系官资产的保护是比较严密的。

宋代的法令在沿用唐律以及唐高宗以后历朝敕文旧例的基础上，② 根据新形势的变化不断制定新法令，以保护国家对系官资产的所有权。系官资产既然名为"系官"，即不容许任何个人和组织侵占、挪用、调换、私自借用等。《宋刑统》卷五《名例律》之《犯罪已发未发自首》条云：

问曰：贸易官物，复以本物却还，或本物已费，别将新物相替，如此悔过，得免罪否？

答曰：若以本物却还，得免计赃为罪，仍依"盗不得财"科之。若其非官本物，更以新物替之，虽复私自陪备，贸易之罪仍在。③

这是禁止将官物私相贸易。《宋刑统》卷十三《户婚律》之《占盗侵夺公私田》条规定，禁止盗耕、盗种公田，违者"一亩以下笞三十，五亩加一等；过，杖一百，十亩加一等，罪止徒一年半。荒田，减一等。强者，各加一等。苗子归官、主（原注：下条苗子准此）"④。禁止妄认官产为己物，"若盗贸卖者，一亩以下笞五十，五亩加一等；过杖一百，十亩加一等，

---

① 《宋会要辑稿》食货七之一，第 6371 页；《宋史》卷一七四《食货志上二·赋税》（第4202—4203 页）中大体相同，只是更简略。

② 如《宋刑统》基本上是以《唐律疏议》为底本，再加上唐高宗以后至宋太祖建隆三年（962）之间的敕文等（参见薛梅卿《宋刑统研究》，法律出版社 1997 年版）。《庆元条法事类》中的"律"也主要是沿用唐律原文。

③ （宋）窦仪等：《宋刑统》卷五《名例律》，第 89 页。

④ （宋）窦仪等：《宋刑统》卷一三《户婚律》，第 228 页。

罪止徒二年"①。法令也禁止破坏官物，禁止故杀误杀系官畜产，违者"徒一年半。赃重及杀余畜产，若伤者，计减价，准盗论，各偿所减价；价不减者，答三十（原注：见血踠跌即为伤）。若伤重五日内致死者，从杀罪。其误杀伤者，不坐，但偿其减价"②。法令禁止将系官资产借给别人或者自己借用。《宋刑统》规定："诸监临主守，以官奴婢及畜产私自借，若借人及借之者，答五十；计庸重者，以受所监临财物论。驿驴，加一等。即借驿马及借之者，杖一百，五日徒一年；计庸重者，从上法。即驿长私借人马驴者，各减一等，罪止杖一百。"而且在此条引用的疏议中，对其他官府各种设施的非法借用作了相应的规定："其（官有）车船、碾硙、邸店之类，有私自借，若借人及借之者，亦计庸赁，各与借奴婢、畜产同。律虽无文，所犯相类。职制律：'监临之官借所监临及牛马驼骡驴、车船、邸店、碾硙，各计庸赁，以受所监临财物论。'计借车船、碾硙之类，理与借畜产不殊，故附此条，准例为坐。"③南宋庆元《厩库敕》云："诸系官钱物私辄隐占及不入本库桩收，若别作名色署库者，以违制论。"④《庆元条法事类》云："诸擅支借封桩钱物（原注：谓朝廷及尚书户部并禁军阙额者）徒二年，及虽应支借而于令有违各已费用者，不以觉举、去官、赦降原减，未断而还足者奏裁。"⑤

以上法令的实施情况，我们可以从相关的案例中得到验证。

案例一：仁宗天圣元年（1023）十一月十二日，永兴军兴平县监酒税殿直何承勋因自盗官印文钞，并盗官钱，本该处死，被判特贷命，决配远处牢城。同日，镇南军监进贤镇盐酒务易著明因偷官钱、官酒，及截落税钱入己，也遭到同样的惩罚。⑥

案例二：高宗绍兴四年（1134）九月一日，"诏吕应问特贷命，除名勒停，永不收叙，送化州编管，其合追赃钱等令所属疾速依条追纳入官。

① （宋）窦仪等：《宋刑统》卷一三《户婚律》，第229页。
② （宋）窦仪等：《宋刑统》卷一五《厩库律·故杀误杀官私马牛并杂畜》，第267页。
③ （宋）窦仪等：《宋刑统》卷一五《厩库律·以官奴婢畜产借人及自借》，第271—272页。
④ （宋）谢深甫等：《庆元条法事类》卷三七《库务门·给纳》，第307页。
⑤ （宋）谢深甫等：《庆元条法事类》卷三二《财用门三·鼓铸》之旁照法《厩库敕》，第287页。
⑥ 《宋会要辑稿》刑法六之一一，第6699页。

以应问知秀州华亭县，将职田糙米换到苗米入己，并将赃罚库枋归湖州修屋，刑部称应问于赃罪绞刑，上定断故也"。[①]

案例三：光宗绍熙四年（1193）七月十三日，诏修武郎石大协特贷命，除名勒停，永不收叙，免真决，送潭州编管，仍籍没家财。以大协添差监建昌军在城酒税，因附押牙税、免丁等窠名钱赴行在，在沿路盗贷入己，棘寺鞫实，法当死，系陈国大长公主孙，特贷之。[②]

第三节　宋代的共有产权

有限范围的众产或共产，用现代产权经济学的术语来说，可以称为"共有产权"。这种产权类型在宋代的内涵比较丰富，最明显且最有特色的是"义产"，包括宗族义产义庄与义役庄田，当然还有寺观或宫观产业，以及公共墓地等。其主要特点是，资产的所有权不属于某一个具体的人，而是属于一个有限范围的集体，如宗教团体、家族等，其来源以捐赠为主，一般采取租佃经营的方式，不允许买卖、典当，禁止私自挪用，集体受益，集体继承。

一　宋代的寺观[③]资产

自魏晋南北朝以来，僧侣道士逐渐成为一个新的社会阶层，"从社会史说：中古时代的佛教寺院不但是宗教的组织而且是政治的组织"[④]。从经济史的角度来看，寺观也逐渐成为一种新的经济组织，寺院或宫观产业以及僧道私产的存在是中国古代社会产权结构的一个重要形式。

魏晋以来寺观的存在主要是为各阶层的人们提供精神上的帮助。但寺观僧尼、道士一般不直接从事劳动生产，平时的日常生活、举行各种仪式

---

①　《宋会要辑稿》刑法六之二七，第6707页。

②　《宋会要辑稿》刑法六之四三，第6714—6715页。

③　本书的寺观采用的是广义的概念，包括寺院、宫观以及各种神灵的庙宇。文中为行文方便，如无特别说明，全部简称寺观。

④　何兹全：《中古时代之中国佛教寺院》，《中国经济》第2卷第9期，1934年9月，收入何兹全主编《五十年来汉唐佛教寺院经济研究》，北京师范大学出版社1986年版，第1—55页。

都必须花费一定的资源，这就需要社会划分出一定比例的资源来供他们使用或者享用，但是这些资源一般不属于任何个体僧侣或者道士，而是属于某个宗教团体。

一开始，僧侣或者道众只是依靠信徒捐赠或是施舍来维持寺院及自身的发展，即唐人所说的"衣服饮食，咸资四辈"①，这些财产全部属于寺院道观公产。以佛教为例，这些财产在佛教经律中称为"三宝财物"，即佛物、法物、僧物。何兹全先生认为，"属于佛的称为佛物，如佛像、殿堂、香花、幡盖等；属于法的称为法物，如经卷、纸笔、箱函等；属于僧的称为僧物，如田宅、园林、衣钵、谷物等"②。谢和耐（Jacques Gernet，1921—2018）指出，"三宝财物"是指"佛像、供这些佛像居住的佛堂、舍利盒和用作法事开销及以维修宗教建筑的费用；其次是经卷、说法坛以及与传播教理有关的一切设施；最后是僧侣们的住处僧房，他们的土地、杂役和牲畜等等"③。而游彪的论述则相对简单些，他认为所谓佛物是指佛像之类供奉佛祖之物，所谓法物是指佛经以及作法用的法器之类的物品，而僧物是指寺院的常住物业，即"众僧厨库、寺舍、众具、华果、树林、田园、仆畜等"④，尤其是僧物构成历史上各个时期寺院财产的支柱和主体。⑤ 这些财产主要用来"体通十方"，因而是属于共有产权，"不可分用"。道教的情况也大致相似。据何兹全先生的研究，在魏晋以前，僧尼的生活全部依靠社会人士的捐赠、施舍，或者是僧尼自己去行乞募施及作法事获得报酬，因而社会供施所得或者行乞募施、做法事所得，"皆属之寺院公有，谓之常住物，由僧尼全体共同享用"⑥。道士女冠应该也是类同

---

① （清）董诰：《全唐文》卷三《高祖三·沙汰佛道诏》，中华书局1983年影印本，第38页。

② 何兹全：《佛教经律关于寺院财产的规定》，《中国史研究》1982年第1期，收入何兹全主编：《五十年来汉唐佛教寺院经济研究》，第141—157页。

③ 〔法〕谢和耐（JACQUES GERNET）：*LES ASPECTS ÉCONOMIQUES DU BOUDDHISME DANS LA SOCIÉTÉ CHINOISE DU Vᵉ AU Xᵉ SIÉCLE*，PARIS：ÉCOLE FRAÇAISE D' EXTRÊME—ORIENT，1956；中译本《中国5—10世纪的寺院经济》，耿升译，上海古籍出版社2004年版，第68页。

④ 《大正新修大藏经》卷四〇《一八五四分律行事抄资持记·释相篇第十四》，财团法人佛陀教育基金会1990年版，第266页。

⑤ 游彪：《宋代寺院经济史稿》，河北大学出版社2003年版，第30页。

⑥ 何兹全：《中古时代之中国佛教寺院》，《中国经济》，1934年9月，第2卷第9期，收入何兹全主编《五十年来汉唐佛教寺院经济研究》，第1—55页。

的。也就是说，在魏晋之际，由于寺观宗教经济组织的逐渐成熟，产生了寺观共有产权形式，是当时社会产权结构的一大变革。

（一）宋代寺观财产的来源

上文提到寺观财产的三大类型，其来源不外乎继承遗产、官方赐给、民间施舍、自己购买、侵占而得与开垦所得等几个方面。

宋代不少寺院源自唐五代，有的甚至可远溯至魏晋南北朝时期。梁克家《三山志》提到，宋代福建路福州"自晋太康，始寺'绍因'于州北，既而终晋，才益二寺。越二百载，齐之寺一，梁之寺十七，陈之寺十三，隋之寺三。唐自高祖至于文宗二百二十二年，寺止三十九，至宣宗乃四十一（原注：时郡人林谞作《记》：存寺七十八，废寺三十六）。懿宗一百二，僖宗五十六，昭宗十八。殚穷土木，宪写宫省，极天下之侈矣。而王氏入闽，更加营缮，又增为寺二百六十七，费耗过之，自属吴越首尾才三十二年，建寺亦二百二十一（原注：自前至此，共为寺七百八十一，特以会到，有起置年月者计之，余或更名，或重建，不可知也）"①。到了宋代，这些僧寺必然拥有传承自前代的三宝财物。宋初，据王禹偁记载，黄州齐安永兴禅院是唐中后期所建，"堂、厨各五间"。②当然，其中应该也包括佛像之类的佛物以及经书等法物、田产等僧物。道观的历史则比寺院稍早，在东汉末年就有了道观，只是在总体数量上，道观始终比寺院少得多，至淳熙九年（1182），官府登记在籍的道观只有9处。③

宋代不少寺院是经过朝廷批准的"敕额"而兴建的。据《三山志》卷三三记载，至庆历三年（1043），福州共有1625所寺院，至绍兴二十二年（1152），锺世明"根括寺院宽剩"时，有寺院1512所。④也就是说，至北宋庆历三年时建立的寺院超过了以前历代建立数量（781所）的总和。据

---

① （宋）梁克家：《三山志》卷三三《寺观类一·僧寺》，陈叔侗校注，第582—583页。按，校注者指出，文中"林谞"之"谞"字，乌程程氏抄本作"谓"，而文渊阁《四库全书》本与明崇祯十一年林弘衍"越山草堂"抄本为"谞"，但是笔者看到文渊阁《四库全书》本也是"谓"。不过，应该是以"谞"为是。

② （宋）王禹偁：《王黄州小畜集》卷一七《黄州齐安永兴禅院记》，宋绍兴十七年黄州刻钞补本，《宋集珍本丛刊》第1册，北京线装书局2004年版，第642页下栏—第643页上栏。

③ （宋）梁克家：《三山志》卷三八《寺观类六·道观》，陈叔侗校注，第764—765页。

④ （宋）梁克家：《三山志》卷三三《寺观类一·僧寺》，陈叔侗校注，第583页。

游彪研究，宋代朝廷给寺院赐田主要是出于政治因素、为皇帝与后妃祈福，或者给名望甚高与在佛教界影响很大的寺院以及特定僧侣赐田。① 黄敏枝统计出两宋 320 年间，朝廷一共进行了 38 次寺院赐田。② 同时，宋代朝廷也向寺院施舍佛像等佛物。乾德元年（963），宋太祖派监官、监造为真定府龙兴寺铸造金铜大悲菩萨像。③ 徽宗政和元年（1111）八月，朝廷敕令修建同州韩城县河渎灵源王庙，"赐币券以经其用，又出大农之钱以助其不足，鸠工饬材，一不在民"，次年正月建成，"凡为屋之楹三十有四，堂崇以延，门严以闶，有庑如掖，有屏如植，笾豆之设有位，侍卫之列有所"④。孝宗皇帝赐钱给建康府天庆观建造三清大殿。⑤

游彪也指出，来自社会各阶层的捐施才是寺院施舍田产的主体，不仅有官户（包括各级官僚们）向寺院捐增田产，也有商人、手工业者甚至是一般的老百姓向寺院施舍田产，更有作为特殊捐赠者的僧侣个人也把自己的个人财产施舍为寺庙集体财产。⑥

除了施舍田产等僧物，社会各阶层也向寺观施舍佛物与法物。如王禹偁《王黄州小畜集》中记载，

> 淳化二年（991），郡人王福舍钱二百万造大殿成，再与舍钱一百五十万，造僧堂，郡之众户率钱二十万建老宿堂，又率钱十万立方丈室，左都押衙丁文燧舍钱五十万建浴室，蕲州人王真舍钱四十万创菩萨殿，塑弥勒像，里人周遇舍菜圃。⑦

---

① 游彪：《宋代寺院经济史稿》，第 74—77 页。
② 黄敏枝：《宋代佛教社会经济史论集》，台北学生书局 1989 年版，第 52—60 页。
③ （清）王昶：《金石萃编》卷一二三《正定府龙兴寺铸铜像记》，石刻资料新编（第一辑），台北新文丰出版公司 1982 年版，第 2274—2276 页。
④ （清）王昶：《金石萃编》卷一四六《敕修同州韩城县河渎灵源王庙碑》，石刻资料新编（第一辑），第 2704—2706 页。
⑤ 《江苏金石志》卷一六《朝旨蠲免天庆观道正司科敷度牒省劄部符使帖》，江苏通志局 1927 年影印本，第 9 页下栏。
⑥ 游彪：《宋代寺院经济史稿》，第 78—86 页。
⑦ （宋）王禹偁：《王黄州小畜集》卷一七《黄州齐安永兴禅院记》，第 642 页下栏—第 643 上。

这里有个人捐赠钱物建造佛物的，有众人集资捐建佛堂的，也有个人施舍菜圃的。

南宋理宗嘉熙元年（1237）《檀越施田地名衔》与《报国寺布施记碑》记载了比较丰富的民间社会各阶层舍钱、舍田为报国寺三宝财产的资料：

檀越施田地名衔①

南林报国寺

山门伏承

檀越张宅东位太安人吴氏，生前置壹拾亩，入常住

收租，供众立位牌，入祠堂供养往生

佛界者；

……（中略）……

官员入寺修崇之时，间有无知行仆，以舍无息为辞，

公然灭裂，有失追严之礼。今又承添施净财官会贰

伯贯文，入本寺长生库营运，依寺门体例，贰分五厘

抽息，岁计息钱陆拾贯文，其息钱作五次关归常住，

贴助修建功德，贵得绵远，不致误事，

今立定规式，划一事例如后：（8 项事由略）

右立合同文字二本，内一本纳本宅照应，内一本付

寺内交割，仍刻石存照，烦当代主首、知事、主盟，毋致

更易者

嘉熙元年七月 初七（此二字上钤报国寺印记）日合同存照

勤旧 守中（有押）广闻（有押） 头首 德晖（有押）

广宣

（有押）知事 净月（押泐） 净明（有押）

住持 宗伟（有押） 立石

---

① （清）陆心源：《吴兴金石记》卷一一，《续修四库全书》，上海古籍出版社 1995 年版，史部，第 911 册，第 562—563 页。

舍地檀越承忠郎新监镇江府都作院张（下有两押）王
震刊

（以上上层三十一行）

……

张十六公，名寻，舍田叁亩，收租并新会贰拾阡入库
出息，遇七月十九日生辰斋僧，保安平善者。

浔溪张乙郎，名世富，舍田叁亩，收租置油，供养大佛
殿三宝圣贤，祈求平安者。

……（中略）……

（以上下层七行）

报国寺布施记碑①

檀越华七府幹布施之记

南林报国寺

本寺伏承　大檀越华李七府幹，名文胜，自创业以
来，凡遇山门大小缘事，无不施财，发扬成就。今划一
开具事目于后：

一，施财贰伯贯文，置造大锡花瓶并架子一对，雕装
莲花二瓶，充大佛殿供养；

一，施财贰伯贯文，铸造大铁香炉贰座，充大佛殿、观
音殿供养；

一，施财伍伯贯文，一力甃砌法堂，三门两庑地面；

一，施财叁伯贯文，印置大般若经六百卷，入宝藏；

一，施财叁伯贯文，布漆银珠大佛殿桐身柱肆口；

一，施财捌拾贯文，置普贤黑光厨一口；一，施财壹
伯贯文，鞔造大法鼓一面；

一，施财壹伯贯文，建造钟楼及普贤殿；一，施财壹
伯贯文，建造三门；

一，施财叁伯贯文，建造释迦宝殿；一，施财壹伯伍

---

① （清）陆心源：《吴兴金石记》卷一一，《续修四库全书》，史部，第911册，第562—563页。

拾贯文，甃砌大佛殿地面；

一，施财壹伯贯文，建造库堂；一，施财壹伯柒拾贯

文，铸造大镬一口；

一，施财壹阡贯文，建造千佛宝阁大柱捌口；一，施

财壹伯贯文，装塑佛殿涌壁罗汉一龛；

一，施财捌伯伍拾贯文置到吴江县界田贰拾亩，递

年收租，十月十七日伏值　先妻太君潘氏一娘子

愍忌之辰，启建　西资莲社念佛胜会；一，永日设位

供养资悼尊魂往生　净土者；一，施财壹伯贯文，

铸造宝藏阁内寿山福海。

……（后略）……

在《檀越施田地名衔》中，可以看到，张宅东位太安人吴氏置田 10
亩"入常住"，"清河三四运属"舍地 140 步，蒋十四夫妇用钱买到田 10
亩"入常住"，以及有某官员施财入长生库营运，这些捐赠都属于僧物。
《报国寺布施记碑》记载的多是施舍者的钱物用于营造佛物，而用以营造
法物与僧物的比较少。此外，购买、垦荒、租佃、化缘招募所得、非法侵
占也是寺观获得资产的方式。[①] 魏天安先生估计宋代寺观田产总数大约在 5
万顷左右。[②]

（二）宋代寺观购买田产的法令之变迁

寺院购买与侵占田产的方式，朱云鹏、游彪两先生论述比较详备，[③]
此不再赘言。不过，就寺观购买民间田产而言，已有的研究都没有注意到
两宋朝廷对此做出一定的调整，笔者对此略作阐述。

首先是关于禁止寺观购买田产的法律依据来源。现有关于寺院、宫观
产权交易的研究没有述及寺观产权交易的法律来源。笔者认为，宋代的寺

---

① 游彪：《宋代寺院经济史稿》，第 95—106 页。
② 魏天安：《宋代官田的数量和来源》，《中州学刊》1991 年第 4 期。
③ 游彪：《宋代"禁寺、观毋买田"新解》，《中国经济史研究》2002 年第 4 期，收入氏著
《宋代寺院经济史稿》，第 95—100 页；朱云鹏：《宋代宫观的田产及其经营》，《中国经济史研究》
1999 年第 1 期。

观田产法令还是渊源于唐代的法令，在旧制的基础上有所调整。在唐代，寺观可以合法拥有田产。《唐六典》云："凡道士给田三十亩，女冠二十亩；僧、尼亦如之。"① 宋《天圣令》转抄唐《田令》云："诸道士、女冠受老子道德经以上，道士给田三十亩，女冠二十亩；僧尼受具戒者，各准此。身死及还俗，依法收授，若当观寺有无地之人，先听自受。"② 另外，唐开元二十五年《田令》云："诸田不得贴赁及质，违者财没不追，地还本主，若从远役外任，无人守业者，听贴债及质，其官人永业田及赐田，欲卖及贴赁者，皆不在禁限。"③ 而在宋《天圣令》中，除了转抄此条之外，还有一条"因旧文以新制参定"的令文："诸官人百姓并不得将田宅舍施及卖易与寺观，违者钱物及田宅并没官。"④ 笔者认为，《天圣田令》修定依据的"旧文"，可能源于唐隆元年（710）唐睿宗《申劝礼俗敕》，敕文云："……寺观广占田地及水碾硙，侵损百姓，宜令本州长官检括，依令式以外，及官人百姓将庄田宅舍布施者，在京并令司农即收，外州给贫下课户。……"⑤ 这条敕文估计是收入开元敕或者开元格后敕中，至北宋初年沿用，天圣七年（1029），吕夷简、庞籍等人略作修改，即为《天圣田令》之第三条。所以，天圣二年（1024），章献明肃太后派遣内侍赐白金3000两给荆门军玉泉山景德院，用于购买田产，景德院僧人不敢接受。荆湖北路转运使言："旧制，寺观不得市田以侵农。"说明这条法令是有效的。不过这一赐金为寺院购田的举动仍然被刚即位的仁宗皇帝强行批准。⑥ 明道二年（1033）八月，殿中侍御史段少连说："顷岁，上御药杨怀德至涟水军，称诏市民田三十顷给僧寺。按旧例，僧寺不得市民田"。⑦ 荆湖北路转运使上奏时，《天圣田令》应该还没有颁行，所以他所说的"旧制"，当是指唐代以来的旧制。而段少连说的"旧例"，应该是指《天圣田令》中的第三条，或者是未修订《天圣田令》之前的敕文。而且，明道二

---

① （唐）李隆基等：《唐六典》卷三《户部郎中员外郎》，第74页。
② 《天一阁藏明钞本天圣令校证》之《田令卷第二十一》，第38页。
③ （唐）杜佑：《通典》卷二《食货二·田制下》，第16页。
④ 《天一阁藏明钞本天圣令校证》之《田令卷第二十一》，第27页。前面转抄一条在第36页。
⑤ （清）董诰：《全唐文》卷一九《睿宗二》，第332页。
⑥ 《续资治通鉴长编》卷一〇二"仁宗天圣二年秋七月庚子"，第2363页。
⑦ 《续资治通鉴长编》卷一一三"仁宗明道二年八月庚子"，第2632页。

年涟水军的寺院田产交易案最终还是基本上按照《天圣田令》的规定处理了，即"本军还所市民田，收其直入官"。这种处理方式跟唐代只是官人与百姓"布施给寺院的庄田宅舍"被京师户部没收，或者是被州军官府没收以给贫下课户不同，也跟《天圣田令》中"寺观违法买田产双方'钱物及田宅并没官'"的规定不尽相同，有所变通。估计马端临在《文献通考》中是整合了李焘与王应麟①的观点，才会说"又禁近臣置别业京师，又禁寺观毋得市田"②。不过，这容易让人产生这样的误解，就是"禁寺观毋得市田"这条法令似乎是从仁宗乾兴元年开始的。

其次，宋代田令只是规定寺观不能购买或者典当官户与民户的田产，寺观可以自己开垦田地，或者租佃、购买官田。至北宋中后期，有"私荒田法，听典卖与观寺"③，只是限制宫观的占田规模。《宋史》云：

> [宣和] 七年，又诏："内外宫观舍置田，在京不得过五十顷，在外不得过三十顷，不免科差、徭役、支移。虽奉御笔，许执奏不行。"④

这虽然只是规定宫观的占田数量，估计对寺观占田数量的规定应该也是类似。这也说明朝廷早就把寺观视为一个独立的产权主体了，要求他们跟世俗社会中的产权主体一样，交纳赋税，"不免科差、徭役、支移"。如福建路福州十二县，淳熙九年（1182）在籍寺观有 1500 多家，在绍兴经界之前，寺观每年交纳的产钱总额达 1682 贯 188 文，一座寺观最多的每年交纳 22 贯 366 文，少的有 4、5 文，也有不要交纳产钱的无产寺观。⑤

其三，在一定条件下，有敕额赐田的寺观可以合法购买民田。由于唐中后期到宋代，所谓的均田制已经遭到严重破坏，寺观已经不能像唐初那

---

① （宋）王应麟：《玉海》卷一七六《食货·田制》，文渊阁《四库全书》，台湾商务印书馆 1986 年版，史部，第 947 册，第 542—546 页。

② 《文献通考》卷四《田赋考四·历代田赋之制》，第 57 页。

③ 《宋会要辑稿》食货一之三一，第 4817 页上栏。

④ 《宋史》卷一七三《食货志一·农田》，第 4169 页。

⑤ （宋）梁克家：《三山志》卷三三《寺观类一·僧寺》、卷三八《寺观类六·道观》，陈叔侗校注，第 584—770 页。

样通过官田的收授来获得田地了，宋代大部分系官田产也多是通过买卖或者租佃进行经营，一般寺观除了继承上代遗留的田产，也租佃官田以资费用。而对于有敕额田的寺观，宋朝廷一般会"给赐"一定数量的田产，通常是以各种系官田产拨付，如果拨付不足，官府允许寺观采用其他方式补充到足额。对此，《报恩光孝禅寺赐田免税公牒碑》①可资证明。碑云：

……（第一截略）……

（第二截）

行在尚书户部

据湖州报恩光孝禅寺知事僧缺奉　圣旨，专以追

崇徽宗皇帝缺十三年十二月一日　诏天下州军

各赐寺额，以缺各给赐系官田壹拾顷充常住，供众

缺所赐田土并与充给二税及免纳役钱、诸般差遣。

改赐天宁，政和七年七月九日续降指挥："如官田给

赐不足，许各户舍施田宅、山林，如不足，后有收到户

绝、没官等田，逐旋拨入本寺，又不足，即令本寺持缘

化修造钱收买足拾顷之数。"

……（中略）……

（第三截）

归安县

准　使引，近准 行在尚书户部符□浙西常平司

申：准户部符：准都省批下湖州报恩光孝禅寺知事

僧慧智状，昨奉　圣旨指挥，就本州拨田拾顷充常

住，供僧焚修，当时只拨得官田贰伯余亩，自后无田

可拨，于绍兴十九年内，将缘化□修造钱置买到严

---

① （清）陆心源：《吴兴金石记》卷九《报恩光孝禅寺赐田免税公牒碑》，《续修四库全书》，史部，第911册，第535—541页。方框内的字，原碑文中是不明字，这些是笔者根据上下文添加。

> 迳村姚大成等古迹祖产伍伯柒拾余亩，……
>
> ……（后略）……

碑文说明，根据北宋政和七年（1117）七月九日的指挥，敕额赐田寺观如果第一次官田拨付不足，朝廷允许寺观先后用三种方式加以解决：（1）允许官户、民户施舍田宅、山林充数，足额为止；（2）如果加上施舍田产仍不足数，当地官府收到新的户绝田产和没官田产之后，应立即拨付充数，足额为止；（3）如果通过上述两种方式仍不足数，则允许该寺观用化缘募来的钱，购买包括民田在内的各种田产，足额为止。据碑文所述，湖州报恩光孝禅寺是崇奉徽宗皇帝香火，赐田数量是官田 10 顷，当年只拨付到官田 200 余亩，绍兴十九年（1149），报恩光孝寺用化缘钱购买到严迳村姚大成祖产 570 余亩。可见敕额赐田寺观有了合法购买任何田产的权利，也就是说，有一种新的产权主体进入宋代产权交易的权利束之中。

不过，必须强调的是，禁止一般寺观购买民产的禁令还是有效的，终宋之世一直在执行，只是效果不理想而已。

（三）宋代法令对寺观财产的保护

第一，宋代法律保护寺观财产的所有权，禁止他人侵占。宋代的《道释令》云：“诸臣僚应陈乞坟寺名额，不得更乞踏逐寺院充下院。”又云：“诸宫观不得指射庙宇为下院。”[①] 广南路韶州东平山正觉寺在南汉刘氏政权时获得大量田产，至道年间（995—997）寺舍被火烧毁。咸平元年（998）获得“敕赐正觉寺额”之后，正觉寺仍然没有一个有能力的管理者，以致“膏腴之土，侵牟者大半”。景祐五年（1038），彬禅师应广南东路提点刑狱林升之邀出任该寺住持，第二年（即宝元二年，1039）在韶州官府的支持下，彬禅师“尽复囂人侵地”，维护了正觉寺的资产所有权，官府也相应起了保护其产权的功能。[②] 乾道六年（1170）之前，福建路福州罗源县仙茆院与本县天庆观因田土纠纷诉诸官府，尚书户部、礼部根据

---

① （宋）谢深甫等：《庆元条法事类》卷五一《道释门·约束》，第 383 页。

② （宋）余靖：《武溪集》卷七《韶州重建东平山正觉寺记》，文渊阁《四库全书》，台湾商务印书馆 1986 年版，集部，第 1089 册，第 67—68 页。

契书文簿，把有争议的田土判给了仙茆院。① 再以江西路洪州附近的龙寿禅寺为例。它始建于唐天复年间（901—904），当时有 3000 顷田产，入宋之后，田地大量减少。绍定五年（1232），有人告诉住持祖开说，"寺故有田滨樵□曰褌湖，为居民侵冒者八百六十余亩"，祖开检阅本寺产簿，"果不诬"，于是，向州郡长吏申诉。州郡"委官按视，谂不妄"，就把这些田产全部判还龙寿寺。② 第二，宋代法律保护寺观的收益权不受侵犯。例如，北宋时期，"寿春民陈氏施僧田，其后贫弱，往丐食僧所而僧逐之，取僧园中笋，遂执以为盗"③。撇开接受陈氏施舍的僧人的道德层面不说，这一事件说明当时人们还是比较注重保护寺产的收益权。因为陈氏既把田地施舍给寺院，产权已经转移，寺院便成为陈氏田地的所有者，所以陈氏到原属自己的园中取笋，要被视为盗窃行为，官府也承认了这一产权转移的合法性。靖康元年（1126）冬，河北提点刑狱许亢在贬官途中流落南康军庐山，他的仆人偷摘小寺院的蔬菜，被僧人告发，被捕入狱。④ 这也说明宋代官府保护寺观资产的收益权。

不过，宋代法律对寺观资产的产权保护也存在一些不足。例如，《道释令》云："诸寺观田宅为官司拘占者，听依本色别置，不得过元价。"⑤寺观的田宅因各种原因被官府占用，官府不仅不给予赔偿，还限定寺观只能按照原价自己另外购置，更不用说考虑到寺产购置经营之后的增值部分。再如，官府或官员无偿借住寺院房屋。绍兴末年，张孝祥（1132—1169）曾提到，"朝廷住卖度牒之久，僧徒浸少，所在佛屋例多空闲"，所以在靖康之变，北方士人南渡之时，赵构朝廷"尝有指挥，许于僧寺安下"。到张孝祥状元及第前后（绍兴二十四年，1154），有官僚就要求"州县僧寺官员见住者，限三年起离"，朝廷批准了这个建议。这说明朝廷是

---

① （宋）周必大：《文忠集》卷一四五《看定罗源县寺观争田回申》，文渊阁《四库全书》，台湾商务印书馆 1986 年版，集部，第 1148 册，第 586—587 页。

② （清）王昶：《金石萃编》卷一五二《龙寿禅寺复田记》，石刻资料新编（第一辑），第2826—2827 页。游彪先生把文中的"谂不妄"录为"念不妄"，误。"谂"与"念"的含义截然不同。

③ 《宋史》卷三三三《李兑传附从弟李先传》，第 10697—10698 页。

④ （宋）洪迈：《夷坚志》丁志卷一《许提刑》，第 540—541 页。

⑤ （宋）谢深甫等：《庆元条法事类》卷五一《道释门·约束》，第 383 页。

承认要保护寺观产权的。但是，张孝祥认为，不少寺院既然有很多空闲房屋，而官员"实有穷困者，卒岁之计犹且不给，岂有余力可以买地建宅"？加上"绍兴府、福州、泉州宗司及南班宗室皆在僧寺"，按照规定也应该搬出去新建官舍，这样必然会增加地方州县的财政负担，骚扰民众，所以他建议撤销"起离"僧寺的命令。① 张孝祥的建议最终是否被采纳，史无明文，不过估计南宋初期一些官衙以及贫困官员继续无偿借住寺院房屋的情况还存在。

二　宋代的义产

义产是指某个特定团体拥有的、用以救济或者补偿的一种共有资产，在宋代主要包括宗族性义产与义役田两种形式。本书将在第三章进行专门论述。这里暂且略过。

概括本章所述，宋代的产权结构主要是由私有产权、国有产权（即系官资产）和共有产权构成的。古往今来，产权结构的不同主体会产生不同的产权权利束组合，从而影响经济的运行方式。所以，了解宋代产权结构有助于分析宋代的经济运行状况。

---

① （宋）张孝祥撰、彭国忠点校：《张孝祥诗文集》卷一六《乞不施行官员限三年起离僧寺寄居劄子（校书郎赐对日）》，黄山书社 2001 年版，第 199—200 页。

第二章 宋代"义产"的产权分析

所谓"义产",正如南宋洪迈（1123—1202）所言，"与众共之曰义，义仓、义社、义田、义学、义役、义井之类是也"①。其实还应包含"义阡""义冢"等。洪迈的意思是说与一定范围内的群体共同拥有的事物即为"义"。当然，洪迈所列出的这些"义"项中，真正具有产权含义的是义田或者义庄（包括田、地、园圃、房屋、生产工具等）、义井、义冢等。陈支平先生把祭田、蒸尝田、社田、祠田、义田、书灯田、香油田、公役田、轮班田、桥田、渡田、会田等统称为族产。② 本书根据这些族产的具体功能，分为赡贫性质的宗族义田义庄与补助性质的义役田等，分别加以论述，由于义产的产权属性在微观上各有不同，因而其权利束也略有差异。义产主要是在一些民间的公共事务中出现，其主要功能是赈济本宗族、亲族的贫困者，或者是资助民间役人，表现出比较浓厚的社会功能色彩。

第一节 宋代宗族义田义庄的产权分析

一般认为，义庄（或者义产）最早是由北宋的范仲淹（989—1052）

---

① （宋）洪迈：《容斋随笔》卷八《人物以义为名》，上海古籍出版社 1998 年版，第 105—106 页。

② 陈支平：《近 500 年来福建的家族社会与文化》，三联书店上海分店 1991 年版，第 55 页。

倡导的。南宋刘宰（1166—1239）云："立义庄以赡宗族，始于文正范公。"① 什么是"义庄"？范仲淹之子范纯仁（1027—1101）说，他父亲在苏州"置田十余顷，其所得租米，远祖而下，诸房宗族，计其口数，供给衣食及婚嫁丧葬之用，谓之义庄"②。实际上，在中国传统社会中，同宗聚族而居，以传统的"仁爱""忠孝"等思想作为本家族内部处理相互之间各种关系的圭臬。各个朝代都有数世同堂的家族为后人所嘉叹，甚至得到朝廷嘉奖的事例。到了宋代，在范仲淹之前，也有这种现象存在。如宋太祖时期，刘再思"于南阳城中起大第，聚刘氏之族，仍市田给之"③。这就有点买田为义庄的意味了。而宋太宗时两为宰相的李昉（925—996）家其实也是数世同堂，宗族子孙有二百多，"同居共爨"，④ 在老家深州饶阳（今属河北省深州市饶阳县）有田园、邸舍获得收入。李昉还规定，"凡子孙在京守官者，俸钱皆不得私用，与饶阳庄课并输宅库"，即集中管理所有收入，再根据宗族的具体情况，"月均给之"，或称为"计口日给饷"，所以李氏宗族"孤遗房分皆获沾济"⑤。这显然是后来所谓"义庄"的管理模式之雏形，与下面将要提到的范仲淹及其追随者创立义庄的作用基本上是一致的。《大清一统志》卷二四六《抚州府》记载，自南唐归仕北宋的乐史（930—1007）"自崇仁徙居宜黄，于此置义田数千亩，以赡族人"⑥。总之，我们有理由认为，在北宋初年，宗族"义庄"的雏形已经出现了。

---

① （宋）刘宰：《漫塘集》卷二一《希墟张氏义庄记》，文渊阁《四库全书》，台湾商务印书馆1986年版，集部，第1170册，第399—400页。表格2-1中以"四库本"简称其版本与出版单位。

② （宋）范仲淹：《范仲淹全集》附录六《续定义庄规矩》，李勇先、王蓉贵校点，四川大学出版社2002年版，第1159页。

③ 《长编》卷四"太祖乾德元年秋七月己未"，第98页。

④ （宋）祝穆：《古今事文类聚》后集卷一《人伦部·计口给饷》，文渊阁《四库全书》，台湾商务印书馆1986年版，子部，第926册，第3页。

⑤ （宋）吴处厚：《青箱杂记》卷一，李裕民点校，中华书局1985年版，第3页。

⑥ （清）和珅等奉敕撰：《大清一统志》卷二四六《抚州府》，文渊阁《四库全书》，台湾商务印书馆1986年版，史部，第479册，第651页。

一 宋代宗族义田义庄的分布

从范仲淹设立义田义庄以来，天下仁人志士多有响应者，纷纷设立义田义庄，到南宋时期更为普遍。笔者从现有文献中检索到78个关于宗族义庄义产的例子，兹列表于下（见表2-1）。

表2-1 　　　　　　　　两宋时期共有产权——宗族义庄义田一览

创立者	时间	建立地点	义产类型、数量	义产来源	资料出处
乐史	不详	江西路抚州宜黄县	置田数千亩以赡族人	私人购买	《大清一统志》卷二四六《抚州府》，第651页
范仲淹	皇祐二年（1050）	两浙路苏州吴县、天长县	义田二千亩，以赡族人	官俸购买	范成大：《吴郡志》卷一四《园亭》，宋元方志丛刊第1册，第798—799页
吴奎	至和三年（1056）	京东路潍州北海	亩数不详	以钱二千万买田北海，号曰义庄，以赒亲戚朋友之贫乏者	刘攽：《彭城集》卷三七《吴公墓志铭》，四库本第1096册，第362页
刘辉	约嘉祐四年（1059）	江东路信州铅山县	买田数百亩养族人之不能为生者	私财购买	王辟之：《渑水燕谈录》卷四《忠孝》，1981年3月版，第34—35页
欧阳修	嘉祐五年（1060）	江东路宣州宣城县	醵于诸公，得钱数百千，置义田以恤其家	集资购买，资助梅圣俞家属	《欧阳修全集》附录卷第五《事迹》，中国书店1986年版，第1327页

续表

创立者	时间	建立地点	义产类型、数量	义产来源	资料出处
李师中	熙宁初年（约 1068—1070）	京东路郓州	买田数千亩为义庄给宗族贫乏者	官俸购买	刘恕《忠肃集》卷一二《右司郎中李公墓志铭》，中华书局 2002 年版，第 255 页
韩赟	约熙宁六年（1073）	京东路齐州	亩数不详	禄赐买田赡族党	《宋史》卷三三一《韩赟传》，第 10667 页
章惇	约元丰三年（1080）	福建路建州浦城县	亩数不详	官俸购买田宅置义庄赡宗族	陈造：《江湖长翁集》卷二一《毕叔兹通判义庄记》，四库本第 1166 册，第 266—267 页
李杰	元丰年间（1078—1085）	荆湖南路邵州邵阳县	置义庄赒族党	官俸购买	《记纂渊海》卷一三《郡县部·荆湖南路宝庆府》，四库本第 930 册，第 324 页
彭汝砺	元祐三年（1088）	江东路饶州鄱阳县	置义庄赈给族人之贫者	官俸购买	《氏族大全》卷一〇《十二庚·义庄》，四库本第 952 册，第 310 页
韩维	约绍圣三年（1096）	开封雍丘	置田数十顷以为义庄，抚孤幼	俸赐购买	韩维：《南阳集》附鲜于绰《韩维行状》，四库本第 1101 册，第 775 页

续表

创立者	时间	建立地点	义产类型、数量	义产来源	资料出处
折可适	元符年间（1098—1100）	河东路岢岚军	置义庄以赡近亲	私财购买	李之仪：《姑溪居士后集》卷二〇，四库本第1120册，第728页
何执中	崇宁四年（1105）	两浙路处州龙泉县	斥缗钱万（贯）置义庄以赡宗族	官俸购买	《宋史》卷三五一《何执中传》，第11102页
钱即	崇宁中（1102—1106）	两浙路昆陵县	置义田宅，赡近族子孙	官俸购买	杨时：《龟山集》卷三三《钱忠定公墓志铭》，四库本第1125册，第417页。
孙任、孙羲叟	政和末（1124—1125）	荆湖北路江陵府江陵县	为义庄以赡宗族之贫者	私人捐赠	魏了翁：《重校鹤山先生大全文集》卷七九《孙仲卿墓志铭》，宋集珍本丛刊第77册，第465页①
施扬休	北宋末	成都府路成都	复割二顷为义田遵文正公旧规	官俸与奁产购买	胡寅：《斐然集》卷二一《成都施氏义田记》，四库本第1137册，第576—577页
向子諲	北宋末	江西路临江军	置义庄赡宗族贫者	私人捐赠	《宋史》卷三七七《向子諲传》，第11642页

---

① 按：据《四川通志》卷七上《名宦·直隶泸州》所载，孙羲叟为徽州人，与魏了翁所撰墓志铭不同，当考（文渊阁《四库全书》，台湾商务印书馆1986年版，史部，第559册，第318页）。

创立者	时间	建立地点	义产类型、数量	义产来源	资料出处
阎骙	北宋末	江东路建康府	亩数不详	得圭田之租以付族长，俾置田乡里，次第给之	刘一止:《苕溪集》卷五十《故永嘉郡夫人高氏墓志铭》，四库本第 1132 册，第 263 页
钟鼎、钟日新	南宋初	江西路虔州上犹	常观范仲淹义田事，置义庄，建书院，延师以教乡族子弟	私人购买	（明）李贤等:《明一统志》卷五八《南安府·人物》，四库本第 473 册，第 196 页
汤东野	建炎中（1127—1130）	两浙路镇江府丹阳	买田为义庄，以给疏族之贫者	官俸购买	《建炎以来系年要录》卷九六"绍兴五年十二月甲寅"，第 1590 页
王绹	约绍兴六年（1136）	两浙路平江府昆山县	亩数不详	俸入之余买田赡给其孤贫者	龚明之《中吴纪闻》卷六《王唐公》，四库本第 589 册，第 352 页
李纲	绍兴八年（1138）	福建路邵武军	置义庄赡宗族	私人购买	《李纲全集》附录一《年谱》，岳麓书社，2004 年版，第1692 页
张焘	绍兴十四年（1144）	江东路饶州德兴县	亩数不详	斥俸余为义庄，赡宗族，即官俸购买	周必大:《文忠集》卷六四《张忠定公焘神道碑》，四库本第 1147 册，第 682 页

续表

创立者	时间	建立地点	义产类型、数量	义产来源	资料出处
魏宪	约绍兴十七年（1147）	两浙路平江府吴江县	亩数不详	增广义宅义庄，以衣食疏族	葛胜仲：《丹阳集》卷一二《故显谟阁直学士魏公墓志铭》，第510—513页
楼璹	绍兴二十五年（1155）	两浙路明州鄞县	置腴田五百亩，立名义庄	官俸购买①	王厚孙等：《至正四明续志》卷第八《学校》，第6559页
祝可久	绍兴前期（1131—1142）江东路信州铅山	亩数不详	官俸买田为义庄赡族之贫者		徐元杰：《楳埜集》卷一一《刺史祝公赞》，四库本第1181册，第764页
郑某	1056—1140年间	两浙路湖州归安县	宅一区，田一顷	私人捐赠	刘一止：《苕溪集》卷五〇《宋故右朝请大夫郑君墓表》，第260页
郑兴裔	绍兴年间（1131—1162）	不详	立义庄赡宗族	私产捐赠	《宋史》卷四六五《郑兴裔传》，第13593—13594页
程克俊	绍兴年间（1131—1162）	江东路饶州浮梁	创立义庄以赡宗姻之贫乏者	私人捐赠	程敏政：《新安文献志》卷九四下《程克俊家传》，四库本第1376册，第565页

---

① （宋）楼钥：《攻媿集》卷七六《跋扬州伯父〈耕织图〉》，丛书集成初编本，上海商务印书馆1935年版，第1041页。

续表

创立者	时间	建立地点	义产类型、数量	义产来源	资料出处
王刚中	绍兴年间（1131—1162）	江东路饶州乐平	买田千亩为义庄，养三族之无归者	私财购买	孙觌：《鸿庆居士集》卷三八《宋故资政殿大学士王公墓志铭》，四库本第1135册，第415—416页
张浚	绍兴年间（1131—1162）	成都府路汉州绵竹	亩数不详	置义庄以赡宗族之贫者，以至母族	朱熹：《晦庵先生朱文公文集》卷九五下《少师保信军节度使魏国公致仕赠太保张公行状下》，第41页
张恪	绍兴年间（1131—1162）	两浙路镇江府金坛县	亩数不详	置义庄以赡族	民国《金坛县志》卷九之一《人物志一·孝义四》，成文出版社1970年版，第430页
杨椿	绍兴年间（1131—1162）	成都府路眉州	亩数不详	购买田宅，置义庄，以给宗族之贫者	杜大珪：《名臣碑传琬琰之集》中卷三三，陈良佑《杨文安公椿墓志铭》，四库本第450册，第463页
熊玉	乾道四年（1168）	福建路建宁府建阳县	亩数不详	置义庄以养族人	刘爚：《云庄先生刘文简公文集》卷八《熊氏义庄记》，清同治九年刻本

续表

创立者	时间	建立地点	义产类型、数量	义产来源	资料出处
胡坚常	淳熙元年至五年间（1174—1178）	两浙路常州晋陵县	广义庄，施及宗族，生养死葬，赖公以济者不可胜纪	发私积购买	蔡戡：《定斋集》卷一五《故朝议大夫直宝文阁学士胡公墓志铭》，四库本第1157册，第720页
吴芾	约淳熙元年至十四年间（1174—1187）	两浙路台州仙居县	亩数不详	为义庄义学义冢以俟宗族之贫者	朱熹：《晦庵先生朱文公文集》卷八八《龙图阁直学士吴公神道碑》，第16页
谢子畅	淳熙四年（1178）	两浙路台州	亩数不详	私人捐助、私人开垦	林表民编：《赤城集》卷一二，赵蕃《台州谢子畅义田续记》，四库本第1356册，第722—723页
陈俊卿	约淳熙九年（1182）	福建路兴化军莆田县	亩数不详	赡族义庄	刘克庄：《后村先生大全集》卷一六五《陈司直》，宋集珍本丛刊第82册，第664页
钱佃	淳熙年间（1174—1189）	两浙路常熟县	买田为义庄赡合族	官俸购买	孙应时等纂：《琴川志》卷八《人物》，第1227页

续表

创立者	时间	建立地点	义产类型、数量	义产来源	资料出处
陈居仁	淳熙年间（1174—1189）	两浙路明州鄞县	命诸子斥田二顷为义庄，以给宗姻	家族捐赠	楼钥：《攻媿集》卷八九《华文阁直学士奉政大夫致仕赠金紫光禄大夫陈公行状》，第1221页
郭蒙	孝宗时期（1163—1189）	江西路临江军新淦县	以田二顷为义庄，周贫族人	私人捐赠	朱熹：《晦庵先生朱文公文集》卷九二《岳州史君郭公墓碣铭》，第2页
石子重	孝宗时期（1163—1189）	江西路瑞州新昌县	亩数不详	买田为义庄	朱熹：《晦庵先生朱文公文集》卷九二《知南康军石君墓志铭》，第6—7页
舒邦佐	淳熙年间（1174—1189）①	江西路隆兴府靖安县	买田2000亩为义庄，以赡亲故之不给	购买	吴澄：《吴文正集》卷七七《故平山府舒君墓志铭》，四库本第1197册，第744页
孙逢辰	淳熙年间（1174—1189）	江西路吉州龙泉县	慕范文正公置义庄赡宗族，买田北乡，以岁入给贫者伏腊吉凶费，市药疗病，买棺送死，衣寒食饥，傍为乡党。君既没，二子继其志，且存规约	私人购买	周必大：《文忠集》卷七四《朝奉郎袁州孙使君逢辰墓志铭嘉泰二年》，第780页

① 时间是根据（清）谢旻等监修《江西通志》卷六七《人物二·南昌府·宋舒邦佐》（文渊阁《四库全书》，台湾商务印书馆1986年版，史部，第515册，第328页）推算的。

续表

创立者	时间	建立地点	义产类型、数量	义产来源	资料出处
范迿	绍熙年间(1190—1194)	两浙路镇江府丹阳	亩数不详	创义田赡茔，斥其赢以给贫族	刘宰：《漫塘集》卷二九《故广西经略司干官范承事墓志铭》，第679—680页
孙椿年	庆元年间(1195—1200)	两浙路绍兴府余姚县	为义庄赡其族以及姻戚故旧	私人捐赠	陆游：《渭南文集》卷三九《孙君墓表》，四库本第1163册，第617页
石允德、石昭宗	约庆元六年(1200)	两浙路绍兴府新昌县	同作义庄以给族之贫者	社会捐赠	陆游：《渭南文集》卷三七《石君墓志铭》，第598页
陈德高	开禧年间(1205—1207)	两浙路婺州东阳县	七百亩为义庄，赡宗族	私人捐赠	陆游：《渭南文集》卷二一《东阳陈君义庄记》，第471页
黄耕	嘉定九年(1216)	两浙路湖州德清县	义庄赈济田	不详	董斯张：《吴兴备志》卷二四《金石征第二十》，四库本第494册，第508页
杨泰之	嘉定年间(1208—1224)	成都府路眉州青神县	以千缗为义庄，赡邻里	官俸购买	《宋史》卷四三四《杨泰之传》，第12900页①

---

① 另见（宋）魏了翁《鹤山先生大全文集》卷八一《大理少卿直宝谟阁杨公墓志铭》，四部丛刊初编本，上海书店1989年重印本，第17页。

续表

创立者	时间	建立地点	义产类型、数量	义产来源	资料出处
江埧	宝庆初年（1225）	福建路建宁府崇安县	亩数不详	私财买田创义庄，聚族教养	魏了翁：《重校鹤山先生大全文集》卷八三《知南平军朝请江君埧墓志铭》，第503页
毕叔兹	时间不详	淮南东路高邮军	义庄466亩，以赡宗族	私人捐赠	陈造：《江湖长翁集》卷二一《毕叔兹通判义庄记》，第266—267页
张松卿	时间不详	广西路桂州	买田为义庄养同族	私财购买	杨万里：《诚斋集》卷四一《寄题八桂张松卿义庄》四库本第1160册，第455页①
钟颖（1159—1232）	时间不详	两浙路镇江府丹阳	捐良田以为义庄，赡宗族	私人捐赠	刘宰：《漫塘集》卷二一《故知建昌军朝议钟开国墓志铭》，第720页
张宗湜	时间不详	两浙路镇江府金坛县	义兴良田四百亩，为义庄赡族	私人捐赠	刘宰：《漫塘集》卷二一《希墟张氏义庄记》，第579—580页
陈稽古	时间不详	两浙路镇江府金坛县	拨良田一百四十亩，为义庄赡族	私人捐赠	刘宰：《漫塘集》卷二二《洮湖陈氏义庄记》，第602—603页

---

① 诗云："张氏避毡裘，邢迁来桂州。买田同族食，作计岂孙谋？公艺君今是，希文古罕俦。荆花再连理，萱草更千秋"（原序：张氏避地，自邢来相此庄，松卿奉母夫人之命为之，夫人高年康强云）。

续表

创立者	时间	建立地点	义产类型、数量	义产来源	资料出处
王必正、王必学，王必让	绍定年间（1228—1233）	福建路南剑州尤溪县	以田五百余亩创义庄，以资族冠婚丧葬之费	私人捐赠	嘉靖《延平府志》卷一八《人物志·孝义四之一》
牛大年	约端平元年（1234）	淮南东路扬州府江都县	以余俸置义庄，给诸贫族	俸禄购买	《江南通志》卷一四四《人物志·宦游二·扬州府》，四库本 511 册，第 206 页
毛拱等	端平年间（1234—1236）	成都府路嘉定府洪雅县	两次买田百亩赡贫族	私财购买	魏了翁：《重校鹤山先生大全文集》卷四四《毛氏慈惠庄记》，宋集珍本丛刊第 77 册，第 178 页
赵希瀔（1194—1251）	约淳祐七年（1247）	两浙路建德府淳安县	亩数不详	仿范文正公遗意，买田为义庄。	刘克庄：《后村先生大全集》卷一五五《安抚殿撰赵公墓志铭》，第 562 页
赵葵	约淳祐九年（1249）	荆湖南路潭州衡山县	置义田五千亩，建义庄	官俸购买	刘克庄《后村先生大全集》卷九二《赵氏义学庄记》，第 761 页
尤焴①	约淳祐十年（1250）	福建路泉州晋江县	买田十二顷以赡族之贫者	俸禄购买	尤玘：《万柳溪边旧话》，第 12 页

① 左云鹏《祠堂族长族权的形成及其作用试说》（《历史研究》1964 年第 5—6 期合刊）与李文治、江太新《中国宗法制度与族田义庄》（第 51 页）皆著为"龙焴"，但史能之撰《毗陵志》卷一七《本朝人物》（四川美术出版社 2005 年版，第 285 页）、尤玘《万柳溪边旧话》（丛书集成初编第 2785 册，中华书局 1985 年重印本，第 12 页）皆记为"尤焴（1190—1274）"，当以后者为是。

续表

创立者	时间	建立地点	义产类型、数量	义产来源	资料出处
麋弇	宝祐至景定年间（1253—1258）	两浙路平江府吴县	与宗族睦贫者，馈之粟，幼者立之师，女失怙恃者长育之，至遣嫁，大略仿范文正义庄，而力未能尽及处，朋友乡党，尽情患难，死丧必救恤	俸禄购买	黄震：《黄氏日抄》卷九六《知吉州兼江西提举大监麋公行状》，四库本第708册，第1029页
许环山	宁宗时期（1195—1224）	江东路徽州休宁县	买田百亩为义庄以赡宗族	私财购买	程敏政：《新安文献志·先贤事略上》，四库本第1375册，第11页
卫谦	约咸淳十年（1274）	两浙路嘉兴府华亭县	立义庄赡宗族及乡之贫者	私财购买	《江南通志》卷一五八《人物志·孝义二·松江府》，四库本第511册，第512页
王南美	南宋末	荆湖南路潭州安化县	置义庄以给孤贫	私财购买	迈柱等：《湖广通志》卷五八《人物志·长沙府》，四库本第533册，第340页
季逢昌	时间不详	两浙路平江府常熟	亩数不详	宗族义庄	邓韨：嘉靖《常熟县志》卷九《寓人志》
郑准	约宁宗时期（1195—1224）	两浙路平江府昆山县	亩数不详	仿范文正公义庄之意，买田给赡	边实等：《咸淳玉峰续志·人物》，第1105页

续表

创立者	时间	建立地点	义产类型、数量	义产来源	资料出处
叶茵	理宗宝祐年间（1253—1258）	两浙路平江府	亩数不详	仿照范仲淹义庄赡养贫族①	陆龟蒙：《甫里集》卷二〇《附录·杨文公谈苑》，四库本第1083册，第415页
方演孙	度宗咸淳年间（1265—1274）	福建路兴化军莆田县	乃即旧请琵琶槽之地堤而为田，田成，岁入石三百，犹未足于用也；又捐田五十石以足之	私人开垦并捐赠，取范公遗法，依仿而行	林希逸：《竹溪鬳斋十一藁续集》卷一二《莆田方氏义庄规矩序》，四库本第1185册，第678—679页
赵静斋、赵德橡	咸淳四年到七年间（1268—1271）	两浙路建德府建德县	静斋之田六百石，冶干君增为千石②	崇仿文正范公遗意，创义田以赒族之贫冠昏丧葬给有差。	郑瑶等：《景定严州续志》卷五《救荒记》，第4388页下
全汝梅	约咸淳末年（1274）	两浙路明州鄞县	亩数不详	以义田廪其宗人	《全祖望集彙校集注》之《鲒埼亭集》卷二一《桓溪全氏义田记》，上海古籍出版社2000年版，第1137—1138页
吕皓	时间不详	两浙路婺州永康县	亩数不详	捐田为义庄	万历《金华府志》卷一六《吕皓传》

① （宋）叶茵：《顺适堂吟稿·喜义庄成》云：以义名庄遗后昆，隐然文正典刑存。当知疏远诸亲族，同是高曾下子孙。先世家风传不坠，废祠香烬喜重温。更能培植诗书种，忠孝他年萃一门。[（宋）陈起：《江湖小集》卷四一，文渊阁《四库全书》，第1357册，台湾商务印书馆1986年版，第331页]

② （宋）刘克庄：《后村先生大全集》卷一〇九《松山赵氏义庄规约》、卷一一一《题跋·建德县赈粜本末》，四部丛刊初编本。

续表

创立者	时间	建立地点	义产类型、数量	义产来源	资料出处
边益友	时间不详	两浙路明州鄞县	亩数不详	私人捐田，建立义庄。	光绪《新修鄞县志》卷二八
留氏	时间不详	福建路泉州永春县	亩数不详	建立义田	《清源留氏族谱·义庄局记》①
萧知常	时间不详	江西路吉州庐陵县	亩数不详	为族人作义庄	乾隆《庐陵县志》卷二八《人物志·萧逢辰传》
江氏	时间不详	福建路建宁府建阳县	将江氏总田产的三分之一附与诸女法	拨为义庄，以赡宗族之孤寡贫困者	《名公书判清明集》卷之八《户婚门·立继类》，拟笔《立继与命继不同》，第267页
汤镛	宋元之际（约1276—1279年间）	两浙路处州龙泉县	田200亩	私人捐赠置义田以赡同族	黄溍《文献集》卷七下《汤氏义田记》，四库本第1209册，第438页

　　为了便于统计分析，根据表2-1制成表2-2。② 从地域分布上看，这78个宗族义庄义田的例子，两浙路有34个，江东路9个，福建路10个，成都府路4个，江西路8个，京东路3个，开封府1个，荆湖北路1个，荆湖南路3个，淮南路2个，河东路1个，广西路1个，路分不详的1个，几乎覆盖了两宋时期除了广南东路之外的大部分地区，说明宗族义产这种产权形式在宋代是比较普遍存在的。从时间段上来看，在78例中北宋时期

---

　　① 转引自左云鹏《祠堂族长族权的形成及其作用试说》，《历史研究》1964年5—6期合刊。
　　② 本书义庄的例子参考了梁庚尧《南宋的农村经济》第五章"表十九南宋义庄分布及规模"（第314—319页）；李文治、江太新《中国宗法宗族制度和族田义庄》第二章"表2-1宋代族田表"（第49—53页）。不过，梁先生仅列举了41例（其中北宋仅列举了范仲淹一例），李、江二先生列举了61例（其中义庄50例，北宋义庄7例），本书搜集的例子更多。

的有 18 例，南宋时期的有 60 例。这说明义产这种产权形式在南宋时期发展得更普遍。

表 2-2   宋代宗族义田义庄统计分析

路分	北宋数量（个）	南宋数量（个）	合计（个）	占总数比例%
江西路	2	6	8	10.3
两浙路	3	31	34	43.6
京东路	3	0	3	3.8
江东路	4	5	9	11.5
福建路	1	9	10	12.8
湖南路	1	2	3	3.8
开封府界	1	0	1	1.3
河东路	1	0	1	1.3
湖北路	1	0	1	1.3
成都府路	1	3	4	5.1
淮东路	0	2	2	2.6
广西路	0	1	1	1.3
路分不详	0	1	1	1.3
总计	18（23.4%）	60（76.6%）	78	100

从宗族义产来源方面来看，78 例几乎都是由私人捐赠或者是捐钱购买的。

二 宋代宗族义产的产权分析

宗族义产的所有权是共有的，属于义产所受益的群体，而不属于捐赠人。从上述例子来看，宗族义庄的资产包括义田、义宅、钱货、粮斛、船、车、器用等，还包括祭奠其祖宗坟墓的寺观，以及本宗族内供奉孔子诸先贤神位的大成殿等。关于宗族义产的产权管理，范氏《义庄规矩》影响很大，为不少著名的宗族义庄所效仿。例如，北宋施扬休在成都"割二顷为义田，遵文正公旧规"①。南宋高宗绍兴二十五年（1155），楼异（？—1123）之子楼璹（1090—1162）在两浙路明州鄞县建立义庄，以赡宗族，"一仿范文正公之成规"②。王刚中（1108—1170）"生平慕范忠宣"，绍兴年间在江东路饶州乐平县"买田千亩为义庄"，以接济王氏"三族之无归者"，范忠宣即范仲淹次子范纯仁，字尧夫，谥号忠宣，应该也是遵照范氏《义庄规矩》来管理义庄。③ 陈居仁（1129—1198）在福建路兴化军莆田县置义庄，"略用范文正公义庄规矩"，以给济宗族与姻族。④ 陈造（1133—1223）记述位于淮南东路高邮军的毕氏义庄"取范文正、章申公遗法，增损之"⑤。孙椿年（1141—1194）也是"仿范文正公义庄之制"，于绍兴府余姚县设义庄，"赡其族"⑥。孝宗时期，孙逢辰（1142—1188）由于仰慕"范文正公置义庄赡宗族"，在家乡江南西路吉州龙泉县"买田北乡，以岁入给［宗族］贫者伏腊吉凶费，市药疗病，买棺送死，衣寒食饥，傍及乡党"。他死后，"二子继其志，且存规约"。孙氏义庄应该也是仿照范氏《义庄规矩》进行管理的。⑦ 陆游（1125—1210）在开禧三年（1207）记载婺州东阳县进士陈德高建立义庄，"略用范文正公之矩度而稍增损之"⑧，以适应时代的变化。方大琮（1183—1247）之子方演孙咸淳年间（1265—1274）在福建路莆田设立的义庄也是"取范公遗法，依仿而行"，并在此基础上有所创新，增加了器服之礼、宗庙之献以及乡饮

---

① （宋）胡寅：《斐然集》卷二一《成都施氏义田记》，文渊阁《四库全书》，集部，第1137册，第576—577页。

② （宋）罗濬：《宝庆四明志》卷八《郡志八·叙人上·楼郁》，宋元方志丛刊第5册，第5079页。

③ （宋）孙觌：《鸿庆居士集》卷三八《宋故资政殿大学士王公墓志铭》，文渊阁《四库全书》，集部，第1135册，第415—416页。

④ （宋）楼钥：《攻媿集》卷八九《华文阁直学士奉政大夫致仕赠金紫光禄大夫陈公行状》，第1221页。

⑤ （宋）陈造：《江湖长翁集》卷二一《毕叔兹通判义庄记》，文渊阁《四库全书》，集部，第1166册，第266—267页。

⑥ （宋）陆游：《渭南文集》卷三九《孙君墓表》，文渊阁《四库全书》，集部，第1163册，第6—7页。

⑦ （宋）周必大：《文忠集》卷七四《朝奉郎袁州孙使君逢辰墓志铭》，文渊阁《四库全书》，集部，第1147册，第780页。

⑧ （宋）陆游：《渭南文集》卷二一《东阳陈君义庄记》，文渊阁《四库全书》，集部，第1163册，第471页。

酒之仪等制度。^① 麋弇（1207—1264）"大略仿范文正义庄"救恤宗族贫者与朋友乡党。^② 所以，下面分析宋代宗族义庄产权管理时，主要引证范氏《义庄规矩》，兼及其他。

义庄资产不允许其个体成员或者分支集体以任何方式侵占或移用。以捐赠人为例，如范仲淹生前，妻子儿女的衣服食用勉强够用，以致他死后，"身无以为敛，子无以为丧"。这一状况说明范仲淹购买的义田及其收益不是属于他自己及其子孙的。^③ 同样，神宗初年任参知政事的吴奎（1011—1068）在老家京东路潍州北海（今山东省潍坊市境内）用钱二千万（文）买田为义庄，"以赒亲戚朋友之贫乏者"。他身故之后，"家无余财，诸子无宅以居"，说明吴奎花数万贯买来的义田不是他本人及其儿子的私有财产。^④ 曾在元祐元年（1086）任门下侍郎的韩维（1017—1098）聚集本族人数百口，买田数十顷，置义庄，抚养孤幼，而在他致仕之日，"家无余财"，甚为清贫。^⑤

义庄田产也不容许包括宗族个体成员在内的任何人侵占挪用。复以范氏义庄为例，范纯仁在熙宁六年（1073）六月规定，不许宗族子弟纵人砍伐祖坟附近的竹木。元丰六年（1083）七月十九日，他又规定，禁止义庄掌管人侵欺义庄钱货与粮斛，也禁止宗族的其他成员"辄假贷义庄钱斛之类"。哲宗元符元年（1098）六月，范纯仁、范纯礼（1031—1106）、范纯粹（1046—1117）三兄弟规定，义庄的船与车等交通工具以及其他生产工具之类的器材用具，不允许任何族人借用。^⑥

义庄受益成员一般不许参与直接经营义庄田地，要租佃给非义庄受益

---

① （宋）林希逸：《竹溪鬳斋十一藁续集》卷一二《莆田方氏义庄规矩序》，文渊阁《四库全书》，集部，第1185册，第678—679页。

② （宋）黄震：《黄氏日抄》卷九六《知吉州兼江西提举大监麋公行状》，文渊阁《四库全书》，子部，第708册，第1029页。

③ （宋）范仲淹：《范仲淹全集》附录六《历代义庄义田记·钱公辅义田记》，第1169页。

④ （宋）刘攽：《彭城集》卷三七《吴公墓志铭》，文渊阁《四库全书》，集部，第1096册，第362页。

⑤ （宋）韩维：《南阳集》附录鲜于绰《韩维行状》，文渊阁《四库全书》，集部，第1101册，第775页。

⑥ 以上并见（宋）范仲淹《范仲淹全集》附录六《历代义庄义田记·续定义庄规矩》，第1159—1164页。

者经营，并相应规定了义庄与直接生产者之间的收益分配。义庄不仅禁止将义田租佃给本义庄的宗族成员，也不允许族人借用其他名字租佃本义庄义田，以防范义田被侵占或者其他产权纠纷。但是，在南宋前期，仍然出现不少宗族成员违规经营义庄田地的现象。如在范氏义庄，天平功德寺原本是"文正公奏请追福祖先之地"，义庄专门拨与田土供香火，而且还有船只等资产。寺院住持一般把常住田土租给非义庄受益者耕种，收取地租。但是却有一些范氏"疏远不肖子弟"，欺压住持，强占天平功德寺的常住田土，自行耕种，或者是作为园圃，而且还强行借用寺院的船只等器具，随意砍伐祖宗坟寺周围的树木。还有一些义庄成员不顾《义庄规矩》，"恃强公然于租户名下夺种"，或者霸占义庄田的灌溉沟渠以及车水漕，"不容租户车水上下"。为此，范之柔制定了比较严厉的处罚措施，以维护宗族义庄的继续发展。[①]

上述不许族人自己经营义庄田地的规矩，旨在防止同族人之间对义产受益的不均衡产生意见。如果限定只有族人享受义庄田地最终收益的分配权，庶可避免在义庄田地的使用权、收益二次分配等方面发生矛盾。

宗族成员或义庄成员对义庄房产可以有部分占有权，但要受一定限制。义田的捐赠人在建立义庄时，一般都会建造房屋给那些无房可住的族人或者义庄成员居住，并要建造义仓，用来储积义庄粮食与钱物等。如范仲淹建立义庄时，扩建原有的岁寒堂、松风阁，"以为义宅，聚族其中"，也建有仓库，"义庄之收亦在焉"。后来经过北宋末与南宋初年的战乱，范氏宗族四处逃散，义庄被豪民占为居室与场圃，义庄收入只好存放到供奉范氏祖宗神位的天平功德寺。庆元元年（1195），范仲淹五世孙范之柔在当地官府的支持下，收回义庄宅地，重建岁寒堂，"以祠文正"，又另外"结屋十楹以处贫族"，并新建了义仓，几乎恢复了当年范氏义庄的原貌。[②] 义庄成员虽然可以在义宅居住，享有一定的占有权，但是对其权利与义务仍有所限制。北宋范氏《续定义庄规矩》规定，义庄成员居住的义宅出现"疏漏"的时候，须由居住者自己出资、出力修缮。如果居住者实在贫穷，

① （宋）范仲淹：《范仲淹全集》附录六《历代义庄义田记·续定义庄规矩》，第1166页。
② （宋）楼钥：《攻媿集》卷六〇《范氏复义宅记》，第807页。

无力修缮，而住宅又实在破漏不能居住的，须由诸房尊长者一起到实地勘察，共同担保，并"申文正位"，才根据实际需要由义庄支付钱陌修补，但是不允许他们请求用义庄的钱物帮他们加盖房屋。禁止任何拆移义庄屋舍以及改变义宅现状的行为，违犯者，将由义庄掌管人"申官理断"。如果居住义宅的义庄成员有需要增盖居室，听任他们在义宅中添加房屋，但是产权要归义庄所有，不允许"族人占造私宅等用"，如有违反，罚该房族人全房月米一年，仍然勒令归还原来的地基。同时，义庄严禁将族人自己居住的义宅私自出租、典当抵押。另外，义庄规定族人不得将存贮钱物的义仓占为住所或者聚会场所，没有钱物出纳的时候，不许开启义仓。如果有"擅开仓廒，妄用米斛"者，查实后，除了"罚全房月米一年外"，还要向官府申诉，追究相关人员的法律责任。①

范氏《义庄规矩》主要是把义庄收益在范氏宗族之间进行相对平均的再分配，使范氏宗族能够更好的生存与繁衍，用范纯仁的话来说，就是将"所得租米，远祖而下，诸房宗族，计其口数，供给衣食及婚嫁丧葬之用"②。义庄收益的分配原则最早是由范仲淹制订的，并由其子孙后代不断加以完善。《义庄规矩》规定，范氏宗族诸房计口给米，不分男女老幼，每人每日给白米一升，按月实支，每人每月三斗白米；如果是支给糙米，必须临时加折，一斗糙米折合八升白米（即一斗白米折合糙米一斗二升五合），则每月需支糙米三斗七升五合，称为"月米"。宗族男女成员一般从五岁开始就可以享受义庄的收益。范氏宗族女性成员出嫁后，有子女在范家居住达十五年以上或者岁数在五十岁以上的，也可以享受跟范氏宗族成员一样的待遇。宗族成员每人每年给冬衣一匹，五岁以上至十岁以下的成员给半匹。每房有奴婢的，只按一个成员标准给米，不论奴婢多少，而且不支给冬衣。③ 除了月米和冬衣，义庄成员逢"婚嫁丧葬"可以从义庄获得钱物支持。一般宗族女性成员出嫁，义庄支钱三十贯为奁资（原注：七十七陌，下并准此），再嫁的，义庄支钱二十贯为奁资；义庄宗族男性成员

---

① （宋）范仲淹：《范仲淹全集》附录六《历代义庄义田记·续定义庄规矩》，第1159—1164页。
② （宋）范仲淹：《范仲淹全集》附录六《历代义庄义田记·续定义庄规矩》，第1159页。
③ （宋）范仲淹：《范仲淹全集》续补卷第二《书断·义庄规矩》，第797—799页。

娶妻的，义庄资助二十贯，再娶的不予资助。义庄给予的丧葬资助有比较明显的等级差别，规定：诸房有尊长去世时，"有丧，先支一十贯，至葬事，又支一十五贯"；房中地位次于尊长的成员过世时，举办追悼仪式，先支取五贯，"葬事支十贯"；地位一般的成员或者"卑幼、十九岁以下丧葬通支七贯，十五岁以下支三贯，十岁以下支二贯，七岁以下及婢仆皆不支"。《义庄规矩》还规定了灾荒凶年等非常时期月米、冬衣、钱物的支付办法。范仲淹规定："每一年丰熟，桩留二年之粮。若遇凶荒，除给糇粮外，一切不支。或二年粮外有余，却先支丧葬，次及嫁娶。如更有余，方支冬衣。或所余不多，即凶吉等事，众议分数，均匀支给。或又不给，即先凶后吉；或凶事同时，即先尊口，后卑口；如尊卑又同，即以所亡所葬先后支给。如支上件糇粮、吉凶事外，更有余羡数目，不得粜货，桩充三年以上粮储。或虑陈损，即至秋成日，方得粜货，回换新米桩管。"另外，范氏宗族成员对义庄收益权的享有还必须以平江府内为归属地，居住在平江府以外的一般不支给相关的月米、冬衣、钱物。[①]

义庄成员不仅平均享有义庄的收益权，而且可对收益的分配进行监督。对于义产经营权的监管，宗族义庄一般是由捐赠者指定有名望且有能力的人掌管，并由义庄成员监督，出现重大争议或者违反义庄规矩的重大事件时，申请官府理断裁决。如范仲淹建立义庄之初，首先让"孝谨俊辩"且"才性通敏"的侄子范纯诚全权负责义庄的筹建与规划，[②] 挑选本宗族"长而贤者一人主其计，而时其出纳"[③]，并制订了第一份范氏《义庄规矩》。绍圣二年（1095）四月二十九日，范纯仁规定，义庄的日常事务主要由掌管人按照《义庄规矩》处理，即使是宗族当中的尊长，也无权干预或者妨碍掌管人正常行使职权，如果有人违反，允许掌管人向官府申请"理断"；但是如果掌管人有利用职权之便进行欺骗或者有不符合《义庄规矩》的行为，"听诸位具实状，同申文正位"[④]，即范氏诸房尊长可以将义

---

① （宋）范仲淹：《范仲淹全集》续补卷第二《书断·义庄规矩》，第797—799页。

② （宋）范纯仁：《范忠宣集》卷一三《范府君墓志铭》，文渊阁《四库全书》，集部，第1104册，第673—674页。

③ （宋）范仲淹：《范仲淹全集》附录六《历代义庄义田记·钱公辅义田记》，第1169页。

④ （宋）范仲淹：《范仲淹全集》附录六《历代义庄义田记·续定义庄规矩》，第1160页。

庄掌管人的不法事实写成申状，一起向范仲淹这一房申诉，实际上是进行公断。大观元年（1107）七月初十日，范纯仁、范纯粹规定，各位宗族成员随意收养外姓成员为自己的儿子而冒请月米的，义庄掌管人必须拒付，而且鼓励范氏宗族成员监察举报；如果义庄掌管人不受理，各房宗族可以向文正公神位申诉，并移文平江府审理。政和五年（1115）正月二十九日，范纯粹又规定，如果范氏宗族成员以非婚子女请领月米的，义庄掌管人与各房成员共同监察，不予支付；如果该请米者不服处理，义庄掌管人以及宗族成员可以向文正公神位申诉，移交平江府裁断。或有范氏宗族成员把自己的儿子送给别人，将对方家产败坏殆尽之后，却想回归范氏宗族请领月米的，义庄掌管人同样可以向文正公神位申明，不予支给月米。①这些限制性措施意在维护义庄收益分配的合理性与正当性。

在具体产权收益分配记录上，义庄掌管人要"置簿拘辖"，相当于编造一个义庄总账，"簿头录诸房口数为额"。每房都要置"请米历子"一本，每月底与义庄掌管人核对、登记、给付，禁止跨月预支。如果"掌管人自行破用，或探支与人，许诸房觉察，勒陪填"，即范氏宗族各房可以行使对掌管人的财务监督权。②南宋时期，义庄成员对掌管人的监督更为严密，如果发现义庄掌管人有违规行为，允许各房向文正公神位申明，推举宗族中公认处事公当的族人当众清点，验实实际侵用数目，要求掌管人"以全房月米填还，足日起支"，并向官府申诉惩治。③

至于义产的交易权，一般由义庄掌管人代表义庄成员统一行使，但有所限制，如不允许以任何名义、任何方式抵押或出售本义庄的田土等资产，但可以根据需要，经过集体决策后购进田产。义庄可以用债务人的田土作为抵押进行放贷，但即使费用不足，也不允许借贷需要利息的债务。

一般义庄成员集体享有义产继承权，没有个体继承权。

---

① （宋）范仲淹：《范仲淹全集》附录六《历代义庄义田记·续定义庄规矩》，页1159—1164。

② （宋）范仲淹：《范仲淹全集》之《范文正公集》续补卷第二《书断·义庄规矩》，页797—799。

③ （宋）范仲淹：《范仲淹全集》附录六《历代义庄义田记·续定义庄规矩》，页1159—1164。

义田义庄是范仲淹实践儒家思想"修身、齐家、治国、平天下"之体现，所以为宋代以来士大夫所敬仰，认为是范仲淹"自家而国"以致"先天下之忧而忧，后天下之乐而乐"的治国思想在私有经济领域的实践。

三 宋代宗族义产的功能

王日根先生曾指出，义田的主要经济功能是赡贫、助学、砺官。① 从范氏义庄来看确实如此。范仲淹建立义庄之初，只是为了帮助范氏一族中"亲而贫、疏而贤者"摆脱生活困境。同时，针对当时官僚甄选制度的实际情况，② 他一开始制订的《义庄规矩》其实也涉及义庄"砺官"职能的部分。他规定，凡是范氏"子弟出官人，每还家待阙、守选、丁忧，或任川、广、福建官留家乡里者，并依诸房例，给米绢并吉凶钱数，虽近官，实有故留家者，亦依此例支给"③。这是以一定的经济资助鼓励范氏入仕者清廉为官，也就是所谓的"砺官"。同时，他还鼓励本族弟子积极仕进，规定"诸位子弟得大比试者，每人支钱一十贯文，再贡者减半"④。至南宋，范仲淹五世孙范之柔⑤鉴于当时物价飞涨的事实，认为按照以前十贯文的标准实在太低了，所以他重新规定，"如有子弟得解赴省，义庄支官会一（伯）［陌］千，其钱于诸房月米内，依时直均克，其免举人及补入太学者，支官会五十千"。之所以规定由范氏各房共同承担这部分费用，目的在于"使诸房子弟知读书之美，有以激劝"⑥。至于范氏义庄的"赡学"功能，范仲淹未及制订，而是由他的儿孙制订与完善的。其次子范纯仁（1027—1101）创立范氏"赡学"规矩，创立了类似于"义学"的教

① 王日根：《宋以来义田生成机制论》，《厦门大学学报》1996 年第 2 期，另参考氏著《明清民间社会的秩序》（岳麓书社 2004 年版，第 57—154 页）的相关论述。

② 参考邓小南《宋代文官选任制度诸层面》，河北教育出版社 1993 年版。

③ （宋）范仲淹：《范仲淹全集》之《范文正公集》续补卷第二《义庄规矩》，第 797—799 页。

④ （宋）范仲淹：《范仲淹全集》附录六《历代义庄义田记·续定义庄规矩》，第 1160 页。"得大比试"即参加省试，也就是贡举；如果一次省试没成功，再次获得参加资格，称为"再贡"。

⑤ 范之柔为乾道八年进士，估计生于绍兴后期（约 1150 年前后），约卒于嘉定九年（1216年）前后，当详考。

⑥ （宋）范仲淹：《范仲淹全集》附录六《历代义庄义田记·清献公续定规矩》，第1168 页。

学形式。熙宁六年（1073）六月，范纯仁制订了本宗族子弟的"诸位教授"之选用条件、人数与报酬标准，规定"诸位教授"之人选，必须是宗族中"诸位子弟内选曾得解或预贡、① 有士行者"，或者是"虽不曾得解、预贡而文行为众所知者"。一般设两位教授，每月给糙米五石。

此外，义庄还有抚养孤幼的功能。范氏宗族成员一般在出生两个月之内家长就必须把"其母或所生母姓氏及男女行第、小名报义庄，义庄限当日再取诸位保明讫注籍"，这样他们从五岁开始就可以享受义庄的各种福利了。如果过限不报，"后虽年长，不理为口数给米"②。由于义庄福利照顾周全，即使有宗族成员家庭出现重大变故，他们的后代成为孤儿，这些孤儿基本上也可以衣食无忧、顺利成长。

义庄还有"免役"或"助役"职能。由于朝廷看重范氏义庄在民间的教化作用，特意蠲免了范氏义庄以及供奉范氏祖先的天平功德寺之差役与"应干非泛科敷"。有了义庄的支持，即使一般的范氏宗族成员有差役及其他"非泛科敷"，大都可以从容应付。

第二节　宋代助学砺官义庄与举子义庄的产权分析

如上所述，宗族义田义庄一般是针对宗族内部人员进行救助或者分利的一种产权形式，是产权社会功能的一种体现。不过，实际上，宋代的义庄义田也开展对非宗族成员的救助。南宋时期的助学砺官义田义庄、举子义田义庄就是这种产权形式。助学砺官义庄主要救助的对象是贫困之仕族及其家属，这些义庄田产一般由地方所谓的精英捐赠，或者官府斥资购买；举子义庄主要是针对无力抚养过多婴幼儿之贫穷家庭，主要来自官府拨付的系官田产，并设立相关组织掌管这些田产的租佃收入，另外封存，

① 宋代科举分为乡试、省试与殿试三级。通过州县乡试获得省试资格的名额即为"得解"；省试是由尚书礼部（贡院）主持，省试的年份称为贡举之年，或者大比之年。参考［韩］裴淑姬《论宋代科举解额的实施与地区分配》，《浙江学刊》2000 年第 3 期；祝尚书《宋代科举与文学考论》，大象出版社 2006 年版，第 1—111 页。
② （宋）范仲淹：《范仲淹全集》附录六《历代义庄义田记·续定义庄规矩》，第 1160 页。

称为"义庄"。① 这类义庄田地一般进行租佃经营，根据所制订的规矩，发放粮食救济上述特定对象。

一　宋代助学砺官义庄与举子义庄的分布

从已见的资料来看，宋代助学砺官义田义庄主要分布在两浙路与江东路，举子义田义庄则是福建路所特有。（见表2-3）

表2-3　　　　　　　　　宋代助学砺官义庄与举子义庄一览

创立者	时　间	建立地点	义产类型与数量	义产来源	资料出处
汪思温等	绍兴年间（1131—1162） 助学砺官义庄	两浙路明州鄞县	割田倡义庄赡仕族贫者	社会捐赠田产	罗濬：《宝庆四明志》卷八《郡志八·叙人上》，第5089—5091页
史浩	乾道七年至九年（1170—1173） 举子义庄	福建路上四州	括废寺田45顷，立义庄，以育上四州不举之子	官府拨付	黄震：《黄氏日抄》卷八六《宝善堂记》，第904页
史浩	淳熙年间（1174—1189） 助学砺官义庄	两浙路绍兴府会稽	市田数百亩，名曰义田，给士大夫家贫者	捐公帑购买	王厚孙等：《至正四明续志》卷八《学　校》，第6559—6560页
史浩、沈焕、汪大猷	淳熙十五年（1188）② 助学砺官义庄	两浙路明州鄞县	汪首割二十亩，得义田数百亩，郡拨绝产二顷，以给贤士夫之清贫身后不给者	乡里集体捐赠与官府拨付	楼钥：《攻媿集》卷八八《敷文阁学士宣奉大夫致仕赠特进汪公行状》，第1203—1204页
冯多福	嘉定四年到七年间（1211—1214） 助学砺官义庄	两浙路庆元府奉化县	买田七百石以赡学	社会募捐资金购买	袁桷：《延祐四明志》卷一四《学校考下》，第6346页下

---

① （宋）史浩：《鄮峰真隐漫录》卷八《福州乞置官庄赡养生子之家劄子》，文渊阁《四库全书》，集部，第1141册，第596—598页。举子义庄存贮粮食的仓库称为举子仓。另见（宋）黄震：《黄氏日抄》卷八六《宝善堂记》，文渊阁《四库全书》，子部，第708册，第904页。

② （元）马泽修、袁桷纂：《延祐四明志》卷一四《学校考下》，宋元方志丛刊第6册，中华书局1990年版，第6343页。

续表

创立者	时 间	建立地点	义产类型与数量	义产来源	资料出处
吴渊	淳祐十年（1251） 助学砺官义庄	江东路建康府	钱 50 万贯回买到制司后湖田 7278 亩余，赡建康府士子贫窭者	府学出钱购买	周应合纂：《景定建康志》卷二八《儒学志一》，第 1809—1810 页
不详	淳熙年间（1174—1189） 举子义庄	福建路诸州	以户绝官田、没官田为举子义庄、绝院。	私财购买与官府拨付	朱熹：《晦庵集》卷二九《与赵尚书论举子田事》，第 4 页

二 宋代助学砺官义庄与举子义庄的所有权结构

助学砺官义庄与举子义庄这两种产权形式的所有权结构相对比较复杂，这是由其资产来源的多样化所决定的，特别是涉及有官府资助的背景。

在表 2－3 中，助学砺官义庄有汪思温义庄、史浩会稽义庄、史浩等鄞县义庄、冯多福义庄、吴渊义庄 5 例。其中，汪思温义庄是由私人捐赠田产而成的，史浩会稽义庄是个人捐官帑买田建立的，吴渊义庄是由建康府府学出钱购买田土建立的，史浩等鄞县义庄是民间集资与官府资助而成的，冯多福义庄则是社会集资建成的，但都归官府掌管。除了田土，助学砺官义庄也有一定数量的房屋与仓库。史浩（1106—1194）、沈焕（1139—1191）、汪大猷（1120—1200）三人在鄞县共同倡导建立助学砺官义庄，"买地作屋十五楹"，让贫寒无依靠的仕族居住，来勉励仕人为政清廉、以贪污为耻。[①] 嘉定四年到七年（1211—1214）间，奉化县令冯多福建立的助学义庄也设有专门的仓库以存贮义庄收入。[②] 据罗濬[③]等人的记

---

① （元）袁桷：《延祐四明志》卷一四《学校考下》引楼钥《义庄记》，第 6343 页下栏—第 6344 页下栏。

② （元）袁桷：《延祐四明志》卷一四《学校考下》，第 6346 页下栏。

③ 罗濬曾登乾道七年（1171）解试榜，估计生于高宗绍兴后期（大约 1150 年前后），宝庆年间在庆元府修志，应卒于理宗宝庆前后（约 1227 年前后），当详考。

载，明州的迎恩驿原为官产，宝庆年间（1225—1227）废为义田庄屋。①
吴渊（1190—1257）在淳祐十年（1251）建立的助学碛官义庄也曾经"辟
屋三十楹"。这种助学碛官义庄田宅的所有权归官府持有，受其资助的贫
寒仕族除接受助学碛官义庄的经济资助外，只能享有助学碛官义庄义宅的
使用权，不得以任何形式、任何名义转让给别人居住，或租赁给别人以赢
利自赡。②

　　古人早有"生子不举"之风，其成因在各个时代有所侧重，但大体不
外是家庭生活困难、官府赋役苛重这两方面。③ 到宋代，苏轼《与朱鄂州
书》提到，"岳鄂""田野小人例只养二男一女，过此辄杀之"④。他在
《东坡志林》中又说，"黄州小民，贫者生子多不举，初生便于水盆中浸杀
之，江南尤甚"。徽宗大观三年（1109）十一月九日，兵部侍郎王襄等人
在奏议中提示，"福建、荆湖南北、江东西"有较严重的生子不举现象，
请求朝廷严加禁止。⑤ 宋代福建路举子不育的现象引起一些仁人志士的关
注，试图采取措施有所纠正。"自乾道五年，以福建路有不举子之风，贫
乏之家，生子皆赐以常平钱一千、米一斛，又因守臣之请，除其所纳随身
丁钱。"⑥ 乾道九年（1173），福建知州兼福建路安抚使史浩在给孝宗皇帝
的劄子中说，"建宁府、南剑州、汀州、邵武军四州穷乏之人例不举子，
家止一丁，纵生十子，一子之外，余尽杀之"，"实可哀悯"，建议"将本
司（即安抚司）逐旋趱积到钱，就提举常平司取建、剑、汀、邵四州县所

---

① （宋）胡榘修，方万里、罗濬纂：《宝庆四明志》卷三《叙郡下》，宋元方志丛刊，中华
书局 1990 年版，第 5031 页上栏。

② （宋）马光祖修、周应合纂：《景定建康志》卷二八《儒学志一》，宋元方志丛刊，中华
书局 1990 年版，第 1809 页下栏—第 1810 页下栏。

③ 宋代部分参考刘道超《宋代杀婴弃婴习俗初探》，《河池师专学报》1986 年第 2 期；林汀
水《宋时福建"生子多不举"原因何在》，《中国社会经济史研究》1991 年第 2 期；刘静贞《宋
人生子不育风俗试探——经济性理由的检讨》，《大陆杂志》第 88 卷第 4 期，1994 年，第 259—
281 页；刘静贞《杀子与溺女——宋人生育问题的性别差异》，《中国历史学会史学集刊》第 26
期，第 99—106 页，并收入氏著《不举子——宋人的生育问题》，台北稻乡出版社 1998 年版；臧
健《南宋农村"生子不举"现象之分析》，《中国史研究》1995 年第 4 期，等等。

④ （宋）苏轼：《苏轼文集》卷四八《与朱鄂州书》，中华书局 1996 年标点本，第 1416—
1418 页。

⑤ 《宋会要辑稿》刑法二之五，第 6520 页。

⑥ （明）杨士奇等：《历代名臣奏议》卷一一七《风俗》，赵汝愚《申请举子仓事》，台北学
生书局 1985 年影印本，第 1563 页。

卖荒废寺院田产尽行承买，以为官庄砧基"①，首倡建立"举子义庄"，获得朝廷批准。史浩买到的寺观户绝田产约 45 顷，② 主要分布在建宁府崇安、建安、瓯宁、建阳四县与南剑州剑浦、尤溪等县。③ 这一举子义庄的田产"为官庄砧基"，属于系官资产，所有权归官府，由福建路安抚司与提举常平司具体负责掌管。

三　宋代助学砺官义庄与举子义庄的经营权与收益权

助学砺官义庄的田土一般是出租给佃户耕种，收取地租。地租收入以及其他义庄事务一般由资助者挑选"乡之贤有力者"为掌管人。以史浩等的鄞县义庄为例，其义庄收益权的分配对象主要是"仕族亲丧之不能举者"，或者是仕族"孤女之不能嫁者"。而受益对象的确认，在淳熙十五年（1188）创立之初是由其亲属报告乡里之保正、保长、耆长等，再由乡里向郡府申报，郡府核实无误后，再由义庄掌管人支付相关钱物给仕族贫困者，"先后缓急，间从权宜，而郡守与主者不得私焉"。而且规定除了上述两种对象，其他不给。此时官方权力的介入程度相当大。从绍熙元年（1190）开始，允许仕族贫寒者直接向义庄掌管人申请，由义庄主管人直接核实，不必再经过官方。对于支付钱物数目，规定"仕族亲丧之不能举者给三十缗"，"孤女之不能嫁者给五十缗"④。

吴渊义庄的产权内容略有不同。吴渊义庄是建康府府学所有，但受建康府的管辖，其经营方式应该也是租佃制，义宅也是给贫寒仕族使用或者占有。在产权收益及其管理方面，地租由府学"置簿椿管"，日常管理由建康府西厅通判执行，称为"提督钱粮厅"，或者简称"提督厅"，并在府学空闲地段建造一个粮仓存放米麦等义田地租收入。又在府学仓库旁边"夹截一库"作为钱库，用来收贮义田折租所收的钱币以及会子等。在创

---

① （宋）史浩：《鄮峰真隐漫录》卷八《福州乞置官庄赡养生子之家劄子》，第 596—598 页。举子义庄存贮粮食的仓库称为举子仓。

② （宋）黄震：《黄氏日抄》卷八六《宝善堂记》，文渊阁《四库全书》，第 708 册，第 904 页。

③ （明）杨士奇等：《历代名臣奏议》卷一一七《风俗》，赵汝愚《申请举子仓事》，文渊阁《四库全书》，第 436 册，第 1563 页。

④ （元）马泽修、袁桷纂：《延祐四明志》卷一四《学校考下》，第 6343 页。

立之初的淳祐十年（1251），受益对象只限于当地土生土长的贫寒学子以及"见在学行供职事生员"，并没有惠及游学之人。有吉凶之事时，资助标准是每人"给米八石、麦七石"；支付方式是折钱支付，一般"米每石折钱三十六贯，麦每石折钱二十五贯"，且对于"将到殿入学赴任人委系贫窭者，照吉事例，并与周给"。次年二月二十六日，建康府规定，即使是非建康府的游学士人，只要他在"本学行供"，或者是暂时居住求学，如果遇有吉凶之事，也可按照同样的标准支给钱米。而获得义学钱米支给的资格也与前者不同，申请人首先要到府学获取证明，府学根据申请内容，逐项核实，并申明担保，然后申报给提督厅支付。同时，府学还对义庄钱米的"凶礼支助"范围作了一定的限制，规定只有本人"祖父母、父母、自身亲兄弟妻子事故者"才予以支给，严禁"以疏为亲，以无为有"，侥幸获利。

助学砺官义庄也有一套相对严密的产权监管（会计审计）制度。其一，在钱米支出方面，一般由教授同正录、直学五员亲自到仓库，一起记录和监督每一笔收入与支出，并要受益人亲自到场签收领取，设立"领置簿"记载，要进行年度事后审计；其二，所有的租佃收入设立"租课总簿"，记录每一笔租课的催收与核销，要进行季度事后审计；其三，所有义庄田土要编造"田亩籍册"，以明确共有产权之所在。[①]

举子义庄的田产一般也是租佃经营，由官府征收并掌管"诸庄佃户送纳租课"，并将举子仓的粮食借贷给诸都人户，让他们"回纳息米"，[②] 二次获利，以增加仓粮的来源。史浩在任时期，举子义庄管理经营方式是：（1）在建、剑、汀、邵四州诸县各置官庄一所，典买民间田亩，收积租课；（2）购买举子义庄田产的资金由朝廷用度牒100道支付给地方州府，专任知州与通判掌管出卖，将所得钱桩管，专一增置田亩；（3）贫下民户有妇人怀孕七个月以上的，"关告耆社申县，县为注籍"；（4）注籍的贫下孕妇生产小孩，当月通知耆社向县衙申报，"县下官庄给历，每月支米若

---

① （宋）马光祖修、周应合纂：《景定建康志》卷二八《儒学志一》，第1809页。

② （宋）朱熹：《晦庵先生朱文公文集》卷二八《答赵帅论举子仓事（庚戌）·佃户人户欠米未有约束》，本卷第12—13页。

干，满三岁住支"；（5）由福建路安抚司与提举常平司共同措置管理。[①] 后来曾规定，"逐月三次支米"，为了防止官吏作弊，又改为"三月一支之法"，"虽期日稍远，然却得关会诸都附籍乡官，同在一处，不容大段作弊"[②]。淳熙九年（1182），赵汝愚为福州知州兼福建路安抚使，[③] 又重新申明这些规定。

第三节　宋代义役田庄的产权分析

一　宋代义役产生的背景

在宋代，乡役制度[④]是帝制国家管理乡村社会的重要工具，其主要功能是登记户籍与财产、催征赋税、掌管官物、传递公文、维持治安等。用现代公共经济学的话语来说，就是为社会基层提供必要的公共产品。[⑤]《宋史》卷一七七《食货志》云：

---

① （宋）史浩：《鄮峰真隐漫录》卷八《福州乞置官庄赡养生子之家劄子》，文渊阁《四库全书》，第1141册，第596—598页。

② （宋）朱熹：《晦庵先生朱文公文集》卷二八《答赵帅论举子仓事（庚戌）·次月初十日请米不得折支价钱》，本卷第11—12页。

③ （宋）梁克家：《三山志》卷二二《秩官类三》，陈叔侗校注，第361页。

④ 参考［日］河上光一《宋初の里正、户长、耆长》，《东洋学报》第34号，1952年；［日］周藤吉之《宋代州县の职役と胥吏の发展》，载氏著《宋代经济史研究》，第655—816页；［日］周藤吉之《宋代乡村制の变迁过程》，载氏著《唐宋社会经济史研究》，第561—634页；［日］佐竹靖彦《宋代乡村制度の形成过程》，《东洋史研究》25-3，1966年；［美］McKnight Brian E.（马伯良）*Village and Bureaucracy in Southern Sung China*（《中国南宋乡村职役》），Chicago：The University of Chicago Press，1971；［日］柳田节子《宋元乡村制の研究》，创文社1986年版；黄繁光《南宋中晚期的役法实况——以〈名公书判清明集〉为考察中心》，《淡江史学》2001年第12期，收入梁庚尧等主编《台湾学者中国史研究论丛·城市与乡村》，中国大百科全书出版社2005年版，第148—181页；刁培俊《由"职"到"役"：两宋乡役负担的演变》，《云南社会科学》2004年第5期；刁培俊《宋代乡役人数变化考述》，《中国史研究》2005年第1期。

⑤ 参考James M. Buchanan（詹姆斯·布坎南）and Richard A. Musgrave（理查德·A.·马斯格雷夫）《公共财政与公共选择：两种截然不同的国家观》，类承曜译，中国财政经济出版社2000年版，第1—46页；王传纶、高培勇《当代西方财政经济理论》，商务印书馆2002年版，第54—80页。

役出于民，州县皆有常数。宋因前代之制，以衙前主官物，以里正、户长、乡书手课督赋税，以耆长、弓手、壮丁逐捕盗贼，以承符、人力、手力、散从官给使令；县曹司至押、录，州曹司至孔目官，下至杂职、虞候、拣、招等人，各以乡户等第定差。京百司补吏，须不碍役乃听。①

这是宋初的情况，其中乡役人主要有里正、户长、乡书手、耆长、弓手、壮丁等。这些人当中，尤其以里正、衙前为"州县生民之苦"②，不能完成职责，要以自己的家产补偿官府的损失，如主管官物的衙前，经常因为赔偿官物损折而倾家荡产，里正、户长等也经常因为不能及时完成收税任务而被迫用自己的家业填纳。据《琴川志》记载："保正长向来充役之费最为浩瀚。保长既为产去税存、逃口户绝等户代纳税租矣，而为保正者亦仰之催科，例行陪纳，其他色目犹多，如保正则有科供竹木、科及穀果、科买糟酒、节序灯油、接官器具、捡尸定验之费，保长则有著役召保、请给虚限、出豁簿书、七夕冬至二节供送吏胥之费，加以上落牌头，开折司苗税案。"③

鉴于上述情况，宋朝不少有识之士纷纷上奏朝廷，论及衙前、里正之役对民间的危害。如蔡襄（1012—1067）在任福州知州时，指出衙前每五年充役一次，"二十年间便充四次，虽有富强，无不破产，于理未安"④。英宗治平二年（1065），三司使韩绛（1021—1088）也指出衙前往往因为差役"多致破产"，是"害农之弊"。⑤ 孝宗赵昚（1127—1194）即位不久，有臣僚报告说，保正副、大小保长对于保内的事情，"事无巨细，一

---

① 《文献通考》卷一二《职役考一·历代乡党版籍职役》，第 127 页；《宋史》卷一七七《食货志上五·役法上》，第 4295 页。

② 《续资治通鉴长编》卷一七九，仁宗至和二年夏四月辛亥，第 4330 页；《宋史》卷一七七《食货志上五·役法上》，第 4295 页。

③ （宋）孙应时纂修、鲍廉增补，（元）卢镇续修：《琴川志》卷六《乡役人》，宋元方志丛刊第 2 册，中华书局 1990 年版，第 1216 页。

④ （宋）蔡襄：《端明集》卷二六《启请里正衙前劄子》，文渊阁《四库全书》，台湾商务印书馆 1986 年版，第 1090 册，第 550 页。

⑤ 《文献通考》卷一二《职役考一·历代乡党版籍职役》，第 129 页；《宋史》卷一七七《食货志上五·役法上》，第 4298 页。

一责办，至于承受文引、催纳税役、抱佃宽剩、修葺铺驿、置买军器、科卖食盐"等，也被州县官吏"追扰赔备，无所不至"，往往被搞得破产。①因此，朝廷也曾采取若干措施，开始局部改变役法，如允许衙前优先买扑酒坊，② 或者是令军校代替衙前差役，③ 或者是官府出钱招募衙前。④ 从现有文献来看，招募法最早大约是在嘉祐六年至八年（1061—1063）间出现的，当时两浙转运使李复圭鉴于两浙路民户由于衙前差役大多致破产的情况，将衙前役户遣散归农，"令出钱助长名人承募"。神宗熙宁二年至熙宁三年十二月乙丑，王安石（1021—1086）立保甲法，行之天下，⑤ "罢耆户长、壮丁，而法始变"⑥。同月戊寅，又推行免役法，朝廷向民户收取免役钱、助役钱、免役宽剩钱，⑦ 或者称为"助役法"。但是"自元祐复耆户长、壮丁，犹以保甲而法大变；自绍圣而后，以耆户长壮丁钱尽归公上，而法尽变，民避役如避寇，举世尽然"⑧。熙宁七年（1074）三月，神宗下诏曰："役钱每千别纳头子五钱，其旧于役人圆融工费修官舍、作什器、夫力辇载之类，并用此钱，不足，即用情轻赎铜钱。辄圆融者，以违制论，不以去官赦原。"⑨ 此即为免役头子钱，应该是免役钱的附加税。随后，又下令："诸路公人依缘边弓箭手例，给田募人，其招弓箭手寨地户不用此令。凡系官、逃、绝、监牧等田，不许射买请佃，委本县置籍，估所得租合值价钱，以一年雇钱为准，仍量加优润，以役钱据数拨还转运司。"⑩ 随后诸路监司纷纷用免役头子钱去买田募役，两浙路衢州西安县用

---

① 《文献通考》卷一三《职役考二·历代乡党版籍职役》，第138页。

② 《长编》卷二一七，"神宗熙宁三年十一月甲午"引《食货志》，第5275页；《宋史》卷三二一《钱公辅传》，第10421页。

③ 《长编》卷二二二，"神宗熙宁四年夏四月戊午"，第5399页。

④ 见《宋史》卷二九一《李若谷传附孙李复圭传》，第9743页。其中李复圭任职两浙转运使时间，据明代张国维撰《吴中水利全书》卷一八推算（文渊阁《四库全书》，台湾商务印书馆1986年版，第578册，第656页）。

⑤ 《长编》卷二一八，"神宗熙宁三年十二月乙丑"，第5297—5298页。

⑥ （宋）孙应时纂修、鲍廉增补，（元）卢镇续修：《琴川志》卷六《县役人》，宋元方志丛刊第2册，第1213页下栏。

⑦ （清）毕沅：《续资治通鉴》卷六八"神宗熙宁三年十二月戊寅"，第1695页。

⑧ （宋）孙应时纂修、鲍廉增补，（元）卢镇续修：《琴川志》卷六《县役人》，宋元方志丛刊第2册，第1213页下栏。

⑨ 《长编》卷二五一，"神宗熙宁七年三月乙巳"，第6113页。

⑩ 《长编》卷二五三，"神宗熙宁七年五月辛酉"，第6198页。

缗钱十二万买田，该路转运使王庭老向朝廷报告说，西安县买田的价钱太高，以致用了十二万贯买田才足够支付本县募役之需，这样"既放省税，又失免役、牙税官钱"，会影响到中央到地方各级财政的运转。所以，到熙宁八年（1075）二月，朝廷又规定，"以宽剩钱买田募役，须契勘准灾伤等支用，无得妨阙，其价高处罢买"①。四月，神宗最终下令"罢给田募人充役，已就募人听如旧，其走死停替者勿补"②。进入南宋之后，高宗赵构（1107—1187）在绍兴年间施行顾（雇）役法、助役法以及常平免役宽剩钱法，③ 役法的法令和实施效果相对好些。

总之，宋朝官方特别是地方政府曾采取过不少办法想减轻职役给当役者造成的沉重经济负担，尽管效果不佳或者不能持久，但其中有的思路和具体措施对于民间创办义役田庄有直接的影响。

在官府不能有效解决差役对役户带来的沉重经济负担的情况下，一些乡村的仕族、望族等社会中上层创立了一种新的役法——义役，由当地乡族精英共同捐献田产（或者捐钱买田）、捐赠米粟物等资助当地差役者，由此形成一系列管理规则的差役法，并在此基础上出现了义役田庄。因此，马端临指出，"义役，中兴以来，江、浙诸郡民户自相与诸究之法也"④。

二 义役的产生与义役田产的分布

据《宋会要辑稿》记载，义役之说，起于乾道五年（1169）五月知处州范成大（1126—1193）的奏陈。⑤ 李心传（1166—1243）记述其父李舜臣在知饶州德兴县时曾经"奉诏举行义役事"，也说是起于范成大的建议。⑥ 刘宰也认为"义役肇自括苍"，⑦ 而括苍即是处州的古称。《宋史》

---

① 《长编》卷二六〇，"神宗熙宁八年二月甲申"，第6345页。
② 《长编》卷二六二，"神宗熙宁八年夏四月癸酉"，第6398页。
③ 《江南通志》卷七六《食货志·徭役》转引明人庄元臣编著《三才考略》，文渊阁《四库全书》，台湾商务印书馆1986年版，第509册，第221页。
④ 《文献通考》卷一三《职役考二·历代乡党版籍职役》，第139页。
⑤ 《宋会要辑稿》食货六之二二—二三，第6218页下栏。
⑥ （宋）李心传：《建炎以来朝野杂记》甲集卷七《处州义役（德兴义役）》，第155页。
⑦ （宋）刘宰：《漫塘集》卷二一《游仙乡二十一都义役庄记》，文渊阁《四库全书》，第1170册，第576—577页。

编撰者更是声称义役是范成大创立的。① 但是，实际上义役早在高宗绍兴十九年（1149）就出现了。范成大之举是有榜样的，他说邻县"东阳县有率钱助役者，前婺守吴侯义之为，易乡名，揭碑褒劝，尔与之邻，独无愧乎?"② 义役应该是由汪灌（1107—1173）在两浙路婺州金华县西山乡创立的。③ 这主要是根据吕祖谦（1137—1181）为他写的墓志铭，兹引述如下：

> 役，重事也，于朝廷为大议，于郡邑为大政，于编民为大命，求诸故府，弛张废置之变悉矣。异时或以义役为请，有司方持之，而闾里稍相与约，上不违县官律令，而下以全其族党之欢，其意美甚，然合散作辍，靡克坚定，以予耳目所及，言之久而不败者，独金华西山为然，是乡也，盖有人焉。其姓名字曰汪灌庆衍，阙基创而纪纲之者也。始君以役之病民，聚大姓谋曰："吾乡之人，非父兄则子弟，顾哄于役，瞻恩弛义，为耆老羞职，是嚣竞者追胥科敛之惮耳，率为里正一岁，长短相覆，亡虑费三十万，吾侪盍自实其赀为三等，定着役之差次于籍，众衰金以畀当役者，役之先后，视其籍金之多寡视其等，他日户有升降，则告于众而进退之焉，名虽役，而实仰给于众，尚何惮?"众杂然称善，即日立要束，无违者，既又以衰金之烦也，则众割田百亩庾之，约成，登其书于县，而各藏其副于家，岁三月，乡众咸会，击豕酾酒，旧里正以田授新里正，成礼而退，自绍兴己巳

---

① 《宋史》卷三八六《范成大传》，第11867—11868页。

② （宋）周必大：《文忠集》卷六一《资政殿大学士赠银青光禄大夫范公成大神道碑（庆元元年）》，文渊阁《四库全书》，第1147册，页643。

③ 参考［日］曾我部静雄《宋代财政史》第二编第三章《南宋の役法》（日本东京大安出版社1966年修订本，第199—246页）、周藤吉之《宋代史研究》第七章《南宋における义役の设立とその运营》（第261—304页）、大崎富士夫《宋代の义役》（见广岛文理科大学研究室编《史学研究纪念论集》，日本广岛文理科大学1950年版）、王德毅《南宋义役考》（见氏著《宋史研究论集》，台湾商务印书馆1993年版，第251—294页）、何高济《南宋的义役》［载邓广铭等主编：《宋史研究论文集（一九八二年年会编刊）》，河南人民出版社1984年版，第158—175页］。据笔者所能见到的论著中，周藤吉之与王德毅两位先生注意到汪灌对义役的开创性作用。

（1149）迄于今，几三十年，西山役讼，不至于公门。①

从吕祖谦的记述，我们可以了解到，由于西山乡的里正差役对当役者是沉重的经济负担，因而汪灌召集本乡的大姓精英，商讨共同解决的办法。他们先计算出里正应役一年的花费大约要三百贯钱，再根据各自的家产多少，分为三等，确定差役的顺序，并记录在差役簿上，如果以后户等有升降，则根据实际情况更改应役顺序。他们总共捐出一百亩田作为资助里正差役的公共田产，并制定规约，呈送给县衙门备案，每人各保存一份副本。每年三月，本乡人集合一起，聚餐喝酒，举行新旧里正的交接仪式。金华县西山乡义役田产的确立，标志着宋代共有产权结构又增添了新的典型。

金华县出现义役之后，估计很快就在婺州所属的其他几个县（如东阳县）仿照施行，并逐渐传到周围的处州、衢州等州郡。乾道五年（1169）五月，范成大向朝廷建议之后，义役不仅继续在两浙路的其他州军推广实施，而且也逐渐推广到江西、江东、福建等路分，从而在宋代共有产权结构中增添了一种新的产权内容。换言之，由于宋朝承担乡役者是被朝廷强制当役，为当地民众提供一定的公共产品，而朝廷又没有安排相应的财政支出，以致应役者自己必须蒙受较大甚至是巨大的经济损失，或者无人愿意当役，或者借此侵渔百姓，由此造成困扰民众与朝廷的一大社会问题。在官方无法有效处理的情况下，地方精英、乡族势力出于维护自身利益等种种原因的考量，共同捐助私田或出钱买田给当役者经营，获取收益作为其承役的经济补偿，从而形成义役田产这一新的产权表现形式。

作为宋代共有产权中的一种新形式，义役田庄的来源、所有权、占有权、经营权、收益权以及处置权、继承权等权利束，与前面提到的宗族义庄、助学砥官义庄有相同点，也有不同之处。本书把文献中记载相对清晰的 34 个例子制成表 2-4，以便更好地分析。

---

① （宋）吕祖谦：《东莱集》卷一一《金华汪君将仕墓志铭》，文渊阁《四库全书》，台湾商务印书馆 1986 年版，第 1150 册，第 99—100 页。

表 2-4　　　　　　　　　　宋代共有产权之义役田庄一览

创立者	时　间	建立地点	数　量	义产来源	资料出处
汪灌	绍兴十九年（1149）	两浙路婺州金华县西山乡	田一百亩	众割田百亩，庚之约成	吕祖谦：《东莱集》卷一一《金华汪君将仕墓志铭》，第99—100页
谢谔	约绍兴年间（1131—1162）	江西路临江军新喻县	田亩数不详	不详	《宋史》卷三八九《谢谔传》，第11930—11931页
范成大	乾道五年（1169）五月	两浙路处州松阳县	田三千三百余亩	各出田谷，以助役户，永为义产	《宋会要辑稿》食货六六之二二，第6218页下
董琦	乾道五年（1169）	江东路饶州德兴	田亩数不详	首出田粟倡之，事以时定	朱熹：《晦庵集》卷九三《迪功郎致仕董公墓志铭》，第29页
孙逢吉	淳熙八年（1181）	江西路袁州萍乡县	田亩数不详	与钱市田，教之义役	楼钥：《攻媿集》卷九六《宝谟阁待制献简孙公神道碑》，第1341页
金景文①	淳熙五年（1178）②	两浙路婺州金华县	田亩数不详	割膏腴为义役倡	王柏：《鲁斋集》卷一三《跋金八行家传》，四库本第1186册，第206页
不详	淳熙五年（1178）	两浙路绍兴府龙泉县	田亩数不详	各出义田均给保正、户长，各有亩数，具载砧基。	朱熹：《晦庵集》卷一八《奏义役利害状》，第16页上—17页上

---

①　（元）金履祥：《仁山文集》卷四《亡兄桐阳仲子与瞻甫行状》，文渊阁《四库全书》，台湾商务印书馆1986年版，第1189册，第828—829页。

②　此时间是根据宋末元初金履祥（1232—1303）所撰《仁山文集》卷四《县学立纯孝公祠子孙奉安祝文》（第821页）推算。

创立者	时　间	建立地点	数　量	义产来源	资料出处
陈晔	淳熙七年（1180）	两浙路建德府淳安县	1787亩1角42步①	劝大户出田为义役	罗愿：《罗鄂州小集》卷三《淳安县社坛记》，四库本第1142册，第488页
李舜臣、卓得庆	约淳熙八年（1181）建立，淳祐年间（1241—1252）续建	江东路饶州德兴县	田亩数不详	按民产高下，各使出谷，名曰义庄，募人充户长	《宋史》卷四〇四《李舜臣传》，第12224页；刘克庄《后村先生大全集》卷九六《德兴义田》，第4—5页
陈侯等	淳熙十五年（1188）	江东路徽州婺源县	田亩数不详	以山田为义役田	程洵：《克庵先生尊德性斋小集》卷二《婺源四十都义役关书序》，第154页
施侯	庆元二年（1196）	两浙路绍兴府余姚县	田亩不数详	茅宗愈捐膏腴数十亩倡义役	孙应时：《烛湖集》卷一二《茅唐佐府君墓志铭》，四库本第1166册，第667—668页
陶宣义	庆元五年（1199）	两浙路嘉兴府嘉兴县	田亩数不详	创义役，弭争端。来源不详	周南：《山房集》卷五《陶宣义墓铭》四库本第1169册，第62—63页
程叔达	不详	江东路徽州黟县	田亩数不详	剖私田，倡义役，诸乡效之，其利甚博	杨万里：《诚斋集》卷一二五《宋故华文阁直学士赠特进程公墓志铭》，四库本第1169册，第607页

---

①　天一阁藏明代方志选刊：《嘉靖淳安县志》卷一四《文翰二》，（宋）胡一之：《义役记》，中华书局上海编辑所1965年影印。

创立者	时间	建立地点	数量	义产来源	资料出处
陈傅良	约孝宗时期	两浙路温州瑞安县帆游乡	田亩数不详	割租以行仁义,各以力厚薄,无勉强不得已之色	陈傅良:《止斋集》卷四〇《义役规约序》,四库本第1150册,第816页
葛观	嘉定三年(1220)二月	两浙路平江府常熟县归政乡	田四百三十有八亩,岁计所收三百斛	载盟凡一十七人,捐产者计其赀,受输者董其事,以岁之入赡岁之费	《琴川志》卷一二《役》,第1265页下—1266页下
林从周与子宋卿、齐卿	嘉定五年(1212)淳祐九年(1249)	两浙路台州黄岩县太平乡	田380亩	量户产以鸠田,积余利以置田	黄震:《黄氏日抄》卷八六《台州黄岩县太平乡义役记》,第906—908页
宋钧	嘉定六年(1213)	两浙路严州	田亩数不详	捐官俸买田为催科义庄,以便役者	郑瑶等:《景定严州续志》卷一《仓场库务》,第4356页下
刘宰等	嘉定六年(1213)	两浙路镇江府金坛县游仙乡二十一都	义役庄,田三百亩,山六百亩	市人吕宗恪首捐金以倡,其侄启宗琛等和之,旬日间得钱二百六十缗以酬,张又得八百缗有奇以买地之犬牙相入者;以所没田为助	刘宰:《漫塘集》卷二一《游仙乡二十一都义役庄记》,四库本第1170册,第576—577页

创立者	时　间	建立地点	数　量	义产来源	资料出处
陆子遹	嘉定十一年（1218）	江东路建康府溧阳县	亩三千七百二十有奇	能捐粟者从其便，不能者以官产代充	周应合：《景定建康志》卷四一《田赋志二·蠲赋杂录》第2006页
赵必愿	嘉定十五年（1222）	福建路建宁府崇安县	田亩数不详	力主义役之法，乡选善士，任以推排，入资买田助役，则勉有产之家，有感化者，出己田以倡，遂遍行一邑，上下便之	《宋史》卷四一三《赵必愿传》，第12407页
胡大异	约嘉定十六年（1223）	两浙路婺州金华县	田亩数不详	捐田为义役倡，规画井然。嘉定十六年，诏修复经界，是田几废，君力持之，又赖郡侯相与共守	魏了翁：《鹤山集》卷八○《从义郎胡君墓志铭》
赵崇栗	嘉定年间（1208—1224）	福建路泉州安溪县	田亩数不详	首助以田，从而助谷者四千斛	刘克庄：《后村先生大全文集》卷一百《题跋·安溪县义役规约》
赵氏	淳熙、嘉定年间	两浙路台州黄岩县洪洋乡	田二百亩	衰田结义役	《光绪黄岩县志》卷六《版籍志·徭役篇》
王爝	端平三年（1236）	两浙路平江府常熟县九乡五十都	田地共50522亩1角58步5尺5寸	分委乡官，效率役产	《琴川志》卷六《县役人》，第1215页上

续表

创立者	时间	建立地点	数量	义产来源	资料出处
不详	开庆元年（1259）之前	两浙路明州定海县灵岩乡	义役庄田35亩39步半	不详	《开庆四明续志》卷四《广惠院》，第5976页
杨瑾	端平三年（1236）	两浙路平江府华亭县	26000亩有奇蠲苗1106石有奇，税131贯有奇，折纳绢154匹有奇	纠钱置产，永蠲田税，名曰官田；民岁收租，俾充役费，名曰义庄	顾清：《正德松江府志》卷六《徭役》，第132页，正德七年刊本影印本，成文出版社1983年版。
陈子渊	时间不详	两浙路台州天台县	田亩数不详	倡义田，岁衰其租，里闾和之，民役用苏。集体捐助	魏了翁：《鹤山集》卷七九《天台陈子渊墓铭》，第14页下—15页上
顾义先	时间不详	两浙路庆元府鄞县	田亩数不详	乡为义役，首以膏腴倡之，即为集体捐赠	袁燮：《絜斋集》卷一九《训武郎荆湖北路兵马都监顾君义先墓志铭》，四库本第1157册，第268页
蒋拱等	宝庆二年（1226）	两浙路镇江府金坛县	田亩数不详	舍田各称其力，而不敢有不及；买地以为基，结屋以为庄，缭以墙垣，固其扃鐍，使出纳惟谨，而数易以稽，岁取其赢以买公田，公田有赢，则欲尽归田之出于私家者	刘宰：《漫塘集》卷二三《二十三都义庄记》，四库本第1170册，第605—606页

创立者	时 间	建立地点	数 量	义产来源	资料出处
张震龙	约淳祐元年（1241）	两浙路衢州开化县	田亩数不详	因其赀产之高下，衰金市田	程珌：《洺水集》卷七《开化张氏义役田记》，四库本第 1171 册，第 327—328 页
王华甫，赵处士	淳祐九年（1249）	两浙路台州黄岩县太平乡	大都及三百亩，中二百亩，下百五十亩	约计产百贯，乃鸠田一亩，且约能节贮，其余以别置田	黄震：《黄氏日抄》卷八六《台州黄岩县太平乡义役记》，第 906—908 页
赵处温	淳祐年间（1241—1252）	两浙路台州黄岩县	田 200 余亩，捐废址创义庄。后增至 300 亩	割田为义役，岁课其入买田	《光绪黄岩县志》卷六《版籍志·徭役篇》，《赵处温义庄田后序》，第 428—429 页
赵亥	淳祐年间（1241—1252）	两浙路台州黄岩县	田亩数不详	以旧日入役之租，岁积月累，买田置庄，与众共之，至二十余年而义庄成	《光绪黄岩县志》卷六《版籍志·徭役篇》，《赵亥义庄田跋》，第 429 页
王宝璋	约咸淳六年（1270）	两浙路台州	每都不过二百亩	劝谕上户，各出田供长役之费	黄震：《黄氏日抄》卷七九《义役差役榜》，第 815—816 页

从地域上看，表 2-4 中的 34 例，属于两浙路的有 25 个，占总数的 73.5%；属于江东路的有 5 个，占总数的 14.7%；属于江西路的 2 个，占总数的 5.9%；属于福建路的有 2 个，占总数的 5.9%。如图 2-1 所示。

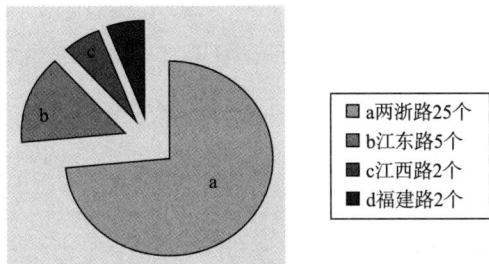

图例：
- a 两浙路25个
- b 江东路5个
- c 江西路2个
- d 福建路2个

图 2 - 1 南宋主要路分义役庄地理分布比例示意图

三 宋代义役田庄的产权分析

从产权的来源来看，义役田产主要来自这几个方面：第一，社会集体捐助，或者直接捐田，或者集资买田，如两浙路金华县西山乡汪灌等大姓捐私田一百亩，以补偿当役里正。也有"入资买田助役"。此类有 20 例，占总数的 58.8%。第二，个人出资购买，如宋钧知严州时，"捐官俸买田为催科义庄，以便役者"。这类有 2 例，占 5.9%。① 第三，由地方官员介入，动用政府的权力按民户资产摊派资金购买义役田产。如杨瑾在秀州华亭县"纠钱置产"，建立义役田庄。② 赵必愿为福建路崇安县知县时，"力主义役之法，乡选善士，任以排推，入资买田助役，则勉有产之家，有感化者，出己田以倡"③。约在咸淳六年（1270），王宝章知台州，"劝谕上户，各出田供长役之费，每都不过二百亩"。这类有 7 例，占 20.6%。④ 第四，由社会集体捐助购田，再以官田补充。如两浙路金坛县游仙乡二十一都的义役田产，先是由吕宗恪等人捐钱购买，其后有官府将没官田拨入充义役田。这类有 2 例，占 5.9%，此外，还有 3 例义役的田产来源不明，占 8.8%。

在所有权方面，义役田一般属于承担相应差役的群体，一般是以"乡"或者"都"为单位。如绍兴己巳年（1149），两浙路婺州金华县西

---

① （宋）郑瑶，方仁荣：《景定严州续志》卷一《仓场库务》，宋元方志丛刊第 5 册，第 4356 页下栏。

② （明）顾清：《（正德）松江府志》卷六《徭役》，第 132 页。

③ 《宋史》卷四一三《赵必愿传》，第 12407 页。

④ （宋）黄震：《黄氏日抄》卷七九《义役差役榜》，第 815—816 页。

山乡汪灌提倡义役，"众割田百亩"，① 则其义役田属于西山乡役户。乾道五年（1169）五月，两浙路"处州松阳县有一两都自相要约，各出田谷，以助役户，永为义产"②。淳祐年间（1241—1252），赵亥"以旧日入役之租，岁积月累，买田置庄，与众共之"③。淳祐四年（1244）九月，两浙路台州黄岩县太平乡新置义役田二百亩，"官不得预，民不得取，殆类天造地设，别有一种闲田"④。这形象地说明了义役田作为共有产权或者集体产权的特性。不过，也有些义役田的所有权有所不同，如端平三年（1236）杨瑾知两浙路平江府华亭县，推行义役，"纠钱置产，永蠲苗税，名曰官田"，则明确将义役田归官府所有。⑤ 嘉熙元年（1237），两浙路平江府常熟县九乡五十都，一共有义役田地"五万五百二十二亩一角五十八步五尺五寸"，"其田并系常平物业"。就是说常熟县的义役田是归两浙路常平司所有。这样做的目的，主要是防范各都"役首"为占义役田的收益而"破坏义役，掩取田租"的行为。⑥

义役大都是以"乡"或者"都"为单位，对义役田的占有权、经营权及处置权，不同的地方有不同的方法与特点，主要有下列几种。

第一，是将义役田直接交给役户自行生产经营。上文提到绍兴十九年汪灌创立义役，把义役田交给当役之户生产经营，每年三月举行仪式，"旧里正以田授新里正"。淳熙年间，朱熹为浙东路提举常平司，巡历绍兴府山阴县时，了解到山阴县推行义役，官府劝谕民众"各出义田均给保正、户长，各有亩数，具载砧基"⑦。这也是将义役田直接拨给当役之户自行经营。据嘉定三年（1210）二月朝奉郎、监登闻鼓院张攀《归政乡义役记》之记载，嘉定三年前后，常熟县归政乡"里正久阙人"，本乡望族葛观倡导义役，"于是，载盟凡一十七人，得田四百三十有八亩，岁计所收

---

① （宋）吕祖谦：《东莱集》卷一一《金华汪君将仕墓志铭》，第99—100页。
② 《宋会要辑稿》食货六六之二二，第6218页下栏。
③ 《光绪黄岩县志》卷六《版籍志·徭役篇》，《赵亥义庄田跋》，第429页。
④ （宋）黄震：《黄氏日抄》卷八六《台州黄岩县太平乡义役记》，第906—908页。
⑤ （明）顾清：《正德松江府志》卷六《徭役》，第123—124页。
⑥ （宋）孙应时纂修、鲍廉增补，（元）卢镇续修：《琴川志》卷六《县役人》，第1214页下栏—第1215页上栏。
⑦ （宋）朱熹：《晦庵集》卷一八《奏义役利害状》，第16页上栏—第17页上栏。

三百斛，捐产者计其赀，受输者董其事，以岁之入赡岁之费，使里无阙政，家无失业，人无竞心，行之当时，而公施之后日而便"①。即捐田者有17人，捐田数量是根据自己的资产多少决定的。

第二，是由专人经管义役田的出租与收入，统筹支付当役之户的费用。比较具有代表性的是嘉熙年间常熟县的义役田庄。据嘉熙二年（1238）刘宰《义役记》记载，常熟县义役庄的产权管理机制是：

> 其都之甚大者什之率，义田以供役之费，建义庄以储田之入。田有砧基，庄有规约，选属都之贤者、能者，曰措置，以提其纲，曰机察，以纠其弊，稽凡费之入于邑者几何，而使吏不得纵给，凡田之系于版帐者几何，而使官不得逞。贵戚之家，毋以声势免，佛老之役，毋以香火辞。产业所隶，毋得以室庐而占诿。②

换而言之，其一，所有的有产者都必须拨出一定数量的田产充当义役田，不管是有声势的"贵戚之家"，还是声称要维护本处香火的寺院、道观。其二，义役田另立砧基簿。其三，义役田由专人掌管，挑选本都"贤者、能者"，义役庄的掌管者称为"措置"，监察者称为"机察"。其四，有相应的规章制度管理义役田产收入的分配与使用、义役田产的交易等。具体内容是根据嘉熙元年（1237）八月尚书省下发给常熟县的《义役省剳》：③

1. 记载常熟县义役田产的总数量以及总收入："本县九乡五十都，今管义役田地共五万五百二十二亩一角五十八步五尺五寸，岁收租米麦共二万四千九百九十八石六斗四升一合一勺。"

2. 规定、常熟县义役田产收入的分配对象与分配办法："随都分大小，分拨与保正长，听其任便收支，以助役费，有余不足，官司更不复干预。"

3. 明确规定常熟县义役田产的产权性质以及产权权利："其田并系常

---

① （宋）孙应时纂修、鲍廉增补，（元）卢镇续修：《琴川志》卷一二《役》，第1265页下栏—第1266页下栏。

② 同上书，第1266页下栏—第1268页上栏。

③ （宋）孙应时纂修、鲍廉增补，（元）卢镇续修：《琴川志》卷六《乡役人》，第1213页下栏—第1217页上栏。

平物业，不许公私典卖，亦不许移易转换，违者，按法坐罪，业还义役庄，钱没官，其助田之家，将来富者不加增，贫者不许取，入仕而免役者不给，还有家道倍进，乐然添助者听，有骤富而素不助田者量助"；"今来见管义田日，后盖不许奸民献纳，官司亦不当收受。有献纳者，则将其人根究，重真于法"。这里我们应该注意到，这是民助而所有权为官有的一个例子。

4. 蠲除吏胥强加给乡役人的各种额外负担，如有违者，允许"役人与机察，纠率众户，经县及经上司理诉，痛与究治"。

5. 建立严格的产权交易监督制度。"本县今将各都新排经界田籍备录一本，印押交付机察谨密收藏。每遇人户典卖田产，并许具状，经县陈乞，送下机察，仰置簿打号，发下保正。役主内系起催夏税以后入状者，即责付新苗，保长内系起催秋苗以后，即责付新税。保长令取责契照及两家砧基，点对保明，类申机察，机察类申本县，送乡夏局，参对官籍移割。其诡名寄产者，缴回元状，不许容情相与为欺。违者，一例坐罪。务要户籍常清，保长可无陪纳之患。"因为役人当役时间的长短是根据户等高低来排定的，而户等高低的主要依据就是资产多寡，所以宋代（尤其是南宋）产权交易要求在交易双方的砧基簿上注明，以及时反映因资产的增减而引起的户等变化，使得差役的种类与时间也要据此作出调整。

6. 制定明确的赋税过割管理制度。"本县自十二月初一日以后受移割夏税状，止正月十五日终，自六月初一日以后受移割秋苗状，止六月终，限满更不受理。"

7. 建立常熟县义役田产的储备与特别资助制度。"本县各都保正长，虽已分拨田租以充役费，而其间穷窄都分，或遇水旱，则役户必难支吾。今将诸郡率到官民户余剩助役钱及拘到端平二年三年不差苗长旧义役米钱，并本县拨到官钱共二万二千三百贯文官会，约可买田八百余亩，可得租米六百余石，别项桩积，于桩积米内斟酌均拨，支付役户，以助其用，申县照会。如宽都偶遇水旱特甚，委是费力，亦与量行给助。如官司忽以借免为由，干预钱米，不许提督容情应副。"

第三，设立义庄经营义役田，收入除去支付给役户的费用之外，盈余用于购买田产，然后逐渐将义役田的原有田产归还捐赠者。这种产权经营办法意在使产权增值，使其作用更有可持续性，这更具经济蕴含。如两浙路台州黄岩县从嘉定五年（1212）知县陈汶开始创立义役，"然法犹未备"。淳祐九年（1249），台州黄岩县知县王华甫"始因旧法更新之，约计产百贯，乃鸠田一亩，且约能节贮，其余以别置田，大都及三百亩，中二百亩，下百五十亩，其入足以当元鸠之数，即还所鸠"①。两浙路镇江府金坛县二十三都在宝庆二年（1226）由蒋拱、蒋雄飞等人捐私田倡导义役，绍定二年（1229）建成义役庄，"岁取其赢以买公田，公田有赢，则欲尽归田之出于私家者"②。咸淳年间（1265—1274）台州知州王宝章也实施类似的做法。其具体内容如下：

> 劝谕上户，各出田供长役之费，每都不过二百亩，而其费有余，即以花利余钱，众买役田，众置之田，既及初约之数，即以元助之田，拨还元助之户，今已成就处名矣，遂得役户，不失元田，不费分文，而役事自有义役庄田雇募长役，人户并不知有役事之扰。③

这是一种三全其美的办法，使官府、役户、义役田的捐赠者都比较满意。官府通过制订产权规则，规定役户与义役田捐赠者所享受的各种产权权利与义务，间接向民众提供了公共产品，也间接向役户提供了一定的产权补偿。而役户代表官府向民众提供了公共产品，并从义役田产获得收益，从而间接获得官府的报酬。就一般的有产民户而言，他们分割了自己部分田产，相当于作为自己享受公共产品付出的购买价格。更为难得的是，有些义役庄经过多年经营，在不影响支付当役人补偿费用外，将结余收益用来继续购买田产，在购买的田产数量超过原来捐赠义役田的总数量时，逐渐把原来捐赠的义役田退还给原主。

在义役田产占有权或使用权的转换方面，每次更换差役人，就把义役田交给新当役户经营，获取收益，作为差役的补偿，直到下一轮差役人当差交接为止。

---

① （宋）黄震：《黄氏日抄》卷八六《台州黄岩县太平乡义役记》，第906—908页。
② （宋）刘宰：《漫塘集》卷二三《二十三都义役庄记》，第605—606页。
③ （宋）黄震：《黄氏日抄》卷七九《义役差役榜》，第815—816页。

在交易权或者处置权方面，上文提到，一般只允许买进田产补充义役田，不允许把义役田拿去出卖、典当、质押与献纳官府。

从其实施效果来看，义役田确实在一定时期内能够发挥给予当役人经济补偿的作用。但是由于产权的相对不确定性，义役田容易被当役人侵占为私田，如"役首欲擅其利，故自破坏义役，掩取田租"，或者"又虑人告发，则或献纳本县板帐库，或献纳常平司，旋即诡名请佃，量纳租钱"①。所以，义役田的实际功效要区分不同情况具体分析。

本章通过对宋代产权类型中共有产权的形式——宗族义田义庄、助学砥官义庄与举子义庄、义役田庄等的个案分析，论述了宋代共有产权的来源及其所有权、占有权、经营权、交易权、处置权等产权权利束的状况。我们发现共有产权的社会属性是通过产权的经济属性来发挥效用的，体现了产权的激励功能；共有产权通过自身的增值，扩大资产（主要是田产）的数量，体现出产权的资源配置功能；同时，对共有产权主体的各种权利与义务的各种规定，体现着产权的约束功能，从而在整体上影响了宋代社会经济的发展；自从宋代倡导与勃兴共有产权之后，还经历了元代继续发展、明代停滞与恢复、清代发展与成熟，② 继续影响民间经济秩序、社会秩序、文化秩序。

---

① （宋）孙应时纂修、鲍廉增补，（元）卢镇续修：《琴川志》卷六《乡役人》，第 1213 页下栏—第 1217 页上栏。

② 王日根：《明清民间社会的秩序》，第 109 页。另参考［韩］田炯权《中国近代社会经济史研究——义田地主与生产关系》（中国社会科学出版社 1997 年版）、李文治和江太新《中国宗法宗族制与族田义庄》的相关论述。

第三章　宋代的私人财产检校制度

产权经济学认为，国家基础结构的创立旨在界定和实施一套产权制度。① 换言之，国家的经济职能之一就是必须制定出一套产权制度，界定、实施以及保护各种产权类型所有者的产权权利，而国家界定和实施产权制度的规则上升到国家意志的高度也就成了法律。科斯认为："法律体系的目标之一就是建立清晰的权利界限，使权利能在此基础上通过市场进行转移与重新组合。"② 当然，他提到的这个"权利"就是指人们的产权权利。在现实生活当中，产权的转移和重组不一定都要通过市场，继承与赠予也可以使产权转移得以完成。

宋代国家注重保护各种类型的产权权利的所有权、经营权、收益权、交易权、处置权、继承权等，并以法令的形式进行规范，对私人财产实行的检校制度是其中一个重要内容。这实际上就是体现了国家界定、裁判的产权权力。

宋代承袭唐五代以来的法律章程，朝廷对各种产权类型的财产在一定条件下产权的分割、转移都可以核查、监管，都可以称之为"检校"。"检校"是检察、核对、纠正的意思。如王偁《东都事略》卷三三《赵镕传》载，太平兴国三年（978）钱俶纳土，宋太宗派遣亲信赵镕去杭州"检校

---

① ［美］道格拉斯·C. 诺思：《经济史中的结构与变迁》，第25页。

② ［美］Ronald H. Coase, The Fedal Communication Commitee, *Journal of Law and Economics*, V2, Oct 1959, pp. 1–40. 收入氏著《企业、市场与法律》，盛洪、陈郁等译校，上海三联书店1999年版，第25—74页。

帑廪",① 即清点并接收吴越国的财物。因为这时候吴越国官库中贮存的所有财物已经是大宋王朝的系官资产了。

对私有财产的检校可以比较清晰地反映出宋代朝廷与诸色人户之间的产权关系。因为，产权在实质上就是人与人之间的利益关系，宋朝国家的产权保护与公正，实际上就是政府根据已有的财产法令，协调各个产权权利主体之间利益关系的行为。

笔者认为，宋代的私人财产检校制度，就是官府在人户出现户绝、父亡男孤幼、命官身亡等情况时，根据宋朝的相关产权法令，对这些人户的资产进行分割重组、监管、委托经营等的产权管理制度。

关于财产检校制度的研究成果相对较少，据笔者所见，只有两篇论文。日本加藤繁于 1927 年发表《论宋代检校库》一文，他认为"检校"的原意是检查、检察，唐代的含义只是兼摄、摄行他官或其他职务，认为宋真宗开始才有财产检校制度。笔者认为，唐代的检校也有检查、纠正的意思，宋代的含义是保管与管理他人财物，估计是他只注意到官职的检校，而没有注意唐代也有财产的检校；他还认为，"除首都开封府外，地方各州已都存在"的检校库主要是保管孤儿的财物，尤其是保管金银现钱，"类似于今天的信托制度"，声称"检校库是在中国十世纪乃至十三世纪左右所实行的一种官营信托"②。李伟国先生《略论宋代的检校库》一文基本上赞成加藤繁的观点，也认为"检校库是宋代为保管遗产、存恤孤幼而设立的信托机关，北宋以后，又成为官营放款机构"，"检校范围，主要限于有相当财产的命官之孤幼，并未推及于贫寒之家"，还指出，检校库"这项制度在国外产生于十四世纪的英国，比我国晚了几百年"③。而郭东旭在研究财产继承时也注意到宋朝政府对孤幼财产的监护，认为宋代对无行为能力人合法权益的监护，"是宋朝私有制高度发展，私有权观念深化

---

① （宋）王偁：《东都事略》卷三三《赵镕传》；《宋史》卷二六八《赵镕传》，第 9225 页。

② ［日］加藤繁：《论宋代检校库》，（日本）《史学》第 6 卷第 3 期，1927 年 9 月，收入氏著《中国经济史考证》第二卷，吴杰译，商务印书馆 1963 年版，第 191—194 页。后面有关加藤繁先生的财产检校论述都是出自这篇文章，不再另外注明。

③ 李伟国：《略论宋代的检校库》，载邓广铭等主编《宋史研究会论文集》（一九八四年年会编刊），浙江人民出版社 1987 年版，第 224—229 页。后面有关李伟国先生的财产检校论述都是出自这篇文章，不再另外注明。

在法律上的表现，充分反映了宋代法律对私有权维护的深化程度"①。在这两篇论文研究的基础上，本章拟从整体上研究宋代的私人财产检校，就其源流及发展、法令变迁、实施过程及影响等方面进行更全面、更准确的论述。

第一节　宋代私人财产检校制度的源流及发展

一　宋代以前的私人财产检校制度述略

家庭财产继承是人类历史上最古老、最具实质内容的经济制度之一，它的产生应该早于国家的产生。摩尔根在研究几个氏族社会中发现，易洛魁人氏族死者的财产转归其余同氏族人所有，一般由其最亲近的亲属分享，在分配方式上，男子死后，其遗产由他的同胞兄弟、姊妹以及母亲的兄弟分享；女子死后，其遗产由她的子女和同胞姊妹而不是由她的兄弟分享。②估计中国氏族社会中的遗产继承方式可能跟这种方式相同或者相似。在中国古代，西周革命，建立宗法分封制，实行宗族共产并按宗法关系分割。商鞅实行变法，使产权私有制逐渐发展，他一方面要求庶民有两个儿子以上的家庭必须析居，否则要"倍其赋"；另一方面，他又鼓励社会各阶层或以军功受爵，或者"僇力本业，耕织致粟帛多者复其身"；"明尊卑、爵秩、等级，各以差次名田宅"③，以法令的形式将产权的权利束向社会各阶层开放，并由此初步形成"诸子平均析产"④ 的继承方式以及身份继承、财产继承等相关法令。秦统一六国后，把这些法令推广到全国各地。进入汉代，家产继承制度更加完善，《户律》⑤、《傅律》⑥、《置后

---

① 郭东旭：《宋代财产继承法初探》，《河北大学学报》1986 年第 3 期，收入氏著《宋代法制研究》，第 499—500 页。
② ［美］路易斯·亨利·摩尔根：《古代社会》，商务印书馆 1977 年版，第 73—74 页。
③ 《史记》卷六八《商君列传》，第 2330 页。
④ 邢铁：《家产继承史论》，云南大学出版社 2000 年版，第 5 页。
⑤ 张家山汉墓二四七号竹简整理小组：《张家山汉墓竹简［二四七号墓］》，第 175—179 页。
⑥ 同上书，第 181 页。

律》① 等法令规定有关身份继承与财产继承的继承人的范围与顺序。② 西汉官府接受父亡孤幼者成年后进行的财产申诉，如宣帝时丞相邴吉处理陈留富家公之遗腹子与其女争产案，以及成帝时沛郡太守何武审理富家公之小妇子与大妇女争产案，③ 这已经有了类似于宋代孤幼财产后续检校的做法。当一些没有男性继承人的宗王以及异姓王侯死后，西汉朝廷削其爵位，收回封地，即所谓"国除入汉"。如西汉胶西王刘端立国 47 年后，因无男，"国除""入汉"，④ 河间哀王刘福⑤、阳平侯蔡义⑥亦是无子而国除⑦；但是也有允许无男嗣后者，可以由朝廷指定嗣子，或由本人养子经朝廷同意，继承本人宗祧。这类似于后世处理户绝资产的做法。这种制度在秦汉之前就有了，如秦昭王太子安国君正夫人华阳夫人无子，以夏姬之子子楚为子，即秦庄襄王。⑧ 不过，这里主要是养同宗子弟为嫡子。到魏晋南北朝时期，上述制度仍然实施，只不过养子范围除了同宗子弟，还可以是外甥、侄子等，但"收养异姓"为子，"礼律不许"，且"子孙继亲族无后者，惟令主其烝尝，不听别籍以避徭役"。⑨ 南朝宋高祖永初二年（421）十月丁酉诏书称："其科户绝及谪止一身者"，提到了户绝现象。北魏孝文帝太和九年（485）的《田令》第一次明确把朝廷以及各级州县如何处理户绝资产的问题写入国家法律之中：

> 诸远流配谪无子孙及户绝者，墟宅、桑榆尽为公田，以供授受。

---

① 张家山汉墓二四七号竹简整理小组：《张家山汉墓竹简［二四七号墓]》，第 182—185 页。

② 参考李均明《张家山汉简所见规范继承关系的法律》，《中国历史文物》2002 年第 2 期；臧知非《张家山汉简所见汉初继承制度初论》，《文史哲》2003 年第 6 期。

③ 两例并见（宋）李昉等《太平御览》卷八三六引应劭《风俗通（义)》，第 3736—3737 页。

④ 《史记》卷五九《五宗世家》，第 2097 页。

⑤ 《汉书》卷三八《高五王赵幽王友列传》，中华书局 1987 年版，第 1989—1990 页。

⑥ 《汉书》卷六六《蔡义传》，第 2899 页。

⑦ 还可以参考《史记》卷一八《高祖功臣侯者年表》（第 877—976 页）、卷一九《惠景间侯者年表》（第 977—1025 页）、卷二〇《建元以来侯者年表》（第 1027—1069 页）、卷二一《建元已来王子侯者年表》（第 1071—1117 页）。

⑧ 《史记》卷八五《吕不韦传》，第 2505—2509 页。

⑨ 《晋书》卷八五《殷仲堪传》，第 2195 页。

　　授受之次，给其所亲；未给之间，亦借其所亲。①

也就是说，朝廷开始注意以法律手段来解决户绝资产的分割问题，因为户绝资产会影响到国家的财政收入与社会的安定局面。

　　唐代在继承前代户绝与孤幼财产制度的基础之上，不断完善法律体系，加强官府对人户户绝资产的监管，这种做法称为"检校"。据《白孔六帖》卷七八《户口版图》载唐代《户令》之《户绝令》云：

　　　　诸身丧户绝者，所有奴婢、客女、部曲、资财、店宅，并令近亲将营葬事及功德外，余并还女，无女均入近亲，官为检校，亡人在日有遗嘱处分，处分明者，不用此律。②

这条法令，在《宋刑统》卷一二《户婚律》③中称为《丧葬令》，宋代《天圣令》卷二九《丧葬令》④中也有这一条，就是文字表述略有不同，并声称是"并因旧文，以新制参定"⑤，说明是有所增删的。仁井田陞先生也把它归到《丧葬令》⑥这一门，但是笔者感到疑惑的是，为什么生活在中晚唐的白居易（772—846）是把这条法令记载为《户令》？是他记载有误，还是在他去世后这条法令才被改为《丧葬令》？这些都有待于以后求证了。不管怎样，这条法令说明，唐代官府是保护产权的正常转移的，包括私有产权的转移，所以当户绝人户没有男性子嗣作为法定继承人，才"官为检校"。仁井田陞把这条法令断为开元二十五年（737），如果这个时间正确的话，说明唐代前期就有私人财产检校制度了。

　　《文苑英华》卷五五四《国城官宅墙井门三十二道·宅判》云：

---

　　①　《魏书》卷一一〇《食货志》，第2855页。
　　②　（唐）白居易、（宋）孔传：《白孔六帖》，文渊阁《四库全书》，台湾商务印书馆1986年版，第892册，第288页。
　　③　（宋）窦仪等：《宋刑统》，第116页。
　　④　《天一阁藏明钞本天圣令校证》，第208页。
　　⑤　同上书，第209页。
　　⑥　［日］仁井田陞：《唐令拾遗·丧葬令卷第三十二》，日本东京大学出版会1983年复刻版，第835页。

洛阳县人晁谚，先蒙本县给同乡人任兰死绝宅一区，又被兰女夫郭恭理诉。此宅县断还谚，州断还女。谚不伏。

对

任兰幸逢昌运，得齿齐甿，钦奉太和，庶延遐寿。岂谓梦琼残喘，奄就飘零，连石余辉，遽闻遒尽。但以庭虚谢玉，掌绝韦珠，同伯道之无儿，类伯偕之辍嗣。孟轲五亩，竟阙承基；扬雄一区，俄从别授。县司以女既出嫁，判给晁谚之家；州司以宅是见财，断入郭恭之妇。宅及资物，女即近亲，令式有文，章程宜据。①

这道判词说的是，洛阳县人任兰死后无子继嗣，有一女嫁给郭恭为妻，即为户绝。县衙把任兰的一区住宅分给了他的同乡人晁谚，任兰女儿的丈夫郭恭不服，向县衙提起诉讼。县衙以任兰的女儿已经出嫁为理由，判她不该得其父住宅。郭恭再向州衙上诉，州衙则改判给郭恭之妻。判词作者认为州衙的判决是正确的，称"令式有文，章程宜据"，就是认为根据上引《户令》（或云《丧葬令》），户绝人的住宅及营葬功德后剩余的资财，有女儿的，给女儿（未规定是在室女还是出嫁了），没女儿的，才给近亲。所以任兰的女儿虽然出嫁了，仍可以获得其父的遗产。

唐后期，朝廷对户绝法令作了增补，包括对户绝的女儿婚嫁状况作出明确规定，加大官府对户绝财产给付的监管等。据《宋刑统》记载：

准唐开成元年（836）柒月伍日敕节文，自今后如百姓及诸色人死绝，无男空有女已出嫁者，令文合得资产，其间如有心怀觊望、孝道不全、与夫合谋有所侵夺者，委所在长吏严加纠察，如有此色，不在给与之限。②

––––––––––––––––––

① （宋）李昉等：《文苑英华》卷五四四《国城官宅墙井门三十二道·宅判》，中华书局1966年影印本，第2777页下栏—第2778页上栏。另见（清）董诰等《全唐文》卷九八〇，佚名《对宅判》，中华书局1983年影印本，第10145页。两者文字略同，惟《全唐文》开头为"洛阳人"，缺一个"县"字；另外，两者格式也不相同。
② （宋）窦仪等：《宋刑统》卷一二《户婚律》，第116页。

由此可知户绝"无男空有女已出嫁者"可以依法继承部分财产。这段敕节文表明，唐朝政府希望通过产权的激励来改变社会上不尽孝道的不良风气。

除了检校户绝人户的财产，唐代也有孤幼财产的检校，主要是对身故功臣家产的检校。某位功臣过世后，由于其后代年幼，不能独立掌管财产，其产业就存在比较大的损失风险。为了表示对功臣之家的关怀，朝廷一般会派遣一名官员，专门检校其财产，等到数年后，功臣的后代成年有能力自己掌管财产时，才结束检校。例如，《旧唐书》卷八四《裴行俭传》云：

> 永淳元年（682年），十姓伪可汗车薄反叛，诏复以行俭为金牙道大总管，率十将军以讨之。师未行。其年四月，行俭病卒，年六十四，赠幽州都督，谥曰献。特诏令皇太子差六品京官一人检校家事，五六年间，待儿孙稍成长日停。①

朝廷"差六品京官一人检校家事"，主要就是保护其家产不被外人侵夺，或者被其年幼的子孙随意挥霍。

唐代对在旅途中死亡而一时找不到其亲属的国内外商人的财产，也有类似的代管规定。唐《主客式》云：

> 诸商旅身死，勘问无家人亲属者，所有财物随便纳官，仍具状申省，在后有识认勘当者，灼然是其父兄子弟等，依数却酬还。②

法令规定，如果州县发现商旅客死他乡，身边没有亲人的，要将死者的财物就近寄存官府，地方官府要上报尚书省，日后如果有其亲属来认领，经核实无误，如数交还他们。《主客式》应该是唐前期制定的法令。后来，唐文宗大和五年（831）二月三十日敕节文与大和八年（834）八月二十三日敕节文又有如下补充规定：

---

① 《旧唐书》卷八四《裴行俭传》，中华书局1975年版，第2804—2805页。
② （宋）窦仪等：《宋刑统》，第116页。

（1）规定境内外身死商人财产的法定承分人为父母、嫡妻男、亲兄弟、亲侄男、在室女以及在室姊妹；

（2）规定境内外死商财产的寄存认领程序。如果商人去世时身边有承分人，则不用在官府寄存；有承分人而不能即时看管，则其财货由官府代管，死商的财产承分人要携带本地官府开具的身份证明文书，到寄存处认领；

（3）规定境内外死商财货的分割方式。如果是其法定承分人中的父母、嫡妻男、在室女以及一起居住的亲兄弟、亲侄男来认领，则死商的全部财产给还，如果只有妻子但是没有后代的，或者是只有在室亲姊妹的，只给死商剩余财产总额的三分之一，如果是只有"亲兄弟、亲侄男不同居，并女已出嫁兼乞养男女"，死商的财货全部不还，官府没收。①

五代沿袭了唐朝的财产检校制度。后唐天成元年（927）十二月二十七日御史台的一道奏状称："奉敕，今后文武两班及诸司官吏，并诸道经商客旅，凡有丧亡，即准台司所奏故事施行。"② 这个所谓"故事"，就是后唐以前的法律制度，即是唐代的财产检校制度。后周世宗柴荣（921—959）对处理"死商钱物"的法令再作修订。《宋刑统》卷十二《户婚律》云：

> 准周显德伍年（958）柒月柒日敕条，死商财物，如有父母亲、祖父母、妻，不问有子、无子及亲子孙男女，并同居大功以上亲幼小者，亦同成人，不问随行与不随行，并可给付，如无以上亲，其同居小功亲（原注：释曰：大功、小功亲具在《假宁令》后五服制度令内）及出嫁亲女，叁分财物内，收壹分均给之，余亲及别居骨肉不在给付之限，其蕃人、波斯身死财物，如灼然有同居亲的骨肉在中国者，并可给付，其在本土者，虽来认识，不在给付。③

周世宗这道敕令扩大了上述唐大和年间两道敕令关于死商钱物承分人的范

---

① （宋）窦仪等：《宋刑统》卷一二《户婚律》，第116—117页。
② （宋）王溥等：《五代会要》卷八《丧葬上》，中华书局1998年版，第101页。
③ （宋）窦仪等：《宋刑统》卷一二《户婚律》，第117页。

围，规定：（1）只要是身死商人的父母亲、祖父母、妻子，"不问有子、无子及有没有亲子孙男女并同居大功以上亲幼小者，亦同成人，不问随行与不随行，并可给付"，这里，"大功"是指堂兄弟、在室堂姊妹、庶孙男女、出嫁女、出嫁姑姊妹等①；（2）如果没有以上亲属，一起居住的"小功"②亲属以及出嫁的亲生女儿，不管随行与不随行，所有人获得死商剩余财产总额的三分之一进行均分，其他亲属以及不在一起居住的亲人则不享受承分人资格；（3）对于波斯等境外商人身死财物，如果经核查死者确实有在中国境内居住的亲生骨肉，全部财物都可以给他们；如果死者的亲生骨肉居住在其本国，即使是他们来中国认领财物，也不能给他们，由中国官府没收。

总的看来，唐五代制定了官府检校户绝财产令，也确实加以实施，并不断有所修订，使其更加合理。宋代孤幼财产检校的对象不仅包括一般的民众，还包括赵宋皇室宗枝、功臣与旧世家财产检校、孤幼财产检校等在内的各种财产检校制度，其中不少是私人财产检校。这体现了宋代产权的经济属性与社会属性的统一，也表现出国家在产权的保护与公正方面应该发挥关键作用。

二　关于宋代私人财产检校制度的若干辨析

如前所述，加藤繁认为宋代的"检校库在宋真宗时代已经存在，而且除首都开封府外，地方各州已都存在了"，并举咸平五年王子舆的例子，认为王子舆家人寄放钱物的楚州官库就是检校库。李伟国也举王子舆例子认为检校财物"这类事始见于真宗咸平时"，但却指出"原文未叙及'检校库'之名，从'上怜而许之'的话来看，由朝廷保管命官孤幼财产，当时尚未形成制度，而只是一种临时处置办法"，并举宋仁宗庆历四年柴宗庆的例子说明检校孤幼财产是在仁宗时形成的。笔者以为，两位先生的观点都有偏颇之处，不尽符合史实。

前面已指出，宋代私人财产检校制度是厘革唐五代之制而来的。《宋

---

① 《天一阁藏明钞本天圣令校证·丧葬令卷第二十九》附《丧服年月》，第215—217页。
② 同上书，第217—220页。

刑统》卷十二《户婚律·户绝资产》有比较详细的说明：

> 准《丧葬令》，诸身丧户绝者，所有部曲客女奴婢店宅资财，并令亲亲依本服，不以出降。转易货卖，将营丧事，及量营功德之外，余财并与女，户虽同，资财无别者，亦准此。无女均入以次近亲，无亲戚者，官为检校，若亡人在日自有遗嘱处分、证验分明者，不用此令。
>
> 准唐开成元年（836）柒月伍日敕节文，自今后如百姓及诸色人死绝，无男空有女已出嫁者，令文合得资产，其间如有心怀觊望、孝道不全、与夫合谋有所侵夺者，委所在长吏严加纠察，如有此色，不在给与之限。
>
> 臣等参详，请今后户绝者，所有店宅、畜产、资财，营葬功德之外，有出嫁女者叁分给与壹分，其余并入官，如有庄田，均与近亲承佃，如有出嫁亲女被出及夫亡无子并不曾分割得夫家财产入己、还归父母家后户绝者，并同在室女例，余准令敕处分。①

这条法令可以名为《建隆户绝资产令》。这条律令的由来说明，唐《户令》之《户绝令》（或是仁井田陞所说的《开元丧葬令》）解决了唐前期户绝资产的处理问题；《开成丧葬敕》稍作补充，以适应唐后期户绝资产的处理需要。颁布于建隆四年（963）八月二日的《宋刑统》，对户绝财产分割规定得更加具体：除了营葬功德之外，所有店宅、畜产、资财，在室女及回室女（即后面的归宗女）三分给与一分，其余入官，田产均分给近亲承佃，其所有权的归属似乎不太明确。宋《天圣丧葬令》② 则重申了唐《户令》之《户绝令》的资产分割原则。

宋代关于检校孤幼财产的法令最早见于太平兴国二年（977）五月丙寅的《继母杀伤夫前妻子及妇以杀伤凡人论诏》：

> 刑辟之设，盖厚于人伦。孝慈所生，实由乎天性。矧乃嫡继之

---

① （宋）窦仪等：《宋刑统》卷一二《户婚律·户绝资产》，第116页。
② 《天一阁藏明钞本天圣令校证·丧葬令卷第二十九》，第208页。

际，固有爱憎之殊，情或可原，法难共贯。今后继母杀伤夫前妻之子及其妇，并以杀伤凡人论。尝为人之继母，而夫死改嫁者，不得占夫家财物，当尽付夫之子孙。子孙幼者，官司检校，候其成长，然后给之，违者以盗论。仍令有司，颁行天下。①

这条诏令我们不妨称之为《太平兴国孤幼财产检校令》。对此《长编》卷十八"太宗太平兴国二年五月丙寅"也略有论述，其案例是来自陕西路泾州的继母杀伤夫前妻子及妇一案。由此可见，宋初孤幼财产检校制度的主要内容："子孙幼者，官司检校，候其成长，然后给之，违者以盗论。"所以笔者认为，宋代的检校孤幼财产制度开始于太宗太平兴国二年（977）五月，而不是真宗咸平五年（1002）。而且李伟国先生所举的柴宗庆例子虽然属于户绝资产检校，但由于他的女儿年纪太小，所以又包含孤幼财产检校，部分适用孤幼资产检校令（即为后文提到的复合式财产检校）。

至于检校孤幼财产的制度化，李伟国先生的看法是正确的，要以检校库的正式建立为标志，不过他说的检校库出现的时间及证据可能有误。据笔者所见，检校库最迟在庆历二年（1042）之前就有了。强至（1022—1076）《祠部集》卷三四《龙图阁直学士朝散大夫给事中充同群牧使兼知审官东院权发遣开封府事上柱国陇西郡开国侯食邑一千二百户食实封四百户赐紫金鱼袋李公行状》云：

> ……公讳中师，字君锡，姓李氏，其先博平人，……既冠，中景祐元年进士第，类得补幕职，便母夫人边氏养傀，就广德军广德县主簿，……居无何，以母丧去官，服除，用制置发运使举，以真州军事判官监蕲州蕲口镇都盐仓。课上，改大理寺丞、知开封府鄢陵县。……已而，辟公管勾本府检校库，宰相荐公文章，召试入等充集贤校理、判太常院。……②

---

① 佚名：《宋大诏令集》卷二〇〇《继母杀伤夫前妻子及妇以杀伤凡人论诏》，第 740 页。

② （宋）强至：《祠部集》卷三四《龙图阁直学士 朝散大夫 给事中充同群牧使兼知审官东院 权发遣开封府事 上柱国 陇西郡开国侯 食邑一千二百户食实封四百户 赐紫金鱼袋李公行状》，丛书集成初编本，上海商务印书馆 1935 年版，第 528 页。

按强至所说，这个"李公"即李中师（1015—1075），中景祐元年（1034年）进士第。如果当年出官为广德县主簿的话，任满三年，又母丧服阕三年，又监蕲州蕲口镇都盐仓三年，大约在庆历二年（1042）知开封府鄢陵县，不久，被开封府知府辟为管勾开封府检校库，有一位"宰相"推荐他成为"集贤校理、判太常院"。那么，这位宰相是谁呢？考《宋史》卷三三一《李中师传》云："李中师字君锡，开封人。举进士，陈执中荐为集贤校理、提点开封府界。"① 可知这位宰相即是陈执中（990—1059）。他在庆历四年（1044）五月被任命为集贤相，当时的职务为行尚书工部侍郎、同中书门下平章事兼枢密使、集贤殿大学士。② 陈执中以集贤相推荐李中师为集贤校理，应为顺理成章之事，即李中师管勾开封府检校库应该在庆历二年到四年（1042—1044）之间，由此推知，开封府检校库最迟在庆历二年（1042）之前就设立了。

必须指出的是，被官府检校的孤幼财产之寄存地，北宋时期只有开封府才是检校库，地方州军则是军资库。加藤繁认为，宋代地方各州都有检校库，说王子舆女儿的资产存放在楚州的官库也是检校库，这显然是错误的。宋代地方州军最重要的仓库是军资库，③ 王明清（1127—1214?）《挥麈余话》卷一云：

> 一州税赋、民财出纳之所，独曰军资库者，盖税赋本以赡军，著其实于一州官吏与帑库者，使知一州以兵为本，咸知所先也。④

既是民财出纳之所，而且这种功能的仓库只有一个，因而"独曰军资库"，那么人户检校财产寄存在这里，也是理所当然的。所以王子舆女儿存放资产的楚州官库应该就是军资库，地方州军并无检校库。

---

① 《宋史》卷三三一《李中师传》，第 10644 页。
② 佚名：《宋大诏令集》卷五四《陈执中拜集贤相制》，第 275 页。
③ 苗书梅：《宋代军资库初探》，《河南大学学报》1996 年第 6 期。
④ （宋）王明清：《挥麈余话》卷一《祖宗兵制名枢廷备检》，丛书集成初编本，上海商务印书馆 1936 年版，第 915 页。

至于检校库的性质是否为官营信用机构，由于涉及检校库的管理体制问题，笔者将在下文具体论述。简单地说，检校库只是孤幼财产的管理经营机构，检校期结束后，官府必须把孤幼检校财产归还给被检校人，并非信托机关，更不是官营放款机构，估计李伟国先生是把属于检校库的抵当所等同于检校库了。①

综上所述，笔者认为，宋朝孤幼资产检校制度是沿袭唐五代的制度遗产而来的，始于太宗太平兴国二年（977），而不是真宗咸平五年（1002）。这些被官府检校的孤幼财产，开封府寄存在本府检校库，地方州军则存放在军资库。

第二节　宋代私人财产检校的法律变迁
——户绝资产检校法令与孤幼财产检校法令

如上所述，宋代私人财产检校制度是指各种人户出现户绝、父亡男孤幼、命官身亡家贫等情况时，由地方官府依照法令，核查并管理人户家产，并根据各种不同情况制定不同财产裁决的产权管理制度。从内容上看，可以分为户绝财产检校、孤幼财产检校。而可考的法律条文，主要是有户绝资产检校法令与孤幼财产检校法令，本节即述其法律变迁。

一　户绝资产检校法令之变迁

户绝财产检校是以《户绝条贯》为主要法律依据处理户绝资产的产权管理制度。《唐律疏议》卷十二《户婚律》云："无后者，为户绝。"即一户人家的男性家主去世时，既没有嫡子、庶子、养子，又没有嫡孙、庶孙、养孙来继承家产，称为户绝。由于没有男性继承人继承其资产，其资产的分割与转移必然会引起多方的争议，可能会出现各种财产纠纷，所以宋朝官府对此相当重视，正如宋人李新说："惟户绝之法，朝廷行之，最

---

① 《宋会要辑稿》职官二七之六四，第2968页。

为周密。"①

以唐代以来的户绝法令为框架,《宋刑统》卷十二《户婚律》之《户绝资产》条对宋以前户绝法令进行了一次总结,作为宋代建国之初处理私人财产法令的主要内容之一。随着社会的发展,宋朝廷形成专门的《户绝条贯》,对户绝资产的处理作出了比较详细的规定。《宋会要辑稿·民产杂录》食货六一之五八载:

> [仁宗天圣] 四年(1026)七月,审刑院言:"详定《户绝条贯》,今后户绝之家,如无在室女,有出嫁女者,将资财、庄宅、物色,除殡葬营斋外,三分与一分,如无出嫁女,即给与出嫁亲姑姊妹侄一分,余二分,若亡人在日亲属及入舍婿、义男、随母男等,自来同居营业、佃莳,至户绝人身亡及三年已上者,二分店宅、财物、庄田并给为主,如无出嫁亲姑姊妹侄,并全与同居之人,若同居未及三年及户绝之人孑然无同居者,并纳官,庄田依今文均与近亲,如无近亲,即均与从来佃莳或分种之人承税为主,若亡人遗嘱,证验分明,依遗嘱施行。"从之。②

此条令我们可以名为《天圣户绝条贯》。它在《建隆户绝资产令》的基础上增补了如下内容:

(1)如果没有在室女承分,出嫁女可以得除殡葬营斋费用之外的所有"资财、庄宅、物色"的三分之一,简称出嫁女法;

(2)如果既无在室女,也无出嫁女,那么这三分之一财产给"出嫁亲姑、姊妹侄",简称亲姑姊妹侄法;

(3)至户绝人身亡时,跟身亡人一起居住、佃莳达到三年以上的"亲属及入舍婿、义男、随母男等",剩余"二分店宅、财物、庄田并给为主",或称同居人法;

(4)如果以上三种情况都不存在,或者是跟户绝人同居不到三年的,

---

① (宋)李新:《跨鳌集》卷二二《与家中孺提举论优恤户绝书》,文渊阁《四库全书》,台湾商务印书馆1986年版,第1124册,第589页。

② 《宋会要辑稿》食货六一之五七,第5902页。

或者是户绝人单身无同居者的，所有剩余的财产官府没收，即官府没收法；

（5）户绝人庄田依条均分给近亲，如果没有近亲，分给一直佃莳或分种之人，但他们必须承担相应的纳税义务，即户绝庄田均分法；

（6）经检验合法的遗嘱有效，即遗嘱法。

可以看出，《天圣户绝条贯》扩大了分割户绝资产的群体，也可以说朝廷扩大了户绝资产的产权权利束，以保持甚至增加产权的经济效率，并且要使这些资产的应征税收不致流失。

户绝田产本来是不在户绝者近亲之间均分的。王应麟（1223—1296）《玉海》卷一八四《食货》云，"祖宗以来，天下户绝田皆估价，以钱入官。"[①] 据《宋会要辑稿·民产杂录》食货六一之五七记载：

> ［天圣］元年（1023）七月敕，户绝庄田检覆估价，晓示见佃户依价纳钱，竭产买充永业，或见佃户无力，即问地邻，地邻不要，方许无产业、中等以下户全户收买。[②]

这规定的是买卖户绝田的具体方式，即地方官府定价，朝廷派人核实，然后先问现耕佃户，佃户不买或无力购买，再问"地邻"即与户绝田相邻的田主，地邻也不买，才允许"无产业、中等以下户全户收买"。但是这个法令刚出台不久，开封府东明各县就在户绝申状中提及，户绝人如果有同居营业、佃莳者，他们耕作这些田地已久，一旦被他人购买这些田地，就要流离失所，国家的赋税也会受到影响。因此，当年八月，秘书丞、知开封府司录参军事张存提出如下解决方案：

> 应义男、接夫、入舍婿并户绝亲属等，自景德元年已前曾与他人同居佃田，后来户绝，至今供输不阙者，许于官司陈首，勘会指实，除见女出嫁依元条外，余并给与见佃人改立户名为主，其已经检估

---

① （宋）王应麟：《玉海》卷一八四《食货·田制》，文渊阁《四库全书》，第947册，第713页。

② 《宋会要辑稿》食货六一之五七，第5902页。

者，并依元敕施行。①

这个方案得到朝廷的批准。上面提到的《天圣户绝条贯》第五条的户绝庄田均分法就是重申天圣元年八月张存的方案。此后，户绝庄田均分就成为户绝资产法令的一个基本原则。

随后不久，宋朝廷又对富豪户绝资产的分割法令做了补充。据《宋会要辑稿》记载云：

> （仁宗天圣五年，1027）四月，诏："条贯户绝财产律令格敕及臣僚起请甚多，宜令礼部员外郎知制诰陈琳、工部郎中龙图阁待制马宗元与审刑院大理寺同检寻前后条贯，子细详定闻奏。"今详前敕，若亡人遗嘱证验分明，并依遗嘱施行。切缘户绝之人有系富豪户，如无遗嘱，除三分给一及殡殓营斋外，其余店宅、财物，虽有同居三年已上之人，恐防争讼，并仰奏取指挥，当议量给同居之人，余并纳官……②

这条法令我们可命名为《天圣富豪户绝资产令》。按规定，富豪户绝财产的分割，除了殡殓营斋费用以及在室女、出嫁女、亲姑姊妹侄等分得三分之一之外，剩余的三分之二没有全部给予同居人，而是由官府"议量"给予一部分，其余的没官。这是对上述"同居人法"的修改，增加了官府分割富豪户绝财产的份额。

另外，在《宋刑统》卷十二《户婚律》之《卑幼私用财》条中，《户令》规定，寡妻妾可以承夫分，但是如果再嫁，其前夫财产不许带走，要按照户绝法没官处理。③ 大中祥符二年（1009）五月，针对"民有户绝而妻鬻产适他族"的情况，真宗下令"令以产业给见主，纳估钱支与存者"。④ 针对寡妻妾招夫入门的情况，真宗颁布了一条"寡妻户绝"敕令。

① 《宋会要辑稿》食货六一之五七，第 5902 页。
② 《宋会要辑稿》食货六一之五八，第 5902 页。
③ （宋）窦仪等：《宋刑统》卷一二《户婚律·卑幼私用财》，第 116 页。
④ 《续资治通鉴长编》卷七一，"真宗大中祥符二年五月戊寅"，第 1609 页。

《宋会要辑稿·民产杂录》食货六一之五八云：

> 妇人夫在日已与兄弟伯叔分居，各立户籍之后夫亡，本夫无亲的子孙及有分骨肉，只有妻在者，召到后夫同共供输，其前夫庄田且任本妻为主，即不得改立后夫户名，候妻亡，其庄田作户绝施行。①

这里的"后夫"也称为"赘婿"。这条法令我们或可以称之为《天禧赘婿法》。

不过，由于法令对寡妻后夫的应尽义务没有明确的约束，有些比较狡猾的后夫赘婿，或者瞒着妻子用妻子的名义变卖家产，把卖产所得归自己；或者用变卖所得，购置产业，立自己为户主，以致官府在寡妻亡后得不到户绝田产。也有寡妻卖产之后再嫁的。这些都是违反法令的行为，朝廷虽然多次要求地方州军以及乡都人吏监督，但效果一直不理想。

仁宗宝元元年（1038）河东路忻州地震②、神宗熙宁七年（1074）成都府路汉州灾伤③、元丰二年（1079）成都府路疾疫④，此类重大灾疫都造成一定的户绝，地方监司与州军一般是出卖户绝田产来安葬这些灾疫绝户。为了规范灾疫户绝资产的处理，元丰二年（1079）冬十月己酉，根据成都府路转运副使、司封郎中李之纯的奏议，神宗下令说，当出现因地震、灾伤、疾疫等自然灾害造成的绝户需要安葬时，"括户绝产未售者与死而未瘗者，命吏分瘗，调度出府库钱，不足，以常平钱佐之，售其产以偿"，"著为令"。⑤ 这我们可以称为《元丰灾疫户绝丧葬令》。

神宗时期，朝廷也注意保护户绝资产的流落在外"不知存亡"的"有分人"的应得产权。《续资治通鉴长编》卷二五〇"神宗熙宁七年（1074）二月甲申"条云：

> 诏："户绝有分人在外不知存亡者，官为录其财产，其不可留者

---

① 《宋会要辑稿》食货六一之五七，第5902页。
② 《续资治通鉴长编》卷一二二，"仁宗宝元元年十一月乙未"，第2883页。
③ 《续资治通鉴长编》卷二九六，"神宗元丰二年二月甲寅"，第7210页。
④ 《续资治通鉴长编》卷三〇〇，"神宗元丰二年冬十月己酉"，第7311—7312页。
⑤ 同上书，第7312页。

鬻之，俟其归给付。"①

按此规定，如果符合分割绝产的"有分人"不在场，又不知其存亡与否，官府应把这些人的应分财产登记在册，不便保存的，则出卖为钱，等到这些"有分人"回去后再给付。这也是宋代朝廷加强保护私有产权的又一表现。

哲宗时期，宋廷又对户绝条贯中诸女继承分割资产做了比较明确的补充。《续资治通鉴长编》载：

> ［哲宗元符元年（1098）八月丁亥，］户部言："户绝财产尽均给在室及归宗女。千贯已上者，内以一分给出嫁诸女。止有归宗诸女者，三分中给二分外，余一分中以一半给出嫁诸女，不满二百贯给一百贯，不满一百贯全给。止有出嫁诸女者，不满三百贯给一百贯，不满一百贯亦全给，三百贯已上三分中给一分。已上给出嫁诸女并至二千贯止，若及二万贯以上，临时具数奏裁增给。"从之。②

这份《元符户绝资产令》比起《天圣户绝资产条贯》中关于女性继承权的规定更加全面、精细。在分配主体方面，增加了"归宗女"一项，并对"在室女""出嫁女"与"归宗女"分割户绝资产的具体数额，折算成钱贯，做了比较详细的规定：

（1）户绝资产为 1000 贯以上的，在室女与归宗女得三分之二，至少在 660 贯以上，出嫁诸女得三分之一，至少在 330 贯以上；

（2）如果只有归宗女、出嫁女而无在室女，归宗女得三分之二，出嫁女得六分之一，剩余六分之一可能是没官，如果户绝资产总额在 600 贯以下，出嫁女得 100 贯，如果总额在 300 贯以下，出嫁女得三分之一；

（3）如果没有在室女、归宗女，只有出嫁女，户绝资产总额在 100 贯以上 300 贯以下的，出嫁女得 100 贯，总额在 100 贯以下，全部给出嫁女，

---

① 《续资治通鉴长编》卷二五〇，"神宗熙宁七年二月甲申"，第 6097 页。
② 《续资治通鉴长编》卷五〇一，"哲宗元符元年八月丁亥"，第 11935 页。

总额在 300 贯以上的，出嫁女得三分之一，即 100 贯以上；

（4）一个基本原则是当户绝资产在 12000 贯以下时，由地方州县主持分割，出嫁女所分割的总贯数为总额的六分之一，至 2000 贯；

（5）当户绝资产总额达到 20000 贯时，要临时向朝廷申奏，具体分割数量由朝廷决定增加多少。

最后这一条应该与前面的《天圣富豪户绝资产令》的原则是一致的。我们也可以据此推知，《天圣富豪户绝资产令》中"富豪"的资产标准是 20000 贯以上。

但是，这里还存在一个疑问：如果户绝资产总值在 12000 贯到 20000 贯之间的该怎样处理？我们可以设想一下，如果把《元符户绝资产令》第四款出嫁女分割总额由"二千贯"改为"三千贯"的话，总额为 18000 贯，这就比较接近令文中 20000 贯的标准了。笔者估计，这里应该是点校者的错误，误将"三千贯"改为"二千贯"。果然，笔者在《续资治通鉴长编》第 33 册卷五〇一第 11947 页的"校勘记"注释［一二］中看到，其说明为："'已上给出嫁诸女并至二千贯止'，阁本'二'作'三'。"点校者所说的"阁本"系指"文津阁"本，[①] 笔者无法得见，只好对照跟"文津阁"本同源的文渊阁《四库全书》中《续资治通鉴长编》同卷同条，该书也的确是记为"已上给出嫁诸女并至三千贯止"。[②] 所以这条应该以此为准。除了这个版本，我们还可以参考《宋史》的记载：

> 孝宗究心庶狱，每岁临轩虑囚，率先数日令有司进款案披阅，然后决遣。法司更定律令，必亲为订正之。丞相赵雄上《淳熙条法事类》，帝读至收骡马、舟舡、契书税，曰："恐后世有算及舟车之讥。"《户令》："户绝之家，许给其家三千贯，及二万贯者取旨。"帝曰：

---

① 《续资治通鉴长编》点校说明，第 3 页。

② （宋）李焘：《续资治通鉴长编》卷五〇一，文渊阁《四库全书》，台湾商务印书馆 1986 年版，第 322 册，第 596 页。另见［日］高桥芳郎《"父母已亡"女儿的继承地位——论南宋时期的所谓女子财产权》（原载《东北大学东洋史论集》第六辑，1995 年，中译文见川村康主编《中国法制史考证》丙编第三卷《日本学者考证中国法制史重要成果选译：宋辽西夏元卷》，中国社会科学出版社 2003 年版，第 316—343 页）也引用了这条材料，但是并没有注意到其中的错误。

"其家不幸而绝，及二万贯乃取之，是有心利其财也。"……①

首先必须指出，据王应麟《玉海》卷六六《诏令·律令下》之"淳熙条法事类、条法枢要"条所记载，赵雄（1129—1193）所上的并不是《淳熙条法事类》，而是《（淳熙）重修敕令格式》，时间为淳熙四年八月三日戊子（1177 年 8 月 28 日），宋孝宗就是在这个时候删除这条法令给户绝资产的最高限额，到淳熙七年五月二十八日（1180 年 6 月 21 日）才重新改编成《淳熙条法事类》。② 孝宗看到的《户令》中的《户绝资产令》，仍然是"许给其家三千贯，及二万贯者取旨"的标准。这也说明上述《续资治通鉴长编》卷五〇一应为"已上给出嫁诸女并至三千贯止"，足以证明笔者的推断是正确的。这也说明在哲宗元符元年八月丁亥（1098 年 9 月 6 日）到孝宗淳熙四年八月三日戊子（1177 年 8 月 28 日）之间一直实行这一标准。

哲宗时期也对赘婿等户绝同居人的产权权利进行了修改和增补，逐渐注重保护同居人经营户绝资产的产权增值。在出现户绝时，赘婿等户绝同居人也可以享有并分割一定的财产份额。据《宋会要辑稿》食货六一之六二《民产杂录》记载，哲宗元祐年间的一条敕文规定，户绝之家内外亲不应得财产，如果他们由于经营得当，把资产增值 1000 贯以上，可以向朝廷申请裁决。而《元符户令》却提高了标准，"户绝之家内外亲同居计年不应得财产，如因借其营运措置及一倍者，方许奏裁"；所以徽宗建中靖国元年（1101）三月二十七日，三省的官员指出，《元符户令》中的相关规定"事体不均"，有失公允，并提出一个折衷的方案："户绝之家内外亲同居计年不应得财产，如因借其营运措置虽不及一倍，而及千贯者，并奏裁之。"③ 通过这些产权增值数量的具体规定，宋代产权权利束得到一定的扩大，体现了国家在产权保护中公正性的一面，也可以看作是中国古代社会

---

① 《宋史》卷二〇〇《刑法志二》，第 4994 页。

② （宋）王应麟：《玉海》卷六六《诏令·律令下》，文渊阁《四库全书》，第 944 册，第 732 页。

③ 《宋会要辑稿》食货六一之六二，第 5904 页。

国家统治者受儒家"均无贫""调均贫富"传统思想的影响,① 通过户绝资产产权安排体现社会资源配置的相对公平、公正的一种表现。

北宋靖康之变,金军掳走了太上皇帝徽宗赵佶、钦宗赵桓以及后妃与朝廷高级官员,还有金银财宝以及大批的图书文籍,其中应该有各种法令文书。加上战火连绵,不少法律文籍与各种赋役、户口版籍等资料被付之一炬。因此,南宋时期的立法活动大多是对北宋法令的恢复与继承,北宋法令的基本框架被保留下来了,有些法令则有所修改与增补。据清代徐松《宋会要辑稿·民产杂录》的记载:

> ［高宗绍兴二年（1132）］九月二十二日,江南东路提刑司言:"本司见有人户陈诉:户绝立继之子不合给所籍之家财产。本司看详,户绝之家依法既许命继,却使所继之人并不得所生所养之家财产,情实可矜,欲乞将已绝命继之人于所继之家财产视出嫁女等法量许分给。户部看详欲依本司所申,如系已绝之家有依条合行立继之人,其财产依户绝出嫁女法,三分给一,至三千贯止,余依见行条法。"从之。②

这条材料说明,南宋初年,北宋的有些户绝资产法令由于种种原因似乎中断了实施。户绝立继法估计最迟在北宋《元丰户令》或者《元祐户令》中就有了,绍圣元年（1094）,尚书省就提到"户绝家许近亲尊长命继,已有著令"③。地方监司也看详本司的条法册,有"户绝之家依法许命继"之文。但是估计是新任的地方官吏不太熟悉法令,所以经过户部看详之后,南宋朝廷申明:"如系已绝之家有依条合行立继之人,其财产依户绝出嫁女法,三分给一,至三千贯止,余依见行条法。"这应该可以归入《绍兴户令》之中。这里开始明确规定已绝之家立继人的分产具体份额与数额,

---

　　① 陈明光:《"调均贫富"与"斟酌贫富"——从孔子的"患不均"到唐代的"均平"思想》,《历史研究》1999 年第 2 期,收入氏著《汉唐财政史论》,岳麓书社 2003 年版,第 212—228 页。

　　② 《宋会要辑稿》食货六一之六二,第 5905 页。

　　③ 《宋史》卷一二五《礼志二十八》,第 2935 页。这条《户令》并无明文可考,应该在绍圣元年（1094）四月之后也就是元祐九年（1094）四月之前,所以这条法令在此之前应该就制定了,或许就是《元丰户令》,抑或是《元祐户令》。

即参照出嫁女法，可以获得三分之一，最高限额为"三千贯"。如果高于这个限额，就要依照其他现行条法，向朝廷奏裁增给。这也说明当时实施的户绝资产法令是继承北宋而来的。

孝宗淳熙年间（1174—1189），朝廷对户绝资产法令做了一次比较全面的整理，从而为整个南宋时期的户绝资产管理奠定了法律基础。《名公书判清明集》云：

> 检照淳熙指挥，内臣僚奏请："谓案祖宗之法，立继者，谓夫亡而妻在，其绝则立也当从其妻。命继者，谓夫妻俱亡，则其命也当惟近亲尊长。立继者，与子承父分法同，当尽举其产与之。命继者于诸无在室、归宗诸女，止得家财三分之一。又准《户令》：诸已绝之家立继绝子孙（原注：谓近亲尊长命继者），于绝家财产者，若止有在室诸女，即以全户四分之一给之；若又有归宗诸女，给五分之一；只有归宗诸女，依户绝法给外，即以其余减半给之，余没官。止有出嫁诸女者，即以全户三分为率，以二分与出嫁诸女均给，余一分没官。"①

所谓淳熙指挥，应是北宋建立到南宋中兴时期关于户绝资产法令的一次总结，从具体条文来看，显然比《绍兴户令》更加完备。淳熙指挥阐明了立继法与命继法的不同在于：（1）前提不同，立继法是父亡而妻在，命继法是夫妻俱亡；（2）扶立者不同，立继者是由亡者之妻扶立，命继者是由亡者的近亲尊长；（3）享受的分割权利不同，立继者适用子承父分法，继承全部家业，而命继者即使是在没有在室女、归宗女、出嫁女的情况下，他也只能分割总额的三分之一。淳熙指挥提到的《户令》则详细划分了有在室女、归宗女、出嫁女的情况下，命继者所应分割的财产份额：（1）只有在室女时，命继者可以获得户绝资产总额的四分之一，在室女获得四分之三；（2）同时有在室女和归宗女时，命继者获得五分之一，诸女得五分之

---

① 《名公书判清明集》卷之八《户婚门·立继类》，拟笔判词《命继与立继不同》，第266—267页。

四；（3）只有归宗女时，按照户绝法，归宗女得三分之二，则命继者得六分之一，剩下六分之一没官；（4）只有出嫁女时，出嫁女得全部户绝资产的三分之一，命继者也得三分之一，剩下三分之一没官。

乾道六年（1170）九月，孝宗又在宗室中推行"命继法"，把命继范围扩展到皇室成员，[①] 户绝资产管理模式在全国各阶层渐趋统一，使产权权利束分割与组合的范围更广了。

大约在南宋嘉定年间（1208—1224），范西堂为江南西路抚州崇仁县县令，他在判词《处分孤遗田产》中引用的法令，我们不妨称之为"命继财产继承法"：[②]

> 准法：诸已绝之家而立继绝子孙，谓近亲尊长命继者。于绝家财产，若只有在室诸女，即以全户四分之一给之，若又有归宗诸女，给五分之一。其在室并归宗女即以所得四分，依户绝法给之。止有归宗诸女，依户绝法给外，即以其余减半给之，余没官。止有出嫁诸女者，即以全户三分为率，以二分与出嫁女均给，一分没官。若无在室、归宗、出嫁诸女，以全户三分给一，并至三千贯止，即及二万贯，增给二千贯。

范西堂引用的这条令文应为《庆元户令》，现存的《庆元条法事类》没有这一条，当是散佚了。它跟上文的《淳熙户令》内容大致相同，只是多了最后一条，即在户绝人没有在室女、归宗女与出嫁女的情况下，命继者可以获得全部资产的三分之一，最高限额为 3000 贯，如果户绝总资产达到 20000 贯以上，则可以增给 2000 贯，也就是说，如果户绝资产总额在 9000 贯以内，命继者可以获得三分之一，即最高获得 3000 贯，即使是户绝资产总额在 9000—19999 贯之间，命继者也只能获得 3000 贯；不过户绝资产总额达到 20000 贯以上的话，命继者可以再获得 2000 贯，即可以获得总资产的四分之一。

---

① 《宋会要辑稿》帝系七之十，第 151 页。
② 《名公书判清明集》卷之八《户婚门·女承分》，范西堂《处分孤遗田产》，第 287—289 页。

为了贯彻实施户绝资产检校法令，南宋朝廷还对户绝人户的报告、资产抄估、丧葬给费以及主办丧事者等，都一一做了具体规定。《庆元条法事类》云：

> 诸户绝，有财产者，厢耆邻人即时申县籍记，当日委官躬亲抄估，量其葬送之费，即时给付，共不得过三百贯，财产及万贯以上，不得过伍十贯，责付近亲或应得财产者，同为营办（原注：无近亲及应得财产人者，官为营办，僧道即委主首）。①

按，令文中前面说户绝人户的葬送费用"共不得过三百贯"，接着又说"财产及万贯以上，不得过伍十贯"，似乎前后矛盾，常人似应以"三十贯"为宜。考《范仲淹全集》之《范文正公集》续补卷第二《义庄规矩》中，范氏诸房尊长去世后，义庄为其每人一共支安葬费25贯钱，这是范氏最高的安葬礼遇。② 考虑到南宋物价上涨因素，南宋常人安葬费30贯，尊贵者50贯，应该是合理的。

上引《（庆元）户令》做了四个方面的规定：第一，坊郭乡村出现户绝时，"厢耆邻人"应立即向县衙报告并登记；第二，县衙必须当天派出官员到户绝人户家里亲自核查、记录其家产，并进行估值；第三，根据户绝人的财产状况，给付丧葬费，普通人30贯，财产达到一万贯以上的富户给50贯；第四，指定户绝人的近亲或者"应得财产者"一起办理安葬事宜，如果没有近亲及应得财产人，官府出面委托僧道办理。

以上户绝财产检校制度的法律变迁，反映了宋朝制定保护私人产权制度时能针对社会生活的实际情况不断加以调整，使之更加合理公正。

二 宋代孤幼财产检校法令之变迁

宋人叶岩峰在判词《不当检校而求检校》说："所谓检校者，盖身亡男孤幼，官为检校财物，度所须，给之孤幼，责付亲戚可托者抚养，候年

---

① （宋）谢深甫等：《庆元条法事类》卷五一《道释门·亡殁类·旁照法》引用《（庆元）户令》，第385页。

② 《范仲淹全集·范文正公集》续补卷第二《义庄规矩》，第797—799页。

及格，官尽给还，此法也。"① 也就是说，宋代的孤幼财产检校之法，是指一个户主死后，若继承人年幼，官府就要核查、代管其家庭财产，计算年幼继承人的必要开支，支付给可托付的亲戚代为抚养，等到继承人成年，官府才把代管的财产全部交还。

上文提及，宋代的孤幼财产检校是从太平兴国二年（977）开始的，《太平兴国孤幼财产检校令》的基本内容为："尝为人之继母，而夫死改嫁者，不得占夫家财物，当尽付夫之子孙，子孙幼者，官司检校，候其成长，然后给之，违者以盗论。"一开始，这些孤幼资产只是由官府监管，产权文书以及金银、钱币等寄放在官府军资库。这一制度在仁宗在位期间（1023—1063）、英宗在位期间（1064—1067）几乎没有什么改变。

神宗熙宁四年（1071）五月四日，开封府同勾当司录司检校库吴安持建议，将孤幼检校资产按照常平仓法，进行抵当，以获取利息来支付孤幼的日常开支。不过，朝廷只是同意将总值 1000 贯以下的孤幼检校资产，按照常平仓法进行抵当出息经营。② 此为《熙宁检校令》。元丰年间（1078—1085），朝廷把孤幼检校资产用以抵当经营的总值调高到 5000 贯以下。《宋会要辑稿·民产杂录》云：

> 《元丰令》：孤幼财产，官为检校，使亲戚抚养之，季给所需，赀蓄不满五百万者，召人户供质当举钱，岁取息二分，为抚养费。③

这应该是《元丰户令》中的孤幼财产检校令。然而《元丰孤幼财产检校令》在元祐年间（1086—1094）至绍圣三年（1096）二月之前被废止，至绍圣三年二月才又恢复元丰旧令。④ 元符年间（1098—1100），朝廷又对孤幼检校财产的管理办法做了修改，即为《元符户令》之《元符孤幼财产检

---

① 《名公书判清明集》卷之七《户婚门·检校》，第 228 页。
② 《宋会要辑稿》职官二七之六四，第 2968 页。其中吴安持在《宋会要辑稿》中作"吴安特"，笔者对照《龙川志略》卷七《议修河决》（中华书局 1997 年版，第 40—45 页）、《续资治通鉴长编》卷二二三"神宗熙宁四年五月戊子"条（第 5418 页）、《宋史》卷九三《河渠志三·黄河下》（第 2309 页）皆为"吴安持"，当以"吴安持"为是，估计是《宋会要辑稿》传抄错误。
③ 《宋会要辑稿》食货六一之六一至六二，第 5904 页。
④ 同上。

校令》：

> 《元符户令》：孤幼财产，官为检校，并寄常平库（原注：财物不可留者估卖），使亲戚抚养之，季给所需，赀蓄不满五百万（文）者，财物召人借请，岁取息二分，为抚养费（原注：勾当公人量支食钱）。（下划线的文字是新户令增加的，下划线系笔者所加）

上引令文是笔者根据《宋会要辑稿·民产杂录》食货六一之六二①中的内容合并而成的，不一定完全准确，不过大致不会相差太远。令文主要是增加了对孤幼检校资产处置的灵活性，规定对于那些不适宜长期保存的资产（如帷帐、衣衾等）采取即时估卖的方式；对 500 万［文］（即 5000贯）以下的孤幼检校资产召人借贷收息充抚养费，这是一种产权经营，旨在使其财产保值或增值。还规定对主管检校事务的公人进行适当的补助，"量支食钱"。不过这个"食钱"估计是来自检校财产抵当的利息。

徽宗政和元年（1111）四月六日，有臣僚指出孤幼检校财产的管理比较混乱，称：

> 孤幼财产并寄常平库，自来官司以其寄纳，无所专责，转运司又以寄它司，漫不省察，因致州县得为奸弊，财物不可留者估卖，则并其帷帐、衣衾、书画、玩好，孤幼莫能自直。②

由此探究，可知孤幼检校财产在神宗时期发生了一次变化，就是熙宁二年推行常平新法（即青苗法③）之后，地方州军的孤幼财产从军资库转移到常平库，名义上是由转运司管辖，但是没有明确指定是由哪一个机构管辖，"无所专责"；转运司事务繁忙，"又以寄它司，漫不省察"，以致造成孤幼财产遭到损失。所以徽宗政和元年（1111）四月朝廷又制定《政和户

---

① 《宋会要辑稿》食货六一之六一至六二，第 5904 页。
② 同上。
③ 参考李金水《王安石变法新探——以均输法、青苗法、农田水利法、免役法为主》，博士学位论文，厦门大学，2006 年。

令》之《政和孤幼财产检校令》，内容为：

> 《政和户令》：孤幼财产，官为检校，并寄常平库（原注：财物不可留者估卖，<u>委不干碍官覆验</u>），使亲戚抚养之，季给所需，赀蓄不满五百万者，财物召人借请，<u>须有物力户为保</u>，岁取息二分（原注：<u>限岁前数足</u>），为抚养费（原注：勾当公人量支食钱，<u>提举常平司严切觉察</u>）。[①]（下划线的文字是新户令增加的，下划线系笔者所加）

上述《政和孤幼财产检校令》是笔者根据《元符孤幼财产检校令》以及《宋会要辑稿·民产杂录》食货六一之六二[②]论述的增补令文合并而成的。其内容比《元符孤幼财产检校令》多了四点：其一，朝廷要求在估卖孤幼财产中不方便保存的财物时，当地州县委派没有切身利益关系的官员进行核查检验；其二，要求借贷孤幼财产的人户必须有其他有产业的人户进行担保；其三，规定这些借贷孤幼财产的人户必须在年前把当年的利息足额交到管理单位；其四，明确要求由提举常平司监督掌管孤幼财产的官吏。这些旨在明确孤幼财产的收益保障，指明孤幼财产的主要责任者。

然而，实施中又产生了新的弊端，主要是州县形势户采用虚假抵当的手段骗取经营孤幼财产，使其所有者蒙受损失。同年十二月十八日，前知汝州慕容彦逢（1067—1117）上奏建议说，检校孤幼财产，不许形势户借请及作保，“其所供抵当，委官验实，估定价直，方许给借，余依见行条令”。得到朝廷批准。[③]自此，宋代孤幼财产检校法令基本完备。

南宋对孤幼财产检校法令略有增补，增加了“被杀虏之家”孤幼财产

---

① 《宋会要辑稿》食货六一之六一至六二，第5904页。

② 同上。

③ （宋）慕容彦逢：《摛文堂集》卷一〇《理会抵当孤幼劄子》，文渊阁《四库全书》，台湾商务印书馆1986年版，第1123册，第417页；《宋会要辑稿》食货六一之六二，第5904页。之所以限定形势户“借请及作保”，是由于他们本身可能就是孤幼检校财产的法令执行者、监督者，如果他们那样做，可能会监守自盗。相关论述参考王曾瑜《宋朝阶级结构概述》，《社会科学战线》1979年第4期；尹敬坊《关于宋代的形势户问题》，《北京师范大学学报》（哲社版）1980年第6期；刁培俊《宋代乡村精英与社会控制》，《社会科学辑刊》2004年第2期。

检校一项，是特定社会条件下的产物。高宗绍兴三年（1133），战事频繁，朝廷需要大量的财政开支，而长江沿岸州军兵火之余，不少民众被杀或者被掳，田宅无主，赵构朝廷下令"将被虏之家田产委州县拘籍赋税"。不少官吏"不考事实，其间有父母被杀虏而孤幼儿女见存者，有中道得脱者，有虽全家被虏而亲属偶出方归者，并不勘验，一概籍没"，弄得人心惶惶，南宋朝廷下令由诸路转运司接受申诉，进行核查，如果确认有以上两种情况的人户，将其财产给还。随后，户部又统一对父母被"杀虏"的孤幼财产的管理措施：

> 如有父母被杀虏而孤幼儿女存，或被驱虏窜回，及全家被虏而有亲属方归之人（原注：亲属谓同分而未经分割，依条合得财产之人），赴守令厅陈诉，逐官回问子细，来取索干照契书等，如无文照，限当日勾勒保正长、厢耆、邻佐照证得实，即时给付，如或孤幼贫乏，不能赴诉，亦听就近于保正长、厢耆告说，本处即时申县，依此施行。内有孤幼之人，即依条法检校给所须，候年及立，便给付。①

虽然这种由于战乱造成的孤幼财产检校是特定时局的产物，但南宋原则上还是依照北宋以来的孤幼财产检校法令进行处理。嘉定六年（1213）二月，当时的大臣还能见到《庆元条法事类》中所载的《户令》之《孤幼财产检校令》可证，令文云："孤幼财产，官为检校（原注：并寄常平库）。"②

终南宋之世，南北对峙，军费开支始终居高不下，州县财政更是捉襟见肘，甚为窘迫，③ 不得不挖东墙补西壁，不少被检校的孤幼财产常常被州县官府侵用，以致朝廷多次申明地方州县不得移用孤幼检校财产。据《宋会要辑稿·民产杂录》记载云：

> ［孝宗］乾道元年（1165）正月一日，南郊赦：州县检校孤幼财

---

① 《宋会要辑稿》食货六九之五二至五三，第6355—6356页。
② 《宋会要辑稿》帝系七之二十二，第157页。
③ 包伟民：《宋代地方财政史研究》，上海古籍出版社2001年版，第164—195页。

产，官司侵用，暨至年及，往往占吝，多不给还，仰州县日下依条给付，仍令提刑司常切觉察，如有违戾，按劾以闻。三年十一月二日、六年十一月六日、九年十一月九日南郊赦文并同此制。①

孝宗乾道年间四次南郊赦文一再申明，被州县官司侵用的检校孤幼财产必须"依条给付"，这说明被检校的孤幼财产遭官吏挪用的严重性。针对这种情况禁而不止，理宗（1225—1264 年在位）时期，朝廷不再是用"按劾以闻"这种空洞的方式来处理，而是提出明确的量刑措施。据《宋史》卷一七三《食货志上一·农田》载：

> ［理宗］景定元年（1260）九月，赦曰："州县检校孤幼财产，往往便行侵用，洎至年及陈乞，多称前官用过，不即给还。自今如尚违戾，以吏业估偿，官论以违制，不以去官、赦、降原减。"②

按此规定，如果州县官司随意侵用检校财产，孤幼成年后不予归还，托词是前任官侵用的，要用有关吏人的家业估价偿还；现管官员则"以违制"论罪，并不得以离职、大赦等减罪。《名公书判清明集》卷之八《户婚门·检校》记载了湖南提举常平司胡颖的判词《侵用已检校财产论如擅支朝廷封桩物法》，其中引用赦文云："辄支用已检校财产者，论如擅支朝廷封桩钱物法，徒二年。"③ 可见理宗朝还曾做出明确的量刑规定。这一量刑规定的法律类比，是把已检校孤幼财产视同中央财政收益的财物，这一方面说明南宋朝廷要进一步加强对检校孤幼财产的产权保护，另一方面也反映在当时的现实生活中地方政府侵用此类财产之弊积重难返。

---

① 《宋会要辑稿》食货六一之六七，第 5907 页。
② 《宋史》卷一七三《食货志上一·农田》，第 4180—4181 页。
③ 《名公书判清明集》卷之八《户婚门·检校》，胡颖《侵用已检校财产论如擅支朝廷封桩物法》，第 281 页。

第三节　宋代私人财产检校制度的实施

一　宋代私人财产检校的管理体系

宋代财产检校体制实际上跟财政管理体制密切相关。在元丰官制改革之前，三司为中央财政机构，三司的盐铁司分掌七案，其中，兵案就执掌"亡逃户绝资产"。① 元丰官制改革之后，户部为中央财政机构，分左右曹治事。户部左曹之户口案的职能是"掌凡诸路州县户口升降，民间立户分财，科差人丁，典卖屋业，陈告户绝，索取妻男之讼"。户部左曹之农田案的职能是"掌农田及田讼，务限奏丰稔，验水旱虫蝗，劝课农桑，请佃地土，令佐任满赏罚，缴奏诸州雨雪，检按灾伤逃绝人户"。户部右曹之常平案的执掌是"掌常平、农田水利及义仓振济，户绝田产，居养鳏、寡、孤、独之事"②。从三司与户部机构设置的不同，反映出三司在财产检校方面权力集中，而户部的检校财产权力是相对分散的。上文提到三司判官朱台符检校王子舆家产，三司勾当公事陈宗古与内侍省使者检点柴宗庆家财，即为例证。元祐二年（1087），苏辙为户部侍郎，广州有商人到户部申诉户绝之事，被苏辙驳回。③ 如果有些刑事案件中附带有民事财产问题，则刑部也可以进行审核并裁决。沈括（1031—1095）《梦溪笔谈》卷十一记述了一个北宋刑曹判案的例子：

> 邢州有盗杀一家，其夫妇即时死，唯一子明日乃死。其家财产户绝，法给出嫁亲女。刑曹驳曰："其家父母死时，其子尚生，财产乃子物，出嫁亲女，乃出嫁姐妹，不合有分。"④

这个案例说明宋代判案也讲求引用法律的精确性与适用性。邢州一家夫妇当天被杀死，他们唯一的儿子也身受重伤，次日才死。邢州官府认为这一家人

————————

① 《宋史》卷一六二《职官志二》，第3809页。

② 《宋史》卷一六二《职官志三》，第3848—2849页。

③ （宋）苏辙：《龙川略志》卷五《辨人告户绝事》，俞宗宪点校，第28—29页。

④ （宋）沈括：《梦溪笔谈》卷一一，侯真平点校，岳麓书社2002年版，第83页。

属于户绝，其财产该分给出嫁女。而刑部曹官却发现了其中的漏洞，指出其家父母死时，其子还活着，按照法令，财产属于他，不应分给出嫁女。

北宋京师开封府则由权知府对于"户口、赋役、道释之占京邑者，颁其禁令，会其帐籍"，属官中掌管财产检校的是司录参军，一人，"折户婚之讼"，通书功曹、仓曹、户曹、兵曹、法曹、士曹六曹的案牒，司录司有检校库寄存户绝资产或者孤幼检校资产中的金银（包括金银器等）、钱币、帷帐、衣衾、书画、玩好以及田地房产契约等。上文已经说明，庆历二年到四年（1042—1044）间李中师管勾开封府检校库，约仁宗皇祐到至和（1049—1056）年间陈习（1003—1078）曾为勾当开封府检校库，① 英宗治平年间（1064—1067）韩忠彦（1038—1109）为郊社局令、勾当府司检校库，② 熙宁二年（1069）曾布（1036—1107）为监开封府检校库，③ 熙宁四年（1071）吴安持为同勾当司录司检校库。在北宋灭亡后，高宗南渡，开封陷落敌手，检校库也随之不存在了。南宋行在临安府有常平库④存放检校资产。

在各个路分中，有转运司（简称漕司、漕台）、提点刑狱司（简称宪司、宪台、臬台）、提举常平司（简称仓司、仓台）为三大监司。转运司长官是转运使"掌经度一路财赋，而察其登耗有无，以足上供及郡县之费，岁行所部，检察稽考帐籍，凡吏蠹民瘼，悉条以上达"⑤。熙宁二年（1069），神宗在各路设立提举常平司，由提举官掌"常平义仓、免役、市易、坊场、河渡、水利之法，……悉总其政令"⑥，大约在徽宗政和元年（1111）之前，一路的检校财产名义上由转运使负责，"孤幼财产并寄常平

---

① （宋）吕陶：《净德集》卷二三《朝散大夫致仕陈公墓志铭》，丛书集成初编本，上海商务印书馆 1935 年版，第 253—254 页。

② （宋）毕仲游：《西台集》卷一五《丞相仪国韩公行状》，文渊阁《四库全书》，台湾商务印书馆 1986 年版，第 1122 册，第 190 页；（宋）杜大珪：《名臣碑传琬琰之集》中卷五十《韩仪公丞相忠彦行状》，文渊阁《四库全书》，第 450 册，第 595 页。

③ （宋）杜大珪编：《名臣碑传琬琰之集》下卷二〇《曾文肃公布传》，文渊阁《四库全书》，第 450 册，第 809 页。

④ （宋）周淙：《乾道临安志》卷二《仓场库务》，宋元方志丛刊第 4 册，中华书局 1990 年影印《四库全书》本，第 3231 页。

⑤ （宋）敕撰：《元丰官志不分卷》，王民信主编：《宋史资料萃编》第四辑，台北文海出版社 1981 年版，第 221 页。

⑥ 同上书，第 227 页。

库，自来官司以其寄纳，无所专责，转运司又以寄它司，漫不省察"，政
和元年（1111）之后，朝廷明确指令由提举常平司主管孤幼检校财产，①
但是户绝财产在常平司设立后就接管了。知府（或知州、知军、知监）
"总掌郡政，宣布条教，劝课农桑，旌别孝悌，凡赋役、钱谷、狱讼、兵
民之事皆总焉"②，通判的职责是"倅贰郡政，凡兵民、钱谷、户口、赋
役、狱讼听断之事，可否裁决，与守臣通签书施行"③。幕职官签判、推判
官等"掌裨郡政，总理诸案文移，斟酌可否，以白于其长而罢行之"④，还
有"录事参军掌州院庶务，纠诸曹稽违；户曹参军掌户籍赋税、仓库受
纳；司法参军掌议法断刑；司理参军掌讼狱勘鞫之事"⑤。县令的职责是
"总掌民政、劝课农桑、平决狱讼，有德泽禁令，则宣布于治境。凡户口、
赋役、钱谷、（振）[赈] 济、给纳之事皆掌之"，县丞、主簿、县尉是其
属官。⑥ 两宋时期，各级财产检校管理体制如下面两图（图 3 - 1、3 - 2）。

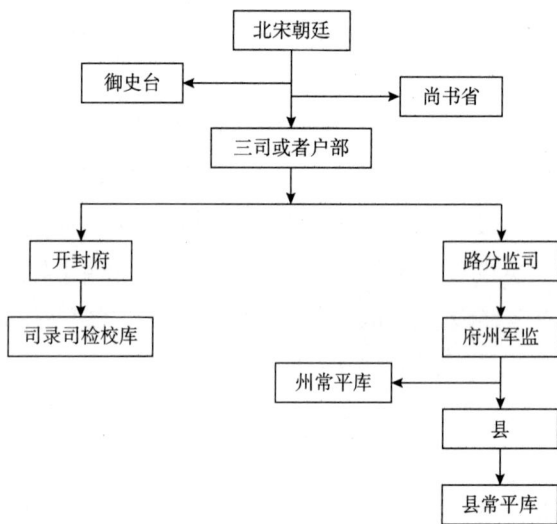

图 3 - 1 北宋财产检校管理体制示意图

① 《宋会要辑稿》食货六一之六二，第 5904 页。
② 《元丰官志不分卷》，第 260 页；《宋史》卷一六七《职官志七》，第 3973 页。
③ 《元丰官志不分卷》，第 263 页；《宋史》卷一六七《职官志七》，第 3974 页。按：《元丰
官志》云"掌位二郡政"，今据《宋史》卷一六七径改。
④ 《元丰官志不分卷》，第 264 页；《宋史》卷一六七《职官志七》，第 3975 页。
⑤ 《元丰官志不分卷》，第 269—270 页；《宋史》卷一六七《职官志七》，第 3976 页。
⑥ 《元丰官志不分卷》，第 275—280 页；《宋史》卷一六七《职官志七》，第 3977—3978 页。

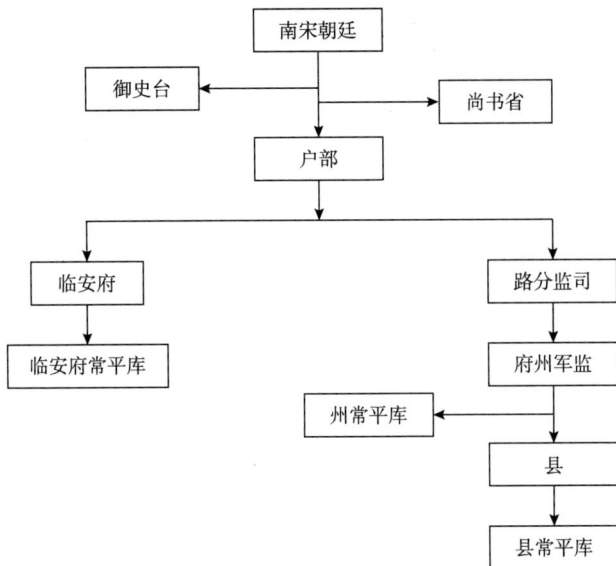

图 3-2　南宋财产检校管理体制示意图

不过，这两个示意图还是相对简略，尤其是宋代的地方司法制度比较复杂，虽然一般只有州县才有审判权，[1] 但路级转运司、提刑司、提举常平司三个监司[2]、安抚司—帅司与地方府州军监都有同样的地方司法管辖权，接受司法诉讼。《宋会要辑稿》刑法三之二十六引《绍兴令》云："诣州诉县理断事不当者，州委官定夺；若诣监司诉本州者，送邻州委官（?）。诸受诉讼应取会与夺而辄送所讼官司者，听越诉，受诉之司取见诣实，具事因及官吏职位姓名虚妄者，具诉人申尚书省。"[3] 宝祐二年到三年（1254—1255）间，吴革为两浙路提举常平使者，[4] 其判词《生前抱养外姓殁后难以摇动》[5] 是两浙路提举常平司关于嘉兴府邢柟诉邢坚一案的判决，

---

① 郭东旭：《宋代法制研究》，河北大学出版社 2000 年版，第 540 页。

② 参考屈超立《论宋代转运司的司法职能》，《浙江学刊》2003 年第 4 期；氏著《宋代地方政府民事审判职能研究》，巴蜀书社 2003 年版。

③ 《宋会要辑稿》刑法三之二十六，第 6590 页。令文中"送邻州委官"后面疑有缺文。

④ （宋）张淏：《宝庆会稽续志》卷二《提举题名》，宋元方志丛刊第 7 册，中华书局 1990 年版，第 7121 页。根据《清明集》附录七陈智超先生《宋史研究的珍贵史料》所指出，吴革号恕斋（第 682 页）。

⑤ 《名公书判清明集》卷之七《户婚门·立继》，吴恕斋《生前抱养外姓殁后难以摇动》，第 201—203 页。

其中提到邢柟还向提刑司、转运司申诉过，一开始应该也在嘉兴府申诉过。

从性质来看，笔者认为检校库只是其中的一个管理机构，或者只是北宋京城检校财产的产权托管机构，而且官府托管只是其中一种形式，它还有民间托管的形式，民间托管又可以再细分为宗族监管与监护人监管两种。与其说检校库是一个信托机构，倒还不如说抵当所相当于一个信托机构，因为抵当所原来是属于都提举市易司，大约在神宗熙宁初年转到开封府检校库，熙宁九年（1076），在都提举市易司的要求下，检校库虽然还是隶属于开封府，但是抵当官钱的业务已经划归市易司。① 南宋行在临安府已经没有检校库了，一般是由临安府的常平库代替了类似于开封府检校库的功能了，而且南宋常平库中的孤幼检校资产一般不参与抵当经营。

二　宋代孤幼财产与户绝财产检校的实施

李伟国先生认为，宋代的财产检校"主要限于有相当财产的命官之孤幼，并未推及于贫寒之家"。笔者检阅史籍却发现，宋代私人财产检校的对象，不仅有相当财产的命官之孤幼，也有家境贫寒的命官之孤幼；不仅有家产在二万贯以上的富豪、② 资产几百万贯的蕃商③，也有遗产只有二百贯的一般主户；④ 除了一般的官户与民户，皇室宗枝的孤幼财产也要进行检校。⑤ 也就是说，宋代的私人财产检校制度的实施对象是相当广泛的。

下面论述有亲生男性继承人的孤幼财产检校与无亲生男性继承人的户绝财产检校制度的实施程序。

（一）向当地州县申请检校

一般在人户出现父亡男女子孙孤幼，或者户绝，或者立继者、命继者

---

① 《续资治通鉴长编》卷二七五，"神宗熙宁九年五月辛酉"，第6723页。

② 《名公书判清明集》卷之八《户婚门·女承分》，范西堂《处分孤遗财产》，第287—289页。

③ （宋）苏辙：《龙川略志》卷五《辨人告户绝事》，俞宗宪点校，第28—29页。

④ 《名公书判清明集》卷之八《户婚门·户绝》，叶宪《夫亡而有养子不得谓之户绝》，第373页。

⑤ 《宋会要辑稿》帝系七之二十二载《宗子孤幼财产检校令》云："应检校之家并拘桩本县常平库，西南外宗司令大宗正司行下，两司如有孤幼宗子合检籍者，移文于寓居处本州施行，亦寄常平库，如拘桩之物及续入地利，并须簿历分明，收付月委官点检，具申大宗正司。"（第157页）

成丁（或成年）出幼要求承分财产等情况下，相关人要向当地官府提出检校申请，包括初次检校申请与后续检校申请。初次检校申请主要是指父亡孤幼财产检校申请与户绝财产检校申请，其程序包括厢耆、邻人报告州县官府，官府派官员抄籍估值，官员确定身亡者的亲生男性继承人，指定安葬营办者，确定孤幼财产检校方式等程序。

1. 孤幼财产的检校申请

宋人云："窃见《令甲》所著载：孤幼财产，官为检校，注云'并寄常平库'。所以爱护甚至，隄防甚密矣。民间孤幼，责在州县。"[①] 这说明宋朝民间孤幼财产检校，主要责任人是地方州县官府。理宗时期（1225—1264 年在位），潭州知府兼湖南提举常平司胡颖在判词《叔父谋吞并幼侄财产》[②] 中引用一道敕文云：

> 准敕：诸身死有财产者，男女孤幼，厢耆、邻人不申官抄籍者，杖八十，因致侵欺规隐者，加二等。

结合这两条法令来看，孤幼财产的检校申请程序也就比较清楚了，其内容是：（1）乡村、坊郭出现人户身死有财产并且男女子孙孤幼者，坊郭厢耆、乡村邻人必须即日向州县官府报告；（2）州县官府派官员到人户家中抄录财产明细并估定价值；（3）州县官府确定死亡者是否有亲生男性财产继承人；（4）州县指定安葬营办人；（5）根据男女孤幼者的亲友情况，裁定孤幼财产的管理方式。

其中，孤幼财产的管理主要有这些方式：

（1）孤幼父死母在，以其母亲为监护人。如吴恕斋《宗族欺孤占产》云，刘傅卿有一男一女，女叫季五，招入赘婿梁万三，男叫季六，娶妻阿曹，生一子春哥尚幼，季五、季六死，经官府检校后，裁定由阿曹掌管刘氏家业；[③]

---

① 《宋会要辑稿·宗室袭封》帝系七之二十二，第 157 页。
② 《名公书判清明集》卷之八《户婚门·孤幼》，胡石壁《叔父谋吞并幼侄财产》，第 285—287 页。
③ 《名公书判清明集》卷之七《户婚门·孤寡》，吴恕斋《宗族欺孤占产》，第 236—237 页。

（2）孤幼父母双亡，如无其他亲友监管，由本族尊长为监护人；

（3）联合监管。如韩似斋《房长论侧室父包并物业》中提到，梁居正死后，有两幼子，其母郑氏为梁居正妾，郑氏及族人梁太共同监管梁氏家业，抚养二幼；①

（4）其他监管。上文提及的判词《叔父谋吞并幼侄财产》中，孤幼财产所有者李文孜"年齿尚幼"，其叔父李细二十三又心怀不良，又无其他亲友合适做委托人，于是官府就把他安排到府学居住，找一个"老成士友"，由他来教导并照顾李文孜；② 闻通判死后，"其家惟一妇一孙，茕茕嫠幼"，孤儿寡母，财产被闻通判侄儿谋夺，官府介入检校，委托闻通判生前好友季知县、王宗教、潘县尉、汤将仕诸人负责安葬，并将剩余的钱财全部买田，由季知县诸人监管闻氏家产。③

2. 户绝财产的检校申请

户绝财产的申告，也要从州县开始，即北宋苏辙（1039—1112）所说的"法告户绝，必于本州县"。他在元祐初年为户部侍郎时，处理了一桩广州商人到户部申诉蕃商户绝案。《龙川略志》卷五《辨人告户绝事》云：④

> 广州商有投于户部者，曰："蕃商辛押陁罗者，居广州数十年矣，家赀数百万缗，本获一童奴过海，遂养为子。陁罗近岁还蕃，为其国主所诛，所养子遂主其家。今有二人在京师，各持数千缗，皆养子所遣也。此于法为户绝，谨以告。"李公择既而为留状，而适在告，郎官谓予曰："陁罗家赀如此，不可失也。"予呼而讯之曰："陁罗死蕃国，为有报来广州耶？"曰："否，传闻耳。""陁罗养子所生父母、所养父母有在者耶？"曰："无有也。""法告户绝，必于本州县，汝何故告于户部？"曰："户部于财赋无所不治。"曰："此三项皆违法，汝姑

① 《名公书判清明集》卷之七《户婚门·孤幼》，第232—233页。
② 《名公书判清明集》卷之八《户婚门·孤幼》，第285—287页。
③ 《名公书判清明集》卷之八《户婚门·检校》，佚名《检校闻通判财产为其侄儿谋夺》，第282—283页。
④ （宋）苏辙：《龙川略志》卷五《辨人告户绝事》，俞宗宪点校，第28—29页。

伏此三不当,吾贷汝。"其人未服。告之曰:"汝不服,可出诣御史台、尚书省诉之。"其人乃服。并召养子所遣二人,谓之曰:"此本不预汝事,所以召汝者,恐人妄摇撼汝耳。"亦责状遣之。然郎中终以为疑,予晓之曰:"彼所告者,皆法所不许。其所以不诉于广州,而诉于户部者,自知难行,欲假户部之重,以动州县耳。"郎中乃已。

苏辙指出广州商人有"三不当":其一,陁罗养子未能确认产权所有者蕃商辛押陁罗的死讯是否确实;其二,陁罗养子的生父母、养父母不在了,他没有向官府申请户绝财产检校,就占据了陁罗的几百万贯资产;其三,户绝资产的检校申请要从州县开始,不能直接到户部申诉。

从有关资料来看,户绝财产正确的申报程序应该是:(1)先由厢耆、邻人到州县申报户绝,申请检校;①(2)州县派官员核查、登记被检校财产;(3)州县确定户绝财产的合法承分人;(4)州县指定安葬营办人;(5)州县依照法令、根据承分人的具体情况进行户绝财产分割,裁定其中年幼的立继者或命继者承分财产的管理方式。

其中,孤幼立继或命继者的产权代理方式主要有这些:

(1)由立继或命继者的亲生父母代管。如高五一死后无子,只有其婢阿沈生一女公孙,年一岁,高五一亲弟高五二立其次子高六四为五一后人,经州司户参军检校,令高五二与阿沈共同掌管田产,抚养高六四与高公孙;②

(2)由族长监管。如拟笔判词《立继与命继不同(再判)》提到,齐戴死后,官府指定昭穆相当的江瑞为他的命继者,江瑞分得的那份财产由官府"置立簿历,择族长主其出入,官为稽考";③

黄震知抚州时检校乐县尉绝户产业的案例,比较具体而形象地说明宋代户绝资产检校制度的过程。为了完整反映整个事件的过程,兹将黄震检校之后的榜文录于下:

---

① (宋)谢深甫等:《庆元条法事类》卷五一《道释门·亡殁类》,第385页。
② 《名公书判清明集》卷之七《户婚门·女受分》,吴恕斋《阿沈高五二争租米》,第238—239页。
③ 《名公书判清明集》卷之八《户婚门·立继类》,第266—267页。

故南城县尉乐迪功名谊，初在南城曾求钱氏婴儿为子，两岁而夭，又尝求干人徐顺十岁女圣姑为养女，改名妙圣，今亦已嫁人。县尉尝娶妻而中休，已改嫁江东饶运干，县尉子然一身，身死即为户绝。死后，其族侄文郁尝自立其子惠孙，欲追继钱氏两岁之子，其养女妙圣亦尝冒称县尉亲女，两岁未成殇，既无立后之法，干人所生女难名本官之亲。于是，其家荡无主者，外亲内族，下至干仆，纷然抢攫，数世之积，一旦而空。其族初以闻之县，县不敢问。本县继以申之州，州亦不欲问，及众怨不可遏，群诉于州，本州委司户吴兼金检校，徒有屋柱存焉耳。虽司户晓事，逐渐挨索，所谓存十一于千百，竟何补哉？此乐县尉户绝之大略也。在法：户绝惟当没官。本州念乐氏乃侍郎名史之后，侍郎为抚州在国朝破荒登科之人，亦江西欧、曾诸老未出时，先以文学显名本朝之人，侍郎之后，虽不止县尉，而有官有生计，尚惟县尉，若尽没官，亦何忍哉？今为继绝，以其余者没官，以其没官者为乡曲谊事，庶几两全耳。继绝之法，当以亲论，拖详乐宅宗支，自五世祖名友谅之下凡三位，乐十官人一位也，乐十一官人一位也，乐小主簿与县尉共一位也。主簿先绝，今可为县尉之后者，惟十官人、十一官人两位耳。十一官人生两子，长文郁。长者，法不出继，次困，已继主簿。所可为县尉之后者，又惟十官人一位耳。十官人生三子，长文焕。长者，法不出继。其第三人不学而开染店，就此位可立者，又惟中子名文炳耳。文炳现年已二十五岁，虽亦失学，而粗能书写，略通文理，不独于本位为亲，亦视诸族为优。今立文炳以继县尉之绝，照条三分给一，至二万贯而止，以田产、屋宇、山林、房廊、杂产、牛畜通计价直而给之。此外有公乘者，比文炳多开一世，服属已尽，又年已三十八，书写不成字，当来族长保明，与文炳同到官，今既不在合立之数，量拨一千贯以给之丧葬，于条拨五百贯。今时异事殊，物价工作皆贵，兼乐县尉身后可念与增给至一千贯。凡此于户绝均给之法多给二万贯，内妙圣既为养女，县尉别无亲，而钟爱之顺，其生前之心，给一万贯，本人已曾占田产、据银器，却与比折通算，内乐因省元与县尉同户，而元亦系继绝法无平分，除县尉在日已给外，特与给五千贯文。郁曾以其子惠孙为县尉之孙，知其不可，先自引退，此有识者也。谋继不遂，特给三千贯。因与文郁既给，则十一官人位下均及之矣。文炳既立，绍家业二万贯，其亲兄文焕、亲弟文明本不可再望，然均于县尉为四从侄。县尉绝而户产分，宁无独遗之憾？文焕、文明亦各给一千贯。如此，则十官人位下亦均及之矣。既用继绝之法，又用均给之法，侍郎有灵，亦知官司于乐氏无负，况县尉乎？此外没官，夫复何说？然官司非利之也。三边未撤戍，和籴不可免。本州和籴者，四县与建昌军。以四县应和籴土产人户大略相当，前官失于申明籴数乃数倍于建昌，譬之舟载，非力胜矣。民之困苦，亦难言矣。本州近虽以阿郑三、邹谭胡等庄没官充军饷，未蒙比折减籴，申请于上，而愚言未必尽效。目击民瘼，朝夕痛心，今姑以乐宅没官之物少宽之，内桩到元米二万一千有零乡石，禾一万一千有零秤，及今年新租，及索到被抢银器二千二百余两，金器三十二两，并见钱会子，并责付引监本宅干人籴米以充和籴，候见数目，却以将来抛降籴本计算，若可招籴凑足，则竟与免敷派，或尚有欠少，则作割分致上户，以尽免中下户。价既比常年特增，数又比常年特减，亦是宽民，此系宽今年和籴者如此。其没官田亩、杂产，就将乐县尉水次一庄立为和籴庄，自咸淳九年以后，岁收所入，除合苗税外，并补助和籴派数，以宽众力。此庄既立，将来岂无兴念遇机会拨添者？此系宽将来之和籴者如此。此外，尚有玉带一条，恐是乐氏先世旧物，兼干人亦难责其仓猝变卖，特给还继绝之文炳。其丧葬钱一项，恐物业难于一旦变钱，又新租已充和籴，猝急无可支用，亦合将钱会、金、银纽计付之，但须丧葬有期，责付最亲位乐因省元主张，文炳同领办事方可。今即付之，恐或他用耳。乐宅四干人计置狱吏会子，李宅干人计置狱吏银器，并勒具引监，并充招籴，助入和籴。山林、房廊、杂产，勒四干具数，引官牙点踏估价，通计贯数，以凭拨付。立继者、均给者、没官者各置干照收执，备榜州衙及市曹通知，候见数目拨定，申诸监司照应，其各干侵盗主财，情罪别呈断。①

由此可见，乐氏宗族先是向县衙申告乐姓县尉户绝，由于死者本身是县尉，县衙不敢承接，于是上报州府，州府本也不想管，后来因乐氏亲族聚众闹到州府，州府才不得不受理；第二，受理乐县尉户绝申告之后，知州黄震派了司户吴兼金到乐县尉家进行检校，抄录登记的财产有这些：田产、屋宇、山林、房廊、杂产、牛畜若干，银器 2200 余两，金器 32 两，并见钱会子若干贯文，这些东西估值至少超过十万贯，还有原来屯积的米 21000 余乡石、禾 11000 余秤及今年新租（数量不详）；第三，抚州司户参军确定乐县尉资产的继绝者、均给者，根据乐氏宗枝图，选定跟乐县尉昭穆相当的乐十官人之次子乐文炳作为命继者，均给者有乐县尉已经出嫁的养女徐妙圣及其四个侄儿乐文郁、乐囷、乐文焕、乐文明；第四，抚州官府指定乐囷主办乐县尉的葬礼，继绝者乐文炳"同领办事"；第五，抚州司户参军根据乐县尉资产的情况，与乐氏家族商定了分配方案：命继者乐文炳获得 20000 贯资产，养女徐妙圣获得 10000 贯资产，乐囷与乐县尉同户，给 5000 贯，乐文郁得 3000 贯，乐文明与乐文焕各得 1000 贯，安葬费 1000 贯，其余的全部没官，其中乐文炳分得的份额是"以田产、屋宇、山林、房廊、杂产、牛畜通计价直而给之"，养女所得份额是以她占据的田产与抢到的银器折算，丧葬钱用金、银、见钱会子折算支给，四个均给者也是根据所得贯数以"山林、房廊、杂产"折价支付，官府给公据拨付为他们名下的资产，完成产权转移。最后，黄震也把没官部分的田产、粮食等也做出了相应的使用安排。

可见黄震比较灵活地运用户绝法与均分法处理乐氏县尉户绝财产检校，结果皆大欢喜，户绝财产的所有承分人各有所得，抚州官府也获得了一大批粮食，可以一解朝廷籴买给抚州造成的燃眉之急。

3. 复合式私人财产检校申请

除了上面单纯的孤幼财产检校与户绝财产检校，宋代实际生活中还存

---

① （宋）黄震：《黄氏日抄》卷七八《公移一·抚州·乐县尉绝户业助和籴榜》，文渊阁《四库全书》，第 708 册，第 803—805 页。

在我们称之为复合式的私人财产检校，即或者是孤幼财产检校中带有户绝财产检校，或者是户绝财产检校中带有孤幼财产检校。后一种情况其实在上述户绝财产检校中就提及，这里只是简单地说明孤幼财产检校中带有的户绝财产检校。

造成孤幼财产检校中带有户绝财产检校的原因，跟当时的家族制度有关。《宋刑统》卷一二《户婚律》之《父母在及居丧别籍异财》规定：

> 诸祖父母、父母在，而子孙别籍、异财者，徒三年。别籍、异财不相须，下条准此。若祖父母、父母令别籍及以子孙妄继人后者，徒二年；子孙不坐。
>
> 【疏】诸祖父母、父母在，而子孙别籍、异财者，徒三年。别籍、异财不相须，下条准此。议曰：称祖父母、父母在，则曾、高在亦同。若子孙别生户籍，财产不同者，子孙各徒三年。注云"别籍、异财不相须"，或籍别财同，或户同财异者，各徒三年，故云"不相须"。"下条准此"，谓父母丧中别籍、异财，亦同此义。
>
> 又云：若祖父母、父母令别籍及以子孙妄继人后者，徒二年；子孙不坐。
>
> 议曰：若祖父母、父母处分，令子孙别籍及以子孙妄继人后者，得徒二年，子孙不坐。但云"别籍"，不云"令其异财"，令异财者，明其无罪。
>
> 诸居父母丧，生子及兄弟别籍、异财者，徒一年。
>
> 【疏议曰】："居父母丧生子"，已于《名例》"免所居官"章中解讫，皆谓在二十七月内而妊娠生子者，及兄弟别籍、异财，各徒一年。别籍、异财不相须。其服内生子，事若未发，自首亦原。[①]

这条《户婚律》的主旨是，诸祖父母、父母还在，要共居同财，不允许另外析户置籍，即使是"籍别财同""户同财异"也不允许，父母亲去世，要等三年服阙期满之后，才允许析户别居，否则会受到严重的惩罚。所以

---

① （宋）窦仪等：《宋刑统》卷一二《户婚律》，第 113 页。

有不少士人一般都是两三代同堂的，也有出现子女先于父母去世的情况。因而在父母过世后进行分家析户时，就容易出现孤幼财产检校带有户绝财产检校的情形。此时家庭关系复杂，这种复合式的财产检校执行难度也比较大，造成诉讼繁多，费时旷久，显示出在经济利益的驱动下，社会关系会影响产权权利束的组合与分配。

南宋末年，刘克庄为江南东路提点刑狱使，治下南康军建昌县发生了田氏家族内部为了争夺财产继承权而进行长达数年的检校诉讼，最后由刘克庄采用孤幼检校法、户绝法与均分法相结合的分配原则，才加以解决。①

事情的起因是这样的：建昌县田县丞去世了，留下了一大笔家产。而田县丞有两个儿子，"曰世光登仕，抱养之子也，曰珍珍，亲生之子也"，还有两个女儿。按照诸子均分法，田县丞的财产应作两份均分，即世光与珍珍各得一份，但是世光也过世了，只有婢女秋菊所生的两个幼女，珍珍也只有十岁左右。田通仕是田县丞的亲弟弟，看到兄长财产多，起了贪念，要以自己的儿子世德过继为世光之后，并要均分田县丞家产，遭到珍珍之母刘氏的激烈反对。

刘克庄认为，田通仕要求是不合理法的：田通仕以自己的儿子为侄儿之后，不合命继者要昭穆相当的规定。而且，在法：诸户绝人所生母同居者，财产并听为主；刘氏虽然是田县丞的侧室，秋菊虽为婢女，也是同居之人，他们母子都在，他们可以合法掌管田县丞的全部产业。即使是刘氏、秋菊等人同意世德为世光的继承人，只能为命继者，按照在室女户绝法，"诸户绝财产，尽给在室诸女"，又云"诸已绝而立继绝子孙于绝户财产，若止有在室诸女，即以全户四分之一给之"。另外，田县丞侧室刘氏认为自己在田县丞在世日就掌管家事，"经官之词，皆以丞妻自处"，也想独占田县丞全部家产，不想分给秋菊二女，所以前任蔡提刑裁决时以刘氏为田家之主。

因此，前后经过三次判决，都没有解决问题。最后，经过南康军司理

---

① （宋）刘克庄：《后村先生大全集》卷一九三《书判（江东臬司）·建昌县刘氏诉立嗣事》。有关田县丞家产论述全部出于此，下面不再一一注明。《名公书判清明集》卷之八《户婚门·立继类》有刘后村《继绝子孙止得财产四分之一》（第251—253页），当是节文。

参军与田氏尊长的努力，召集通仕夫妇、刘氏、珍珍并秋菊二女到军衙司法厅当面协调，刘氏、珍珍并秋菊二女同意世德为世光的命继者，田通仕夫妇也接受命继者的财产份额，大家全部同意采用诸子均分法，而且田通仕、秋菊二女也同意不再要求均分刘氏掌管的金银钱会等浮财。为了彻底解决潜在的争端，江东路提刑司委托邻县都昌县王县尉，将田县丞的田产按照田土等级搭配，均分为八份（见下图3-3），召集均分人当厅拈阄，由签书判官厅监督制作八本析产关书，盖好官印，分发给均分人。但是田通仕又起变故，想干涉刘氏以及秋菊的产业，并把田世光的灵柩扣押在他们家，所以刘克庄又补充说，田世德一份在田世光下葬后，才能申请，然后把关书给田世德。不过总的看来，这件事情也基本上算是解决了。

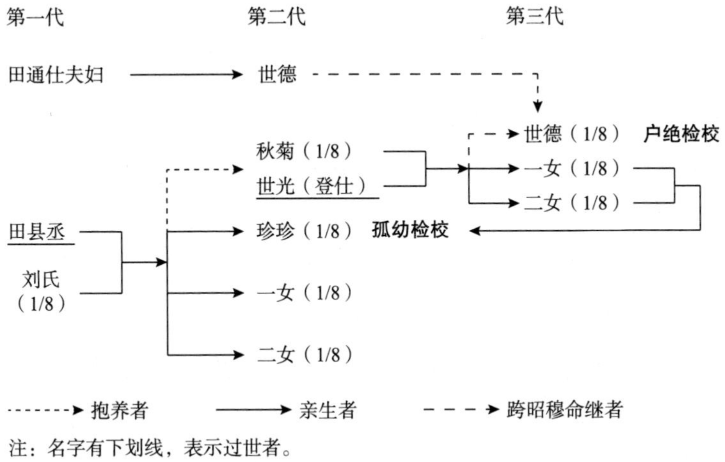

图3-3 南宋田县丞家族世系与田产实际分割示意图

这说明宋代地方监司、州军在审理私人产权诉讼案件中，并不是完全照套法律条文，而是根据实际情况，照顾各方利益，采取灵活的方式，进行处理，做到合理、合法、合礼。从中我们还可以看到，宋代通过财产分割的法律执行过程，产权权利束把国家与社会、个人紧密地联系起来了。

4. 后续检校申请与检校申诉

许多私人财产检校涉及重大经济利益问题，尤其是户绝财产。由于户绝者没有嫡生的继承人，其兄弟亲友都认为自己有权利分割这些财产，相互之间容易产生利益冲突，所以并不是官府做一次财产检校就能够完全解决争端的，经常会有后续财产检校的申请，甚至提出多次检校诉讼。吴恕斋的判词《欺凌孤幼》说，尤彬与尤彦辅为兄弟，分家已有数十年，尤彬有不少财产，无子孙，只有一女尤百三娘，在他临死的前一年，尤彦辅贪图其兄的财产，强行立继，以自己八岁的孙子尤荣哥为尤彬的继承人，尤彬死后，尤彦辅申请了第一次户绝财产检校，尤彬妻阿陆只拨给了荣哥田八亩、会子 1000 贯、房屋一所，叫他归生父家抚养，尤彦辅认为不合理，多次提出诉讼，"累经台府"，向帅司以及诸监司申诉；① 湖南路潭州邵阳县民曾仕珍父子为了谋夺侄女曾二姑的财产，并擅自支用已经封桩的检校财产，计检校钱 600 余贯，银盏 20 只，仍然"狼戾顽嚚，犯义犯刑"，上诉到潭州府，潭州府还没有结案，"而遽经漕司；漕司方为索案，而又经帅司；帅司方为行下，而又经宪司"，数次提起后续检校申请与检校诉讼。②

还有一种是检校嫠幼财产。所谓嫠幼，就是年轻的寡妇。如果丈夫死后无子，妻子年轻不能守志，只要再嫁了，其亡夫的财产就是户绝财产了，官府必须进行检校。一般官府会要求死者宗族尊长命继，然后将户绝财产分为两份，一份给命继者，一份给寡妇。吴雨岩《检校嫠幼财产》③提供的案例是，方天禄死后无子，其妻才十八岁。当时族人方天福想把自己的独子过继到方天禄名下，方天禄妻之后夫王思诚进行干预，双方提起检校诉讼。官府认为方天禄妻未能守志，方天福之子不能命继，叫上方氏族长，一起将方天禄的资产均分成两份，一份归到方天禄名下，官府置簿籍监管，选方氏本宗昭穆相当者命继为方天禄后人，把这份资产给他；另一份给方天禄之妻掌管，待其再嫁或者死后再处理。

（二）官府执行检校

官府执行财产检校，主要是对孤幼财产进行监管。其方式是监管田产的收入，并将相关的契约与金银器物、见钱会子以及其他有价值的物品收

---

① 《名公书判清明集》卷之七《户婚门·检校》，吴恕斋《欺凌孤幼》，第 229—230 页。

② 《名公书判清明集》卷之八《户婚门·检校》，胡石壁《侵用已检校财产论如擅支朝廷封桩物法》，第 280—282 页。

③ 《名公书判清明集》卷之八《户婚门·检校》，吴雨岩《检校嫠幼财产》第 280 页。

到州县常平库寄纳，给与收据，在孤幼成年或成丁后，即将所有寄纳的物品全部归还给这些财产继承人。北宋在神宗熙宁二年（1068）后曾经用寄纳的钱物作为抵当钱本，交给开封府司录司检校库进行抵当经营。南宋时期的临安府则存放在常平库。但在史籍中未见有进行抵当经营的记载。笔者推断，南宋时期的孤幼检校财产并没有用作抵当钱本，只是寄纳在常平库。《宋会要辑稿·抵当免行所》职官二七之六五在提到熙宁九年五月都提举市易司要求将开封府司录司检校库抵当官钱拨回本司之后，注文云："《续会要》作抵当所附太府寺，《中兴会要》以后无。"① 这应该不是南宋会要所官员的疏忽，而是没有这个机构，自然也就不用记载了。

《熙宁户令》规定，孤幼检校资产的管理模式是"月给钱，岁给衣"；②《元丰户令》提出的资产管理模式是"官为检校""季给所需"。③而南宋检校资产的管理模式则各不相同，不少是根据被检校人的实际情况决定的，不过要从官库直接支取钱物的孤幼以及监护人，还是按季度领取的，即"季给所须"，④ 这跟《元丰户令》规定原则是一致的。

南宋时期，官府一般是将田契收交寄纳县库，田产交由监管人经营或者租佃，收取地租以维持孤幼的生活。韩似斋判词《官为区处》云，李介翁死后无子，只有其婢郑三娘所生一女曰良子，官府为李介翁立继，又进行户绝检校，分到良子名下的资产有钱、会子、银器等，这些钱物都寄存到官库。分到的田产则由其母郑氏掌管，但是不许典卖。⑤ 梁居正死后，以其侧室郑氏所生两子为继承人，但年纪尚幼，官府将其田契与两个质库的库本钱 3608 贯都收入县库监管，但由族人梁太看管家业，田产由郑氏掌管，收入则有质库月利 35 贯，岁收谷 37 石，租利钱 163 贯，已经足够用来支付郑氏、二幼的衣服、伙食、教育费用、赋税以及梁太、郑父应瑞的

---

① 《宋会要辑稿》职官二七之六五，第 2969 页。
② 《宋会要辑稿》职官二七之六四，第 2968 页；《续资治通鉴长编》卷二百三十三，"神宗熙宁四年五月戊子"，第 5418 页。
③ 《宋会要辑稿》食货六一之六一至六二，第 5904 页。
④ 《宋会要辑稿》职官七九之三六至三七，第 4227—4228 页。
⑤ 《名公书判清明集》卷之七《户婚门·检校》，韩似斋《官为区处》，第 230—231 页。

每月费用。① 李文孜在父母双亡后，被其叔父算计，差点被谋夺田产。官府检校后，将他委托给府学的老成士友监护成长。他名下的产业由官府全面检校，置立簿籍，每年的租课，也由官府代替收纳保管，用以支付府学费用以及衣服、吃饭的开支。如果有余，官府也在簿籍上注明，到他成丁后，把田产以及储积的租课一并给还他。②

（三）结束检校

所谓结束检校或者是解除检校，就是孤幼成年或者成丁之后，官府将原来寄纳的钱物以及契约、储积在官府仓库的粮食等全部归还给被检校人。《文献通考》云："乾德元年，令诸州岁奏男夫二十为丁，六十为老，女口不预。"③《庆元户令》云："诸男子二十一为丁。"④ 宋代对女子成年的时间没有一个明确的规定，只有一个结婚年龄的规定：在法，男年十五，女年十三以上，并听婚嫁。⑤《名公书判清明集》的这些案例中，能够算作属于孤幼财产检校与户绝财产检校的例子不多，大约20个左右，但是没有一个例子提到结束检校，只有一个例子说命继者出幼，要求承分田产，与在室女分析产业。⑥ 不过这也似乎表明，不少孤幼产权所有者在出幼成丁（或成年）之后，应该是拿回了自己的寄纳财产，官府也结束了孤幼财产检校。

第四节　宋代私人财产检校制度的影响

笔者认为，中国古代社会一直存在着产权制度，历代国家对一般的民众也提供产权保护。宋代的私人财产检校制度就是当时产权制度的重要组

① 《名公书判清明集》卷之七《户婚门·检校》，韩似斋《房长论侧室父包并物业》，第232—233页。

② 《名公书判清明集》卷之八《户婚门·孤幼》，胡石壁《叔父谋吞并幼侄财产》，第285—287页。

③ （元）马端临：《文献通考》卷一一《户口考二》，第113页。

④ （宋）谢深甫等：《庆元条法事类》卷七五《刑狱门·侍丁》，第416页。

⑤ 《名公书判清明集》卷之七《户婚门·立继》，司法拟《立继有据不为户绝》，第217页。

⑥ 《名公书判清明集》卷之七《户婚门·女受分》，吴恕斋《阿沈高五二争租米》，第238—239页。

成部分，在一定条件下，官府不仅对一般官员的财产进行检校，也对一般民众的财产进行检校，由此对宋代的社会经济生活产生诸多影响。

一　财产检校制度有利于宋代经济发展和社会稳定

宋代的产权权利束开放程度比以前任何一个朝代都要广，所以民间财产纠纷比较多，财产诉讼频繁，甚至有些人专门靠土地诉讼获得土地产权。财产检校制度是宋代朝廷"颁行天下"①的产权制度之一，对于户绝资产、父亡男女继承人孤幼的产权保护，维护了宋代的产权秩序，有利于社会经济的发展，也印证了产权的经济功能。正如 Douglas North（道格拉斯·诺思）所言，国家提供的基本服务是建立社会博弈的基本规则，国家的法律制度有两个目的，"一是，界定形成产权结构的竞争与合作的基本规则（即在要素和产品市场上界定所有权结构），这能使统治者租金最大化；二是，在第一个目的框架中降低交易费用以使社会产出最大化，从而使国家税收增加。这第二个目的将导致一系列公共（或半公共）产品或服务的供给，以便降低界定、谈判和实施作为经济交换基础的契约所引起的费用"②。宋代制定和实施产权制度的目的和作用也是如此。宋代通过户绝资产中的立继法与命继法、保护孤幼继承人的产权权利，巩固民间的宗祧传承，也有利于朝廷通过对产权继承的保护来控制地方秩序，安抚民心，"庶几死者瞑目，公论允协"③，体现宋代朝廷优恤百姓，赡养孤幼，以彰显产权的社会功能。

二　宋代财产检校制度实施中的弊端

当然，由于财产检校制度中涉及财产分割、保管等问题，这必然牵涉地方宗族势力与整个国家财政管理体系的制度性问题，不可避免会跟当时的吏治与财政状况发生关联，产生种种弊端。

---

① （宋）佚名：《宋大诏令集》卷二〇〇《继母杀伤夫前妻子及妇以杀伤凡人论诏》，第740页。

② ［美］道格拉斯·诺思：《经济史中的结构与变迁》，第24页。

③ 《名公书判清明集》卷之八《户婚门·立继类》，李文溪《利其田产自为尊长欲以亲孙为人后》，第259页。

（一）宗族势力见利忘义，干扰破坏依法检校，损害产权受益方的利益

对此吴恕斋判词《宗族欺孤占产》有比较具体而鲜明的论述：

> 宗族亲戚间不幸夭丧，妻弱子幼，又或未有继嗣者，此最可念
> 也。悼死而为之主丧，继绝而为之择后，当以真实恻怛为心，尽公竭
> 力而行之，此宗族亲戚之责之义也。近来词诉乃大不然，死者之肉未
> 寒，为兄弟、为女婿、为亲戚者，其于丧葬之事，一不暇问，但知欺
> （陵）〔凌〕孤寡，或偷搬其财物，或盗卖其田地，或强割其禾稻，或
> 以无分为有分，或以有子为无子，贪图继立，为利忘义，全无人心，
> 此风最为薄恶。①

吴恕斋的判词中，也提到刘季五的赘婿梁万三据占典卖妻弟刘季六孤幼田
产，刘季六族人刘仲高、刘季安等人反而帮助梁万三攻击刘季六妻阿曹，
甚至以刘季六有子春哥，向县官谎称无子。姚岳后妻之子萧真孙在继父死
后，掠取其灵几银器160两，搬扛姚家箱箧六只，并把姚岳遗留下的绸布
匹段、书画、官会、衣物等，全部席卷而去。② 上引黄震《乐县尉绝户业
助和巢榜》也说道：乐县尉死后，"其家荡无主者，外亲内族，下至干仆，
纷然抢攘，数世之积，一旦而空"，其中被抢的银器有2200余两、金器32
两，以及有数量不菲的见钱会子，参与抢劫的就有乐县尉的养女徐圣姑。
也有非理提出财产检校请求，如张仲寅非理提出堂侄张文更家的孤幼财产
检校，被法官引用敕文驳回，敕文云：州县不应检校辄检校者，许越诉。③
更有甚者，还公然支用已检校财物。如湖南路潭州邵阳县曾仕珍侵用检校
钱600余贯、银盏20只，并"揩改朱契六道"。④

（二）在执行财产检校中，吏治腐败，损害了财产检校制度的实际效果

在徽宗政和元年（1111）四月，有官员向朝廷报告说："孤幼财产并

---

① 《名公书判清明集》卷之七《户婚门·孤寡》，吴恕斋《宗族欺孤占产》，第236页。
② 《名公书判清明集》卷之七《户婚门·义子》，佚名《义子包并亲子财物》，第242—243页。
③ 《名公书判清明集》卷之七《户婚门·检校》，叶岩峰《不当检校而求检校》，第228页。
④ 《名公书判清明集》卷之八《户婚门·检校》，胡石壁《侵用已检校财产论如擅支朝廷封
桩物法》，第280—282页。

寄常平库，自来官司以其寄纳，无所专责，转运司又以寄它司，漫不省察，因致州县得为奸弊"，有的与形势户勾结，"虚指抵当，或高估价直，冒法请领，不唯亏失岁息，乃至并本不纳"①。南宋末年，黄震为江西路提举常平使时，在年终的《劾官状》中就检举袁州万载县丞石应雷"检校彭祥甫家卑幼业，勒取钱三千贯"。这是官员在检校孤幼财产时的勒索行为。②

（三）财政因素导致地方官员侵用检校财产

宋代对各级地方官吏的经济考核中都有是否增加赋税数量的指标，对财政官员则要求他们按照财政需求及时足额地完成。③ 在出现财政困难时，州县财政官员们难免把寄纳的检校财产挪用，以致无法给还寄纳者。孝宗乾道年间的南郊赦文云："州县检校孤幼财产，官司侵用，暨至年及，往往占吝，多不给还。"④ 理宗景定元年（1260）九月的赦文亦云："州县检校孤幼财产，往往便行侵用，泊至年及陈乞，多称前官用过，不即给还。"⑤

总的来看，宋代的私人财产检校制度虽然在实施中存在一些弊端，但是它作为宋代产权制度的重要组成部分，法令规定更趋合理、公正，在现实生活中为维护宋代民间的产权秩序与经济秩序、加强官府对乡村宗族势力的控制，仍然发挥了一定的作用。

---

① 《宋会要辑稿》食货六一之六二，第5904页。

② （宋）黄震：《黄氏日抄》卷七六《申明七·又岁终劾官状》，文渊阁《四库全书》，第708册，第775页。

③ 参考陈明光：《宋朝逃田产权制度与地方政府管理职能变迁》，《文史哲》2005年第1期。

④ 《宋会要辑稿》食货六一之六七，第5907页。

⑤ 《宋史》卷一七三《食货志上一·农田》，第4180—4181页。

第四章　宋代产权证明文书述论

要证明一种资产的产权，必须要有相关的资产证明文书。在出现产权纠纷时，这些资产证明文书便是裁决产权归属的主要依据。宋代产权文书有不同类型，记载内容不一样，比较常见的是记载田产（包括山地、墓田、墓地等）、房屋、地基等不动产与车、碾硙、船、牛羊牲畜等动产的产权持有与转移记录。在宋代，私人手中的产权证明文书主要有户帖、各种交易契约（如买卖、典当、租赁、借贷、雇佣、赊欠、委托、赠送等）、户钞、砧基簿（主要是记载土地的数量、位置、四至、形状、土地肥瘠等级等）、书面遗嘱、分家关书以及财产纠纷的官府判文等，统称为"干照"。① 这些文书要加盖官府的朱印才具有合法性。"干照"同时，官府制定②的结甲册、户产簿、丁口簿、鱼鳞图、类姓簿以及民间财产纠纷的存档判文等也可以作为私人产权的参照证明。不过，跟私人产权关系比较密切的文书主要是契约、户帖、砧基簿与分家关书。关于契约的研究比较多，③ 本书侧重从产权证明的角度论述户帖、砧基簿与分家关书。

第一节　宋代的户帖

关于宋代的户帖，刘俊文先生在《折狱龟鉴译注》卷六《核奸》之

---

① 《名公书判清明集》卷之五《户婚门·争业下》，翁浩堂《受人隐寄财产自辄出卖》，第136页。

② （清）乾隆官修：《续文献通考》卷一《田赋考一》，浙江古籍出版社2000年版，第2771页。

③ 见本书《绪论》，第40页。

《刘沉问邻》条中对"户抄"作了解释，认为"户抄"就是"户帖"，是"由官府发给，上载籍贯、丁口、姓名、年龄及产业等"①。葛金芳先生《宋代户帖考释》一文比较全面地论述了户帖的含义与内容、功能及其在两宋版籍体系中的作用，诚是关于户帖制度研究的开山之作。② 不过，笔者认为，葛先生对于宋代户帖的起源考证不甚明了，性质界定稍显偏颇，从而对其功能的分析也有偏差。而刘俊文先生认为"户抄（或者户钞)"就是"户帖"，显然是错误的。宋代的法律明确说明，"准法，输官物用四钞"，其中之一就是户钞，"付民执凭"，③ 只是民户的税收凭证，而且有关法律文书明显将"户帖"与"户抄"并提。

一　唐五代的户帖制度

葛金芳先生认为，户帖最早出现于晚唐，宋代户帖就是从晚唐的户帖沿袭而来的，并指出其所引用的材料出自《旧唐书》卷四八《食货志》。笔者赞成这个观点。但是，笔者也在《唐会要》与《册府元龟》中找到他引用的材料，内容却略有不同。虽然原文有些冗长，为了详细说明问题，本书抄录这三条材料，排列说明。

《旧唐书》卷四八《食货志上》云：

> 大和四年（830）五月，剑南西川宣抚使、谏议大夫崔戎奏："准诏旨，制置西川事条。今与郭钊商量，两税钱数内三分二分纳见钱，一分折纳匹段，每二贯加饶百姓五百文，计一十三万四千二百四十三贯文。依此晓谕百姓讫。经贼州县，准诏三分减放一分，计减钱六万七千六百二十贯文。不经贼处，先征见钱，今三分一分折纳杂物，计优饶百姓一十三万贯。旧有税姜芋之类，每亩至七八百，征敛不时，今并省税名，尽依诸处为（四）[两] 限等第，先给户帖，余一切名

---

① （宋）郑克编：《折狱龟鉴译注》卷六《核奸·166 刘沉问邻》，刘俊文译注点校，上海古籍出版社 1988 年版，第 335 页。

② 葛金芳：《宋代户帖考释》，《中国社会经济史研究》1989 年第 1 期。下面引用葛先生的观点皆出此文，不再特别注明。

③ 《宋史》卷一七四《食货志上二·赋税》，第 4215 页。

目勒停。"①

《唐会要》卷八四《租税下》云:

> (太和)四年(830)五月敕:剑南西川宣抚使、谏议大夫崔戎
> 奏:准诏旨,制置西川事条。今与郭钊商量,两税钱数内三分二分纳
> 见钱,一分折纳匹段,每二贯加饶百姓五百文,计一十三万四千二百
> 四十三贯文。依此晓谕百姓讫。经贼州县,准诏三分减放一分,计减
> 钱六万七千六百二十贯文,不经贼处,先征见钱,令三分一分折纳杂
> 物,计优饶百姓一十三万。旧有税姜芋之类,每亩至七八百,征敛不
> 时,今并省税名,尽依诸处为(四)[两]限等第,先给户帖,余一
> 切名目(敕)[勒]停。敕旨,宜依。②

《册府元龟》卷四八八《邦计部·赋税第二》云(《全唐文》卷七四四,
崔戎《请勒停杂税奏》亦同):

> (文宗大和)四年(830)五月,剑南西川宣抚使、谏议大夫崔戎
> 奏:"准诏旨,制置剑南西川两税,旧纳见钱,今令一半纳见钱,一
> 半纳当土所在杂物,仍于时估之外,每贯加饶三百五文,依元估充送
> 省及留州留使支用者。今臣与郭钊商量,当道两税并纳见钱军中支用
> 及将士官吏俸依赐,并以见钱给付,今若一半折纳,则将士请受折损
> 校多。今请两税钱数内三分二分纳见钱,一分纳匹段及杂物。准诏:
> 每贯加饶五百文,计优饶百姓一十三万四千二百四十三贯文,成都府
> 及诸县并邛雅黎等州蛮寇所经处,赋税三分,蠲放一分,其不经贼
> 处,亦量减放,共计减放一万七千六百二十贯文,其不经贼处伏缘两
> 税先征见钱,今三分已一分折纳杂物,计优饶百姓一十三万余贯文。
> 西川税科,旧有苗青,如茄子姜芋之类,每亩或至七八百文,征敛不
> 时,烦扰颇甚。今令并省税,名目一切勒停,尽依诸处为两限,有青

---

① 《旧唐书》卷四八《食货志上》,第2094页。
② (宋)王溥等:《唐会要》卷八四《租税下》,第1542页。

苗约立等第，颁给户帖，两税之外，余名一切勒停。今臣与郭钊商量，得报称已是征夏税之时，改法未得先，已奏请以今年已后每年冬于本色苗本额税中并减一半讫，计减放四万二千五百四十四贯文。臣奉使日，伏蒙处置如前。"可之。①

从内容来看，《旧唐书》与《唐会要》的记载比较接近，相对于《册府元龟》与《全唐文》的记载则比较简略。但《旧唐书》的"余一切名目勒停"，《唐会要》记为"余一切名目敕停"。参考《册府元龟》，"敕"字当为"勒"字。在文体上，《旧唐书》与《册府元龟》《全唐文》的记载是一致的，都是奏议，而《唐会要》却写成"敕"，当误。其中与本论题相关的关键一句"尽依诸处为四限等第，先给户帖，余一切名目勒停"，《旧唐书》与《唐会要》大致相同，不过"四限"应为"两限"（文渊阁《四库全书》本《唐会要》亦作"两限"）②，两税法规定税户分夏秋两季纳税，且"（四）［两］限等第"一句语义不通，比照《册府元龟》，则为"尽依诸处为两限，有青苗约立等第，颁给户帖，两税之外，余名一切勒停"。文中的着重点是强调根据"青苗"的数量来划分税收等级，然后才颁给户帖。这就说明户帖中主要记载的内容应该是所种青苗的田地顷亩，正符合"惟以资产为宗"的两税法原则。③ 因此，这里说的"户帖"不应理解为单纯的"赋税通知"，而应该是由官府认定的、作为征税依据的民户田产文书。这主要是因为实行两税法之后，官府计税"以资产为宗，不以丁身为本"，同时对资产交易的限制减少了很多，从而增加了官府监管民众资产变化的成本，所以到了唐文宗大和四年（830），唐政府开始推行

---

① （宋）王钦若等：《册府元龟》卷四八八《邦计部·赋税第二》，台湾中华书局1996年版，第5837页；（清）董诰等：《全唐文》卷七四四，崔戎《请勒停杂税奏》，第8314—8316页。

② （宋）王溥等：《唐会要》卷八四《租税下》，文渊阁《四库全书》，台湾商务印书馆1986年版，第607册，第267页。

③ 参考（唐）李隆基等《大唐六典》卷三《尚书户部》中有关"仓部郎中"职能的论述（第83—84页）；并参考陈明光《唐代财政史新编》（中国财政经济出版社1999年版，第13—14页）、李锦绣《唐代财政史稿》（上卷中册，北京大学出版社1995年版，第500—514页）中的相关论述。

户帖制度，作为民户纳税依据的文书。

根据《说文解字》的解释，"帖"是"帛书署也，从巾占声"①，也就是说，"帖"一开始是在帛上书写注明，可以引申为"文书"之义。清代学者桂馥（1736—1805）说《九经字样》作"帛署书也，本书检、书署也"，又引用《广韵》曰："帖，券帖"，并认为"书文、书检曰署，署，予也"②。把"户帖"综合起来理解，就是官府把某一户人家的财产用户主的名字作户头标明，然后经过官府签署盖印，发回给户主作为田产凭证。巧合的是，刘禹锡（772—842）也在大和四年（830）称这种官府颁发给民户的田产证明文书为"户符"，③而北宋任广在《书叙指南》解释道，"民户帖曰户符"④，元人徐元端进一步指出，"符"就是从唐代开始出现的一种官方文书。⑤因此，从上面的材料笔者认为，户帖应该是从唐大和四年（830）开始的、由官府颁发的并作为民户纳税依据的田地产业证明文书，而不是单纯的"赋税通知"单。

户帖制度在唐中期出现之后，五代十国与宋朝相继承袭，而且登记产权的对象与范围有所扩大。五代十国的吴国杨溥（901—938）顺义七年（927），官府曾经向吉州境内的龙须山法云禅院颁给户帖，"用尚书工部之印，其末署右司郎中判押"⑥，这是把山地作为纳税资产而制作的户帖。宋代福建路福州侯官县有兴福尼院，于永和年间（935—936）得到当时闽国官府颁发的户帖。⑦南唐时期，南唐官府也向管辖下的民户颁给了户帖。据南宋宝祐年间（1253—1258）编撰的《寿昌乘》记载，当时还见到南唐保大三年（945）户部发给武昌镇一户姓何人家的户帖，上面有知镇

---

① （东汉）许慎：《说文解字》卷七下"帖"字条，（宋）徐铉校定，中华书局2002年版，第159页。

② （清）桂馥：《说文解字义证》卷二三"帖"字条，齐鲁书社1994年版，第671页。

③ （唐）刘禹锡：《刘禹锡全集》卷八《记上·郑州刺史东厅壁记》，上海古籍出版社1999年点校本，第58页。

④ （宋）任广：《书叙指南》卷六《簿书文案牒檄》，文渊阁《四库全书》，台湾商务印书馆1986年版，第920册，第493页。

⑤ （元）徐元端：《吏学指南》，浙江古籍出版社1988年标点本，第35页。

⑥ （宋）周必大：《文忠集》卷一六六《闲居录》，文渊阁《四库全书》，第1148册，第796页。

⑦ （宋）梁克家：《三山志》卷三四《寺观类二·僧寺》，陈叔侗校注，第645页。

事于某的画押。① 这应该可以说明户帖制度在五代十国时期得到了广泛实施。

二　北宋户帖制度的发展

进入宋朝，户帖制度得到进一步完善，指定专门的管理机构，每一次产权变动的时候，都要在户帖上注明。宋代的户帖，最早见于《宋会要辑稿·版籍》所记载的太祖建隆四年（963）十月诏书：

> 诏曰："萧何入关，先收图籍，沈约为吏，手写簿书。此官人之所以周知众寡也。如闻向来州县催科，都无帐历。自今诸州委本州判官、录事参军点检，逐州如官无版籍及百姓无户帖、户抄处，便仰置造，即不得烦扰人户，令佐得替日，交割批历，参选日，铨曹点检。"②

《续资治通鉴长编》卷四的记述大致相同。这条材料说明宋政府开始重新整顿户帖制度，而且表明宋朝建立后，不少百姓还是有户帖的，但是由于多年战乱，政权更迭，不少地方的户籍资料因战火焚毁或者因其他原因丢失，也有不少百姓手中没有证明自己资产的户帖，这样就可能造成征税的困扰，或者造成国家赋税的流失。所以宋朝朝廷下令地方州县完善户帖、户抄制度，整顿地方版籍。笔者认为，从这条材料直接推断出户帖"系租税类文书"的结论未免失之太泛。而宋代官府在征税时，一般会先向民户发放催税单，也就是葛金芳先生所说的"赋税通知单"，宋代民间一般习惯称为催税"由子"。官府一般在"由子"上"开具逐户产钱出入及合纳税物逐项数目，给付人户，以凭送纳"③。

---

① （宋）佚名：《寿昌乘·镇》，宋元方志丛刊第8册，中华书局1990年影印本，第8410页。

② 《宋会要辑稿》食货一一之一，第4997页；同书食货六九之一六，第6337页；另见《长编》卷四"太祖乾德元年冬十月庚辰"（第106—107页）。这里我们可以看到《宋会要》与《长编》的记年略有差异，这是因为从建隆四年十一月开始改年号为"乾德"，当月即为"乾德元年十一月"。

③ （宋）朱熹：《晦庵先生朱文公文集》卷二九《乞给由子与纳税户条目》，四部丛刊初编本。

　　葛金芳先生认为，宋代的户帖多次出现在官庄买卖、方田均税、典卖地产、推割税收、招佃垦荒等场合，似乎与"户籍调查""人口登记"都没有关系，只是一种"赋税通知"，随后又说宋代户帖是"以登载民户田产及其税额为主要内容"，其前后说法有矛盾之嫌。笔者认为，正是由于户帖作为征税主要依据的资产文书的性质，在每一次出现产权变动时，户帖都要进行相应的修改。而户帖由于用来登记民户田产及其税额，所以必然要记载田产的各种情况（如田主及其家庭基本情况、田产位置、数量、土地等级、收成），从而必然要跟"户籍调查""人口登记"发生某些联系，只是关系不太大。前文提到"帖"在《说文解字》中的解释为"帛书署也，从巾占声"。段玉裁（1735—1815）注："木部曰：'检，书署也。'木为之谓之检，帛为之则谓之帖，皆谓幖题，今人所谓签也。"[①] 这就是说，"户帖"应该有一个户头，写的是户主的名字，然后下面应该写明家庭户口情况以及资产情况，再注明该户需要缴纳的税收是多少。因而户帖成为有宋一代官府征税的主要依据。成书于北宋政和七年（1117）的《作邑自箴》提到征收"和预买紬绢钱"使用户帖的情况：[②]

　　　　于初俵钱时，加意关防，前期五七日告示，耆户长各正身，至日出头，逐一识认请人是与不是户头，仍责户帖表照，如无户帖，要去年纳钞呈验，若系创初立户，乡司保明，虽有文帖钞，仍于甲帖后耆户长委保（原注：雕一支"某年分和买钱讫"印子，长尺余，置案上，亲自印于户帖或去年纳钞后，免重迭请去）。

　　这里的"户头"应该就是户帖中的户主。在征收赋税时，必须用户帖核对户主，如果无户帖，则须对照去年该户的户钞。所以户帖必然要注明户主的户籍、家庭人口状况以及资产等。从其注释来看，既然这只"某年分和买钱讫"的印子有一尺多长，那么户帖的长宽应该也至少要长于

_____

① （东汉）许慎撰、（清）段玉裁注：《说文解字注》，中州古籍出版社 2006 年影印本，第 359 页。

② （宋）李元弼：《作邑自箴》卷四《处事》，《续修四库全书》，上海古籍出版社 1996 年版，第 753 册，第 146 页。

一尺。

户帖登记的内容主要以田产为主，并在分家析户、产权交易、租佃国有土地等产权变动情况下，官府进行赋税推割时要相应地更改户帖资料。景德《农田敕》规定："买置及析（归业）居、归业佃逃户未并入本户者，各出户帖供输。"①《农田敕》是景德二年（1005）宋真宗命令权三司使丁谓会同户部副使崔端、盐铁判官张若谷、度支判官崔曙、乐黄目、户部判官王曾，"取户税条目及臣民所陈农田利害"修订而成的，共5卷。②这条敕令规定，民户的田产在增加、分析家产以及佃户或者逃户归业这三种情况下，必须修改户帖资料，重新计算田产以及由此产生的税收变化，增加人口资料。

但是，从宋初开始，形势之家以及官宦之家不据实申报，或者"诡名寄户"，庆历年间（1041—1048），周湛为江南西路转运使，曾经检括出各县"诡名户"三十万户。③有的一户分为"十余小户"，④甚者"一家不下析为三二十户者"，也有不少官户"将阶官及职官及名分为数户者"，⑤更有甚者，一些大姓猾民为了规避赋役，竟然串通官府人吏、乡司，把自己"一家之产析为诡名女户五七十户"。⑥所以乾兴元年（1022）十二月，仁宗即位不久，有臣僚建议，要将各种户名的户帖并为一户，并要求申明旧敕令，"于逐县门榜壁晓示人户，与限百日，许令陈首改正，限满不首（即）［及］今后更敢违犯，许人陈告"，这个建议得到皇帝的批准。⑦

神宗熙宁五年（1072），北宋政府开始正式实行新的产权界定方式——方田法。其具体的实施机制为：

①《宋会要辑稿》食货一之二，第4811页；同书食货六三之一七，第6071页。引文中，食货一之二中为"析（归业）居"，"归业"二字应为衍文；而食货六三之一七中为"拆居"，"拆"当为"析"之误。引文以前者为本底，相互对校。

②《续资治通鉴长编》卷六一，"真宗景德二年十月庚辰"，第1369页。

③《宋史》卷三〇〇《周湛传》，第9967页。

④（宋）陈襄：《州县提纲》卷四《关并诡户》，丛书集成初编第932册，中华书局1985年重印本，第36页。

⑤《宋会要辑稿》食货六之四二，第4900页；同书食货七之一二七，第6434页。

⑥《宋会要辑稿》食货一四之四七，第5061页。

⑦《宋会要辑稿》食货一之二，第4811页；同书食货六三之一七，第6071页。

　　方田之法，以东西南北各千步，当四十一顷六十六亩一百六十步
为一方。岁以九月，县委令、佐分地计量，据其方庄帐籍验地土色
号，别其陂原、平泽、赤淤、黑垆之类凡几色。方量毕，计其肥瘠，
定其色号，分为五等，以地之等均定税数。至明年三月毕，揭以示
民，仍再期一季以尽其词，乃书户帖，连庄帐付之，以为地符。……
凡田方之角有堠植以野之所宜木。有方帐，有庄帐，有甲帖，有户
帖，其分烟析生、典卖割移，官给契，县置簿，皆以今所方之田
为正。①

由于产权的计量方式改变了，对土地分类更加精细，有"陂原、平泽、
赤淤、黑垆"四类之分，再根据土地的肥瘠程度，分为五个等级，从而
确定不同的税额。通过运用新的产权计量方式以及登记方式，必然要在
户帖中记录下来，如果要进行新的产权交易或者是产权分配，则必须根
据户帖、方帐、庄帐的数据进行，显然这一时期户帖记载的内容应该还
是以田产与山地为主。正如崇宁三年（1104）蔡京等人所言："神宗讲究
方田利害，作法而推行之，方为之帐，而步亩高下丈尺不可隐；户给之
帖，而升合尺寸无所遗。"② 如北宋大儒邵雍（1011—1077）在洛阳居住近
三十年的时间里，得到不少名流的财产赠送，其中一份是天柱山的产业，
所以相应获得了一份天柱山的户帖。③ 政和八年（1118），辰州官府给当地
的刀弩兵颁发了户帖，里面记载从官府手中给受到田"一百亩，内水田三
十亩、陆田七十亩"，而且还记载刀弩兵的主管机构刀弩司也另外给他们
每人十亩公田。④ 这种记载内容应该一直延续到高宗绍兴五年（1135）

---

　　① 《续资治通鉴长编》卷二三七，"神宗熙宁五年八月是月"，第5783—5784页；《宋史》
卷一七四《食货上二·方田》，第4199—4200页。
　　② 《宋史》卷一七四《食货上二·方田》，第4200—4201页。
　　③ （宋）邵雍：《击壤集》卷二《谢商守宋郎中寄到天柱山户帖仍依原韵》，文渊阁《四库
全书》，台湾商务印书馆1986年版，第1101册，第16页。
　　④ （宋）曹彦约：《昌谷集》卷一一《劄子·辰州议刀弩手及土军利害劄子》，文渊阁《四
库全书》，台湾商务印书馆1986年版，第1167册，第136页。

之前。①

　　值得我们注意的是，宋代不仅是私产之民户给户帖，对有产业的寺院与道观也给户帖，如上文提到的江西路吉州龙须山法云禅院、福建路福州侯官县兴福尼院。对租佃系官田产也发给户帖。因为系官田产是官府直接控制的资产，一般是租给民户经营，同样也需要标明这些系官田产的位置、四至、面积大小、土地等级、种植作物的种类、产量、民户需要缴纳租税的数量等。所以《淳熙三山志》云："太平兴国五年（980），虽诏与私产均作中下定税，是时尚给户帖，未许为永业。"② 徽宗宣和元年（1119）农田所的一份报告为我们提供了关于发给系官田地租佃户帖的更加具体的内容，兹引用如下：

　　　　［徽宗］宣和元年八月二十四日，农田所奏："应浙西州县因今来积减退露出田土，乞每县选委水利司谙晓农田文武官，同与知佐分诣乡村检视标记，除出人户已业外，其余远年逃田、天荒田、箪葑、茭荡及湖泺、退滩沙涂等地并行打量步亩，立四至、坐落、著望、乡村，每围以千字文为号，置簿拘籍，以田邻见纳租课，比扑量减分数，出榜限一百日，召人实封投状，添租请佃，限满拆封，给租多之人，每户给户帖一纸，开具所佃田色步亩、四至、著望、垦纳租课，如将来典卖，听依系籍田法，请买印契书填、交易。"从之。③

农田所提出的户帖格式大致如下：帖头写明租佃人姓名、乡贯，接着开具租佃人租佃官田的数量（即土地段数、步亩）、坐落的具体地点、四至、土地等级（即著望）以及垦纳租课。由此推知私人田产的户帖格式大致为：帖头写明田主姓名、乡贯，再详细开列田主所有的田产段数，具体说明每一份田产的具体位置、面积（步亩）、四至、土地等级（肥瘠程度）、

　　① （元）吴澄：《吴文正集》卷六三《题跋·跋金陵吴承信建炎四年户帖》，文渊阁《四库全书》，台湾商务印书馆1986年版，第1197册，第619页。

　　② （宋）梁克家：《淳熙三山志》卷一一《版籍类二·官庄田》，宋元方志丛刊第8册，中华书局1990年影印本，第7881页。

　　③ 《宋会要辑稿》食货一之三三，第4818页上栏。

所要缴纳的赋税额。

三 南宋的户帖制度与户帖钱

南宋时期的户帖制度跟北宋基本相同，不过增加了对民户房产以及房屋地基的记载。绍兴二年（1132），南宋朝廷稍稍安定，便开始考虑要重新建立政治经济秩序。作为一项基本的财政经济制度，户帖制度自然要被重建。据《宋会要辑稿》之《钞旁定帖杂录》记载：

> ［高宗绍兴二年］闰四月三日，右朝奉郎姚沈言："欲乞朝廷行下诸路转运司相度曾被烧劫去处，失契书业人许经所属州县陈状，本州行下，本保邻人依实供证，即出户帖付之，以为永远照验，如本州、保邻人作情弊，故意邀阻，不为依实勘会，及本县人吏不即时给户帖，并许人越诉，其合干人重置典宪，庶几民间物业，各有照据。"从之①

与《宋会要辑稿》之《钞旁印帖门》所载相同，唯文末缺"庶几民间物业，各有照据"一句，而《宋会要辑稿》之《版籍门》亦同，除了缺上一句，文末又缺"从之"二字。②《文献通考》卷十九《杂征敛》所记稍简略。所有的相关记载中，以《宋会要辑稿》之《钞旁定帖杂录》所记最为详细，"庶几民间物业，各有照据"一句可以进一步证明，户帖确实为宋代民间田产房地之产权证明文书。

但是，宋金之间的战争还在继续，宋军在前线有大约四十万军队，军费开支一年约要七千万缗，粮食一年也要二三百万石，南宋政府财政压力巨大，当时的社会经济秩序还没有恢复，只好通过征收其他名目的苛捐杂税，来维持国家机器的运转。③ 从绍兴五年（1135）开始征收的户帖钱就是其中之一。据李心传《建炎以来系年要录》卷九五记载：

---

① 《宋会要辑稿》食货七之一三九，第6440页；同书食货三五之五，第5410页。另见（元）马端临：《文献通考》卷一九《征榷考六·杂征敛》，第187页。

② 《宋会要辑稿》食货一一之一六，第5000页；同书食货六九之二一，第6340页。

③ 参考刘云《南宋高宗时期财政制度的变迁》，《中国社会经济史研究》2007年第2期。

　　［绍兴五年（1135 年）］十有一月庚午朔诏诸路州县出卖户帖，令民间自行开具所管地宅田亩间架之数而输其直，仍立式行下。时诸路大军多移屯江北，朝廷以调度不继，故有是请焉。已而中书言恐骚扰稽缓，乃立定价钱，应坊郭、乡村出等户皆三十千，乡村五等、坊郭九等户皆一千，凡六等，惟闽、广下户则差减焉，期一季足，计纲赴行在。十二月甲辰。即旱伤及四分以上，权住听旨。其钱令都督府桩管，非被旨毋得擅用。十二月癸丑。时州县追呼颇扰，乃命通判职官遍诣诸邑，当面给付民户。十二月壬戌。其两浙下户展限一年，十二月甲子。内诸路簿籍不存者，许先次送纳价钱，俟将来造簿毕日给帖焉。十二月乙丑指挥，余见六年二月庚子。①

从中我们可以看到户帖的内容有了新的变化，不仅登记民户田亩的数量，还增加了民户的房产及其房屋地基的数据，并据此征收户帖钱。由于当时没有设定征收标准，在这条诏令颁布后不到一个月，中书省担心地方州县会趁机搔扰民户，或者找种种借口不能按时把户帖钱上交朝廷，又在十二月份陆续颁布了五条后续法令，规定了户帖钱的征收标准、上交朝廷的时间与方式、管理措施、优惠对象以及户帖的给付等。这些规定实施后，宋代的户帖制度进一步得到完善。

　　从上述户帖制度的发展过程来看，户帖具有作为田地产业的产权证明文书的性质，当然它也兼有部分户籍文书和一定的"赋税通知单"的功用，但并非仅仅只是赋税通知单而已。不过从绍兴五年（1135）开始，南宋官府逐渐用砧基簿代替了户帖作为民户田地产权证明文书的作用。（详见下文）

---

　　① （宋）李心传：《建炎以来系年要录》卷九五，"绍兴五年十有一月庚午朔"，第 1565 页；（元）马端临：《文献通考》卷一九《征榷考六·杂征敛》，第 187 页。

第二节　南宋的砧基簿

一　砧基与砧基簿

砧基簿是南宋时期产权所有者进行田地与房产产权交易、缴纳赋税、排定差役的主要法定文书依据。其主要内容是记载土地（含山地、各种类型的土地）、房屋（含地基）的数量、位置、形状、四至、资产等级、产权来源、产权交易状况以及赋税额等。砧基簿的出现是中国古代赋税制度和产权登记制度的一大创新，顺应了中国古代产权制度发展的需要，为元明清三代赋税制度的发展奠定了基础。

目前学界尚无研究砧基簿之专文。笔者在本节主要阐述砧基簿的产生渊源、主要记载内容、性质与作用，以及砧基簿在宋代社会中的实际使用情况。

"砧基"一词，其意为在契约或者官方簿籍中标明田地与房屋的产权数量、位置、四至、资源等级以及租税情况，最早出现于唐代后期。陆贽（754—805）曾写过《保安禅院记》一文，文末有"用资琬琰，永作砧基"之语，[①] 不过这似乎没有明确的作为产权标明四至之意。其后刘汾（约836—900）于文德元年（888）施舍山田地为南山寺，景福元年（892）寺庵成，朝廷下旨，赐寺名为南山七诏寺，庵名为大赦庵。景福二年（893），刘汾将"本身居官政事缘由，施山创寺事实"写成两本册子，"一以垂之家谱，以儆后人，勿坠吾志；一以给付僧人，收管山田"，并对寺院产权作了比较具体的规定：

> 凡诸僧人在寺住持，务要各守本分，不许贪花好酒，妄将田地移丘换段，及盗卖等情。其山已有四大界至，诸人不许侵占；第僧众务要常守清净，奉礼三宝。其常用食物，铜铁器皿，俱各完全，不可遗

---

① （清）稽曾筠等监修、沈翼机等编纂：《浙江通志》卷二二八《寺观三·嘉兴府》，文渊阁《四库全书》，台湾商务印书馆1986年版，第525册，第221页。

漏。如有此等僧众，即便赔还。所建三宝殿、观音堂、坐禅亭及东西廊房，四时俱检看，漏烂即行修礼，不可怠慢。亦且吾家子弟，不许常行到寺，需索酒食。遇春秋二祭，止许二三人到寺，拜谒祖先即返，不许动骚常住。自兹之后，僧众不从吾言者，即便斥退。吾之后人不从吾言者，定准不孝论。

刘汾还说明之所以要"书是说"，主要是"以为砧基之本云"①。刘汾要求南山寺、大赦庵僧尼不许擅自调换、盗卖寺院田产，寺院所占的山地四大界至不允许任何人侵占，僧尼不得偷盗、占用寺院三宝财物以及其他附属的铜铁器皿，损坏要赔偿，寺院房产出现自然性损坏要及时修补，而且还禁止刘氏子弟经常骚扰寺院。以此观之，刘汾所说的"砧基"已经有比较明显的产权界定之意了。

"砧基簿"一词最早出现于南宋初期。据《宋会要》记载，高宗绍兴五年（1135）四月二日，由参知政事孟庚掌管的总制司在给朝廷的一份关于出卖官田的奏议中提到，在出卖系官田地时，官府要"括责步亩、增减租课、改造砧基簿"②。所谓"改造砧基簿"，说明砧基簿在此之前已经存在了，但是具体时间是在什么时候呢？笔者以为，砧基簿应该是在户帖制度的基础之上发展而来的，不过砧基簿首先是出现于官府，而不是民户。前述户帖制度时，笔者曾引用徽宗宣和元年（1119）农田所的奏议，其中农田所官员提出将"远年逃田、天荒田、箅苇茭荡及湖泺退滩沙涂等地并行打量步亩，立四至、坐落、著望、乡村，每围以千字文为号，置簿拘籍"，随后宋徽宗批准了这个建议。③ 农田所认为在出卖系官田产之前，必须重新丈量远年逃田、天荒田、箅苇茭荡及湖泺退滩沙涂等地的具体面积，确认这些系官田产的四至、坐落的具体位置、土地肥瘠等级以及具体的乡贯，并且在排序上每围以千字文为号，官府"置簿拘籍"管理。笔者认为，这个"簿"应该就是"砧基簿"，就是说"砧基簿"最早出现于徽

① 以上皆见（清）董诰等《全唐文》卷七九三，刘汾《大赦庵记》，第8314—8316页。
② 《宋会要辑稿》食货六一之八，第5877页；（宋）李心传：《建炎以来系年要录》卷八八，绍兴五年夏四月乙巳，第1464页。
③ 《宋会要辑稿》食货一之三三，第4818页上栏。

宗宣和元年，而且一开始只有官府才有砧基簿，一般的民户没有。到了绍兴五年（1135），总制司奏议中提到官府在出卖系官田产之前由于重新丈量了田地，调整了租课，因而官府砧基簿上的相关数据也要进行修改，因而可能要重新制作，官府称之为"改造砧基簿"。

绍兴六年（1136）正月，尚书右仆射、都督诸路军马张浚（1097—1164）建议朝廷要注意沿江措置军事屯田事务，针对江淮地区比较多系官空闲田土以及无主逃田，都督行府提出了比较详细的屯田规划，其中就提出：

> （前略）一，每庄盖草屋一十五间（原注：每间破钱三贯），每一家给两间，余五间准备顿放斛斗，其合用农具委州县先次置造，仍具合用耕牛数目，申行府节次支降；一，每庄摽拨定田土从本县依地段彩画图册，开具四至，以千字文为号，申措置屯田官类聚，缴申行府置籍抄录。（后略）①

这就是说，从北宋宣和元年始，官府就设立砧基簿来管理系官田地，但直到绍兴十三年（1143），李椿年在南宋境内实行经界法时，才把砧基簿制度推广到民户之中。

二　砧基簿与经界法及其格式

高宗绍兴十三年（1143），原尚书左司员外郎李椿年被宋高宗任命为两浙转运副使、专一措置经界，在全国推行经界法。② 经界法的主要内容之一是要求人户、乡（都）、县、州、转运司都要制作并保存砧基簿，作为征收赋税、排定差役与进行产权交易的主要依据。其具体做法是：

---

① 《宋会要辑稿》食货六三之十一，第6037页。
② 关于经界法的研究，请参考：李又曦《两宋农村经济状况与土地政策》，《文化建设月刊》2卷2期，1935年11月；王德毅《李椿年与南宋土地经界》，《食货月刊》复刊第2卷第5期，1972年八月，收入宋史座谈会编《宋史研究集》第七辑，"国立"编译馆1974年版，第441—480页；[日] 曾我部静雄《宋代政経史の研究》第十一章《南宋の土地经界法》，第406—442页；郭丽冰《南宋经界法研究》，硕士学位论文，华南师范大学，2004年。

欲令官民户各据画图了当，以本户诸乡管田产数目，从实自行置造砧基簿一面，画田形丘段，声说亩步、四至、元典卖或系祖产，赴本县投纳，点检印押类聚，限一月数足缴，赴措置经界所，以凭照对画到图子审实，发下给付人户，永为照应。日前所有田产，虽有契书而不上今来砧基簿者，并拘入官；今后遇有将产典卖，两家各赍砧基簿及契书赴县对行批凿，如不将两家簿对行批凿，虽有契帖干照，并不理为交易。县每乡置砧基簿一面，每遇人户对行交易之时，并先于本乡砧基簿批凿，每三年将新旧簿，新者印押下县照使，旧者留州架阁库，将来人户有诉（去）[丢] 失砧基簿者，令自陈，照县簿给之，县簿有损动，申州，照架阁库簿行下照应。每县逐都砧基簿各要三本，一本在县，一本纳州，一本纳转运司，如果损失，并仰于当日付所属抄录。应州县及转运司到任，先次点检砧基簿，于批书到任内作一项，批云：交得砧基簿计若干面，并无损失；如遇罢任，批书：砧基簿若干面，交与某官取，交领有无损失。①

从引文来看，很显然，李椿年的这些做法得到朝廷的批准，其后王鈇（？—1149）、李朝正等虽有变更，但这些原则基本上还是沿用下来了。在这里李椿年设计了这几种制度：

第一，砧基簿的制作与审核。首先是由产权所有者（官户、民户）自己画出所有田产的形状图，即所谓的田形丘段，详细列出本户在各乡所有田产的数目，说明每一段田产的面积（步亩）、范围（四至）、位置、所属乡村以及土地产权的来源（是祖产或者是自己典买），当然应该说明土地的等级。这些步骤完成之后，砧基簿的草图就可以交到县府核查并盖县府朱印，然后送到措置经界所审核，再发还给产权所有者作为产权凭证，"永为照应"。

第二，产权登记与交易必须以砧基簿为准。经界法规定，所有的田产必须在砧基簿上登记，否则即使有契书，仍然要被官府没收；所有的产权

① 《宋会要辑稿》食货六之三九—四，第 4898 页下栏—4899 页上栏；同书食货七之一二五—一二六，第 6433 页。

交易必须在交易双方的砧基簿上注明，然后在乡、县砧基簿上批注，否则即使有契书、户帖以及其他相关证明文件，官府也不承认产权交易的合法性。

第三，砧基簿的管理。县级政府下面每个乡要设立乡砧基簿一面，然后县以都为单位制作三本砧基簿，分别留存在县、州、转运司。人户进行产权交易时必须先在乡砧基簿上批注，乡砧基簿每三年更新一次，新簿交到县府核查盖印后，发还到乡司手中继续使用，旧簿则保存到州架阁库，如果有人户遗失砧基簿，则参照县砧基簿重作一份给申请人，如果县砧基簿遗失，则从州架阁库重新制作一份。砧基簿管理纳入各级官员的正常考核内容，每次县、州、转运司官员上任或离任时，都要把砧基簿的交接作为政务交接的基本内容之一。

不仅一般的财产私有者（包括官户、民户）有砧基簿，寺院、道观、祠庙、义役田、宗族义庄义田、宗族墓田等共有产权所有者也获得砧基簿，系官田产（如学田、官舍房产等）、官方产业也实行砧基簿制度。

有些比较清明廉干的官吏也比较注意加强本部门砧基簿的管理。宋宁宗嘉定元年（1208），平阳县令汪季良（字子驷）根据自己在县政府的理财经验，写了一本叫作《平阳会》的小册子，"以一邑财计，自两税而下，为二十一篇，终于岁会，旁通沿革本末，大略备矣；又为外篇五条，如砧基副本、催科、检放及书手、除科敷之弊，以为此财用所从出也"①。这里汪季良也说明之所以要专门开列一篇写如何管理县砧基簿，是因为砧基簿是县府征收赋税、获取财用的主要依据。除了州府有架阁库保存砧基簿，有些县衙也建造楼屋，存放本地的砧基簿，被不少文人视为仁政。如江西路永丰县有"仁政楼"，专门存放经界图籍，正副砧基簿等。②

经界法从绍兴十三年（1143）开始正式实施，到绍兴二十年（1150）基本结束。其后孝宗、光宗、宁宗、理宗、度宗各朝在一些地方州县仍然

---

① （宋）陈振孙：《直斋书录解题》卷五《典故类》，文渊阁《四库全书》，台湾商务印书馆1986年版，第674册，第634页；（元）马端临：《文献通考》卷二〇一《经籍考二十八·史》，第1684页。

② （宋）徐元杰：《楳埜集》卷十《记·永丰县仁政楼记》，文渊阁《四库全书》，台湾商务印书馆1986年版，第1181册，第745—746页。

陆续实行过经界法。

从地域上看，经界法是从平江府开始实行的，其他地方实施的时间先后不一，而有些地方即使是同一个州，其具体实施的情况也大不一样。如两浙路台州下辖临海、黄岩、宁海、天台、仙居五县，绍兴十八年（1148），知州曾惇主持推行经界法，①"俾编户实书其产，依土风水色认两税，履亩授砧，其贰藏之官"，但是其中只有黄岩县和宁海县的田产有实施经界的记载，其他三县则没有。② 而到了嘉定十六年（1223），郡守齐硕曾重新修复了经界图籍。③ 另外，还有一些地方由于种种原因，当时没有施行经界法。如淮东路、淮西路、京西路、湖北路四路是边防前线，"故仍其旧"，④ 但是在一段时间之后，还是推行了经界法，建立了砧基簿制度，如湖北路纯州（即原来的岳州，由于众所周知的原因，绍兴二十五年改名⑤）平江县，到了绍兴三十年（1160）才"令纯州平江县民户结保打量实耕田亩，赴官自陈，每亩输税米二升四合，仍置砧基簿，有不实，许告赏"⑥，其他地方应该也实行了相似的措施；而广西路之琼州、南宁军（原名昌化军，绍兴十四年后改名⑦）、万安军、吉阳军由于孤悬海外，土地瘠薄，所以免其经界，"其税额悉如旧"⑧。有些地方则是情况比较复杂，实施经界法出现反复。

至于砧基簿的格式，在现存的南宋法律文书中并不见记载，现存金石史料也仅见一些契约碑刻，但根据契约与砧基簿记载内容相一致的原则，契约的记载格式与内容应与砧基簿保持一致，所以，我们可以用相关的契

---

① （宋）陈耆卿等：《嘉定赤城志》卷九《秩官门二·本朝郡守》，宋元方志丛刊第 7 册，中华书局 1990 年影印清嘉庆二十三年《台州丛书》（乙集）本，第 7355 页。

② （宋）陈耆卿：《嘉定赤城志》卷一三《版籍门一·序》，宋元方志丛刊第 7 册，第 7389 页上栏。

③ （宋）陈耆卿：《嘉定赤城志》卷二《地里门·城郭》，宋元方志丛刊第 7 册，第7291 页。

④ （元）马端临：《文献通考》卷五《田赋考五·历代田赋之制》，第 63 页。

⑤ 《宋史》卷八八《地理志四·荆湖北路》，第 2195 页。

⑥ （宋）李心传：《建炎以来系年要录》卷一八五，"绍兴三十年秋七月庚子"，第3108 页。

⑦ 《宋史》卷九〇《地理志六·广南西路》，第 2245 页。

⑧ 《宋会要辑稿》食货七之一三一，第 6436 页；（元）马端临：《文献通考》卷五《田赋考五·历代田赋之制》，第 63 页；（宋）李心传：《建炎以来系年要录》卷一六一，"绍兴二十年二月庚申"，第 2606 页。

约所书田产名号、四至、坐落、租税等内容，来推断宋代砧基簿的格式。
先试录一些金石史料如下：

吴县续学田记一①

（中略）

一契，嘉泰四年四月二十六日，用钱二百贯文（九十九陌）典
到府前状元坊住人何镇将自己税地上，自备木植，在上
盖店屋壹所，共伍间，并系竹椽瓦盖，在仓街堂巷街，
北面南坐落。今开具下项：

一，正面贰间，系朝南壹，带砖砌堵头，并全内东壹间，装
木板榻，共伍片，里装金漆槅子贰片，黑木大眼槅
子壹片，内西壹间，装吊榻两片，下装槛盘芦壁，又
木门壹片，中槊壁壹带四堵，四向壁落全。

一，入里叁门，面东壹带装短直眼黑木窗，共柒片，内壹
间装房，又壹间安顿杂物，壹间作厨灶，砖灶叁只，
东司壹眼，金漆木门壹扇，黑木方眼槅子壹扇，直
眼白木吊窗壹片，直眼金漆槅子两片，亭心壹带，
砖井壹口，四向壁落全，系本人租在名下住居，每
日典还赁钱壹佰贰拾文足。

一契，嘉泰四年七月内，用钱壹阡玖伯单捌贯伍佰伍拾文
（九十九陌）买到闾丘吏部右司媳妇陶氏妆奁元买到长
洲县陈公乡念伍都坐字号苗田，共壹拾柒段，计壹伯叁
拾陆亩叁角壹拾肆步，其田四止坐落细号段数，今开具
如后：

一，坐字柒号田柒亩，元买吴安田，东止吴七四，西止吴
六三嫂，南止寅字号田，北止下段。

一，坐字柒号段内田伍亩，元买吴安田，东止吴七四，西

---

① 江苏通志局：《江苏省通志稿·金石志》卷一四《吴县续学田记一》，第 5 页前—第 8 页
前；新文丰出版公司编辑：《石刻史料新编（第一辑）》第 13 册，新文丰出版公司 1982 年版，第
9781—9782 页。

止吴六三嫂，南止寅字、卯字号田，北止金三三娘。

一，坐字陆号田贰亩壹拾步，元买吴祖田，东止唐，西止
　　盛，南止吴，北止吴。

（中略）

一，坐字号壹佰壹拾亩段内田肆拾壹亩壹角，元买吴
　　六三嫂、吴七三、吴七四、吴七十五，东止瓦子泾，
　　西止界，南止松江，北止陈宅田。

　　已上田共上租米壹佰贰拾叁硕壹斗（后略）

根据以上材料，我们可以看出，这些契约的描述特点跟绍兴经界法中对制作砧基簿的要求几乎一致，即要求"声说亩步、四至、元典卖或系祖产"，就是少了"画田形丘段"这一项内容，而且还看到南宋人对房产的产权描述是相当细致的，因而笔者认为，砧基簿的格式应该跟这个契约的格式是一致的。

三　砧基簿与宋代产权的关系

由于通过砧基簿这个相对比较统一的文本，可以描述围绕田宅这一古代农村最主要的资产在经济和社会中所具有的各种特性，使田宅的潜在价值得到描述和记录，将各种主要资源的信息纳入到一种制度之中，并在此基础上要求南宋社会建立比较初级的信用和责任关系，使田宅具有可交换性，围绕砧基簿形成有牙人、担保人、见证人、官府组成的人际关系网络，从各个方面保证产权交易，因而砧基簿制度在南宋确立之后就成为跟产权关系比较密切的文书制度。

第一，砧基簿是田宅产权变动、征收赋税、派遣差役的主要法定文书依据。杜范（1182—1245）云："民以实产受常赋为砧基簿，印于县而藏之家，有出入则执以诣有司书之。"[1] 南宋大多数处理田宅产权纠纷的官吏

---

① （宋）杜范：《清献集》卷一六《常熟县版籍记》，文渊阁《四库全书》，台湾商务印书馆1986年版，第1175册，第735—737页。

们也认为，"交易传承，必凭上手与砧基簿"①。上文提到绍兴十三年李椿年首次推行经界法时，要求人户按丈量的土地图形资料自行申报土地产权资料，在交易时先要到本乡的砧基簿批注，然后到县砧基簿批注，否则虽然有契约等其他干照，官府仍然视为非法交易。之所以要在双方砧基簿上进行批注，是要在产权交易后能够确定税收承担对象。这些法令应该是得到官府的执行，但是不少民众却不愿意遵守，或者是串通官吏作弊，暗中批注，不移割赋税，或者是不亲自到官府推割赋税。鉴于这些情况，官府不得不一而再、再而三地强制执行。绍兴十五年（1145）九月三日，夔州路转运判官虞祺向朝廷建议：

> 人户典卖田宅，准条具帐开析顷亩、田色、间架、元业税租色役钱数，均平取推，收状入案，当日于簿内对注开收讫，方许印契。窃详典卖田宅出于穷窘，遂将田产破卖，多是乡豪权贵公吏之家典买，其买地之人每遇收税，执会本乡保正，借令别人，诈作卖地人名字，赴官对会推割，嘱托乡司，承认些少税役，暗行印押契赤，批凿簿书，其实元不曾依条同卖业人正身赴县当面尽数承认，缘未有断罪，乞今后人户买卖田宅人未曾亲身赴县对定推割，开收税簿，而先次印给赤契者，官吏重立法禁，如已前有此弊幸，止于典买地契内暗凿推招税产，实未曾于簿内开收，乞立限一季，许赴县自陈，推招批簿，若限外不首，许元卖绝人论诉，将所买田产给还元业人，其价钱不追，所责贫困之人便得推割。

虞祺建议的要旨是要求产权交易双方的所有者亲自到县衙进行交易，先在砧基簿上批注，在县赋税簿上推割，并在砧基簿上注明税收推割情况，再给盖朱印的契约；以前进行非法交易的，立限一季，允许当事人到县衙补办手续，否则进行处罚。经过门下省给事中李若谷等人看详后认为，虞祺所提出的建议都有现成的法令，只是地方官吏执行不彻底，要求

---

① 《名公书判清明集》卷之六《户婚门·争田业》，韩竹坡《伪冒交易》，第172页。

监司、州府等监督县衙认真执行，并同意虞祺所建议的补办手续的措施。①
绍兴十九年（1149），户部侍郎宋贶申明李椿年旧规，"典卖田宅不赍砧基
簿对行批凿，并不理为交易"。绍兴三十一年（1161），户部建议，人户典
卖田产时，必须在契约内写明"顷亩、间架、四邻所至、税租役钱、立契
业主邻人牙保写契人书字"，并按旧条"对行批凿砧基簿"，否则"依违法
典卖田宅断罪"，朝廷批准了这个建议。② 到了乾道九年（1173），南宋朝
廷进一步明确责任，规定更为详细：

> ［孝宗乾道］九年（1173）十月九日，诏逐路常平司行下所属州
> 县，自今交易产业，既已印给官契，仰二家即时各赍干照、砧基簿赴
> 官，以其应割之税，一受一推，书之版簿，仍又朱批官契，该载过割
> 之详，朱批已圆，方得理为交易，如或违戾，异时论诉到官，富豪得
> 产之家虽有契书，即不凭据受理。从臣僚请也。③

这份诏令指定由诸路常平司监督下辖州县，在产权交易时，要交易双方先
签订契约，并加盖官府朱印，然后交易双方取各自的砧基簿、朱印契约等
同时到官府推割税收，也要在官府的税簿与砧基簿中注明，最后要在双方
的砧基簿和契约上写明割税的情况，朱批画押。

正是由于砧基簿在土地、房产产权交易中具有重要作用，在产权交易
时比较重视通过砧基簿来了解相关信息。对此袁采（？—1195）的论述最
为详尽。他提醒人们在进行产权交易时，要注意交易的资产在砧基簿上的
记载内容是否合法，了解即将交易的资产是否存在跟砧基簿相关的亲邻
法、共财法、割税法与契约的细节等方面问题。他说：

> 人户交易，当先凭牙家索取阄书、砧基，指出丘段、围号，就问
> 现佃人有无界至交加、典卖重迭，次问其所亲有无应分人出外未回及
> 在卑幼未经分析，或系弃产，必问其初应与不应受弃，或寡妇卑子执

---

① 以上并见《宋会要辑稿》食货六一之六四—六五，第 5905 页下栏—第 5906 页上栏。
② 《宋会要辑稿》食货六一之六五—六六，第 5906 页。
③ 《宋会要辑稿》食货六一之六七，第 5907 页上栏。

凭交易，必问其初曾与不曾与勘会，如系转典卖，则必问其元契已未投印，有无诸般违碍，方可立契，如有寡妇幼子应押契人，必令人亲见其押字，如价贯、年月、四至、亩角必即书填，应债负货物不可用，必支见钱，取钱必有处所，担钱人必有姓名，已成契后，必即投印。虑有交易在后而投印在前者，已印契后必即离业；虑有交易在后而管业在前者，已离业后必即割税；虑因循不割税而为人告论，以致拘没者。①

也正是如此，不少豪强之家或者其他奸猾之辈买通胥吏，或者暗中批凿砧基簿，或者诡名立户，制作多份砧基簿，更为甚者，伪造砧基簿，欺骗官府与其他人户，谋夺他人田产。前一种情况见于上文提到绍兴十五年夔州路转运判官虞祺给朝廷的奏议，其中提到买田人多是"乡豪权贵公吏之家"，推割赋税时弄虚作假，勾结胥吏私自批凿砧基簿。楼锡（1134—1183）在孝宗淳熙年间曾向朝廷上奏指出，乡村豪户为了避免科敷，"以本户之田，析以占籍五等，分立砧基多至百本"②。就是说，豪户把一家之产诡名分析为一百户，每户都有砧基簿，从而逃避税收，或者是减少自己的税额，这必然会减少官府的财政收入，增加其他人户的负担。按照南宋官方的格式与官员的经验，完整的砧基簿一般是首尾齐全的，批注恰当，笔迹清楚明白，纸张与墨迹常常是同一种颜色的，如果有"毫发妆点，欺伪之状晓然暴露"。在审理陈税院诉吴五三伪造文书诬赖田产一案时，主审官叶岩峰就发现吴五三提供的砧基簿"止一幅，无头无尾"，所以他认为这幅砧基簿有伪造之嫌，不足为据。③ 绍定元年（1228），平江府审结豪户陈焕侵占平江府学田产一案，指出陈焕伪造契书与砧基簿，并把这两个伪造的文书"毁抹"，④ 将田产判给平江府学收回。

第二，作为一种有价值资源的凭证，砧基簿本身可以用作抵押或者进

① （宋）袁采：《袁氏世范》卷三《治家·田产宜早印契割产》，丛书集成初编本第974册，中华书局1985年重印本，第61页。

② （宋）楼钥：《攻媿集》卷八五《行状·先兄严州行状》，第1160—1161页。

③ 《名公书判清明集》卷之六《户婚门·争田业》，叶岩峰《伪批诬赖》，第182页。

④ 江苏通志局：《江苏省通志稿·金石志》卷一五《给复学田省劄》，第53页前。

行买卖。砧基簿登记的是土地、房舍、山地等资源的信息，作为产权的象征，它包含着直观的与潜在的价值，因而也成为一种有价值的物品，可以拿来进行信用抵押，换取其他有价值的物品，也可以进行买卖。

宋代砧基簿的抵押一般可以分为两种，一是正常的商业抵押，另一种是救济抵押。先说第一种情况。据李心传在《建炎以来朝野杂记》记载了广西盐法改革情况，其中提到实行盐钞法时，必须用财产抵押，财产抵押不足，可以用荒田的砧基簿抵押：

> 淳熙十五年（1188年）……其秋，应孟明为知静江府，……孟明至官，首奏："本路见今以钞盐抑勒民户，流毒一方，且都盐司不支本钱，盐丁散走，（入）[人]户多有请钞而未得盐者。又人户以产业抵当请盐钞，亦有已业既尽，借荒田砧基以充要约者。不若复旧法，漕司官般官卖，以解愁怨。"……①

跟应孟明（1138—1219）在淳熙十五年（1188）同去广西路上任转运判官的朱晞颜（1134—1199）在向朝廷上《盐奏》时也提到，广西路地方州县官府为了卖盐，强迫人户"以砧基簿抵当入官"买盐钞。② 第二种情况往往出现于灾荒之年。有的是灾民无钱买粮，便把砧基簿抵押给官府或者有粮的人，以换取粮食。有时是一些有清誉文行之士，大力救济灾民，在自己家里粮食与金钱散尽的情况下，就拿自己的砧基簿抵押给官府，换取粮食，继续赈济灾民。如绍兴二十年（1150），两浙路大饥荒，温州灾民想要逃往他处，本地仙居、清通两乡间有隐者刘愈便采取多种办法帮助饥民，"顾（雇）令平治险道，不足，又以其家山林从使樵卖；不足，遂以砧基簿贷米于官"③，"得米三百斛，归与并乡大家分，计近居之下户给之，

---

① （宋）李心传：《建炎以来朝野杂记》乙集卷一六《财赋·220广西盐法》，第785页。

② （明）程敏政：《新安文献志》卷八二《行实才望》，谈钥《宋故通议大夫守尚书工部侍郎致仕休宁县开国男食邑三百户赠宣奉大夫朱公晞颜行状》，文渊阁《四库全书》，第1376册，台湾商务印书馆1986年版，第349页。

③ （宋）叶适：《叶适集·水心文集》卷之七《墓志铭·刘子怡墓志铭》，中华书局1983年版，第332—334页。

贫者咸赖以活。"① 至于买卖砧基簿的例子，在宋代文献中似未见到，元代则有一例。大德四年（1300），分宜县县学刘应丑死后，其子刘自昭"受崇法寺僧钱，盗以本学砧基簿卖之"②。大德四年离宋亡仅二十年左右，估计宋代也有类似情形。

第三，砧基簿是官府裁决人户田宅产权纠纷的主要依据之一。如前引南宋官吏所言，田宅产权交易与分家析产，上手契约与砧基簿是官府裁定产权纠纷的主要依据。宋人或云，"交争田地，官凭契书"③。砧基簿即"契书"之一。从现有文献记载的例子来看，官府使用砧基簿裁决两个方面的纠纷：一是土地等资产的所有权纠纷，二是赋役纠纷。南宋末徐经孙（1192—1273）言，官府"必索各户砧基簿书，而后知［人户］所买亩段着落"④。我们可以证之以法律实例。黄榦在审理曾适张潜争地一案时，曾适曾经以"朱契、砧基簿"为"表照"。⑤ 聂忠敏与车可言田邻侵界，县衙主要参考了两家"祖上砧基簿"之中所记载的"产数"与"四至"，才作出初审裁决。⑥ 刘克庄为江东提刑司时，审理江东路饶州贵溪县潜彝招桂节夫、周氏阿刘诉占产事，他除了核对潜彝与桂仔贵买卖田产契约之外，还让桂节夫呈送砧基簿以为对照，最后认为潜彝之荒地与桂节夫同祖荒山没有什么关系，裁定潜彝违法侵占他人财产罪名成立，判处潜彝"枷项押下本县号令（但已与引赦免断）"，判决桂节夫仍然"照砧基管业"。⑦ 吴恕斋在审判王直之与徐监狱媳妇朱氏争地一案时，仔细核查两家呈送的契约、砧基簿、分书，尤其是比较仔细地分析了朱氏的契约，认为"照得

---

① （宋）薛季宣：《浪语集》卷三四《行状·刘进之代作》，文渊阁《四库全书》，台湾商务印书馆1986年版，第1159册，第557页。

② （元）欧阳玄：《圭斋文集》卷六《记·分宜县学复田记》，文渊阁《四库全书》，台湾商务印书馆1986年版，第1210册，第44—45页。

③ 《名公书判清明集》卷之六《户婚门·争田业》，吴恕斋《王直之朱氏争地》，第185页。

④ （宋）徐经孙：《矩山存稿》卷三《杂著·上丞相贾似道言限田》，文渊阁《四库全书》，台湾商务印书馆1986年版，第1181册，第33—34页。

⑤ （宋）黄榦：《勉斋集》卷三十二《判语·曾适张潜争地》，文渊阁《四库全书》，台湾商务印书馆1986年版，第1168册，第359—361页。

⑥ 《名公书判清明集》卷之五《户婚门·争业下》，人境《田邻侵界》，第155—157页。

⑦ （宋）刘克庄：《后村先生大全集》卷第一九三《书判江东臬司·饶州州院申潜彝招桂节夫周氏阿刘诉占产事》。

朱氏七契，一契印于绍定三年，六契印于嘉熙四年，其印于嘉熙四年者固若可疑，但所置施文霸桑地，其一亩已于绍熙四年经官，披上砧基簿，其二亩一角十九步又于庆元五年经官，披上砧基簿，又该载嘉定六年分书，并由官印官押分明"①。从这里可以看出，绍兴十五年李椿年经界法中"产业交易必须批凿于砧基簿"的法令，真正得到了执行。

曹彦约（1157—1229）对契书与砧基簿的具体作用作了一定的区分。他认为："夫契书者，交易之祖也，砧基簿者，税役之祖也。曩时经界立法，固已灼知奸弊之原委，而立为对行批凿之定论矣。不对行批凿，则不理为交易，虽有立定契约，亦且不用，其辞甚严，其关防甚悉。"他对绍兴经界法的成效基本上是肯定的，认为产权交易必须在砧基簿上批凿是非常必要的。②

至于砧基簿在审理赋役纠纷中运用，现有文献中的例子主要集中在官户免役方面。由于官户有占田限田法与烝尝（墓）田法，经界法实施后，烝尝田也进行了丈量，必须制作砧基簿，缴纳赋税。据《名公书判清明集》记载，建阳县王某与陈钤干户的争役案件中，王某指责陈家烝尝田太多，陈家因此被质疑有借此逃避差役之嫌，所以建阳县丞向陈钤干家索要各种资产以及其他法律文书，陈家送上"烝尝砧基簿并支书各一本，又正契十九道"供官府核查。③ 绍兴经界时，品官占田限田法也与砧基簿制度结合起来。品官占田限田法规定，品官限田，合照原立限田条格减半，与免差役，其死亡之后，承荫人许用生前曾任官品格与减半置田。绍兴经界法实施后，规定如果品官死后，诸子孙分家析产，不管其户数多少，其田亩总数不能超过原官品减半之数，并要各户新立砧基簿上写明父祖官品与本户合得限田数目，现在分为几户，每户各应得限田若干顷亩，日后诸子孙分家，要依前开说，曾孙、玄孙也照此实行，并要详细开列具体的田段、亩步并坐落州县乡村的具体位置，如果遇到排定差役，必须拿取砧基簿对照检验免役分数，如果没有分家关书而且砧基簿上又没有说明的，并

---

① 《名公书判清明集》卷之六《户婚门·争田业》，吴恕斋《王直之朱氏争地》，第186页。

② （宋）曹彦约：《昌谷集》卷一○《劄子·新知澧州朝辞上殿劄子》，文渊阁《四库全书》，第1167册，第118页。

③ 《名公书判清明集》卷之三《赋役门·限田》，建阳丞《申发干照》，第79页。

不在免役之限。范应铃（？—约 1218）知崇仁县期间，曾对黄姓知府名下五户限田免役情况进行核查。根据黄知府幼子黄陞送呈的各种干照，他发现有黄知府另一个儿子黄侍郎的告轴，但没有分书，砧基簿上也没有说明，有黄知府户契，而无黄陞本人应受分之干照，所以他认为，"今［黄］侍郎直下无官，而［黄］侍郎限田尽以承占，于法有违"①。他又裁决另一户乐史（930—1007）侍郎户有税钱一贯七百七十二文，"并无告敕、砧基簿书可以稽考"，所以其赡坟田不能免役。②

第四，砧基簿也是宋代官府灾伤检放的主要依据之一。"灾伤检放"是宋代官府对受灾民户进行间接性财政赈济的主要方式之一，唐代称为"损免"。③ 由于灾伤检放可以减免赋税，所以有些民户即使是自己家里没有遭受灾害，也千方百计造成受灾的假象，以获得官府的蠲免。为了防范并纠正这种弊端，南宋政府也出台了相应的措施，其中一条就是要求民户在写灾伤检放的申请时，必须附文抄录本户砧基簿上的田产数量、四至，一起投送给官府核查。这一项制度应该始于宋孝宗乾道六年，史载：

> ［孝宗乾道］六年（1170）六月二十七日，户部尚书曾怀言："乞委诸路漕臣应灾伤去处，仰民户依条式于限内陈状，仍录白本户砧基田产数目、四至投连状，前委自县官将砧基点对坐落乡村四至、亩步，差官覆实检放，如辄敢妄移丰熟乡分在灾伤地分，侥幸减免，许人陈告，依条断罪，仍将妄诉田亩并拘没入官，以一半给告人充赏，或有丰熟去处收割禾稻了当，却开堀围岸放水入田，瞒昧官司之人，以乞依此施行。若州县奉行灭裂，从漕臣按治，重置典宪。"诏依，诸路遇有灾伤，令监司守令依此施行。④

朱熹称这条规定为"乾道灾伤检放指挥"。他在淳熙六年到八年（1179—

---

① 《名公书判清明集》卷之三《赋役门·限田》，范西堂《乞用限田免役》，第 83—84 页。
② 《名公书判清明集》卷之三《赋役门·限田》，范西堂《赡坟田无免役之例》，第 85 页。
③ 参考陈明光《略论唐朝赋税的"损免"》，《中国农史》1995 年第 1 期；《唐宋田赋的"损免"与"灾伤检放"论稿》，《中国史研究》2003 年第 2 期。
④ 《宋会要辑稿》食货一之一二至一三，第 4807 页下栏—第 4808 页上栏；同书食货六一之七七，第 5912 页上栏。

1181）之间知南康军时，就曾经引用该条规定对星子、建昌、都昌三县进行灾伤检放。①

第五，在人户家庭财产分割时，要根据所分家数，重新制作相应份数的砧基簿。一般而言，南宋家庭分家析产，要有分家关书，并且每一户要制作一份跟分家关书一致的砧基簿。南宋对官户析分家业须置砧基簿的法令规定，经历了一个由简到繁的过程。绍兴年间，李椿年等人的经界法令并没有对此作出明文规定。乾道八年（1172）的限田免役指挥明文要求官户人家在财产析分时，必须要有分书和砧基簿：

> ［孝宗乾道］八年（1172）四月二十五日，臣僚言……诏令给舍同户部看详。看详："品官之家，照应元立限田条限，减半与免差役，荫人许用生前曾任官品格，与减半置田，如子孙分析，不以户数多少，通计不许过减半之数，仍于分书并砧基簿内，分明该说父祖官品并本户合置限田数，自今来析作几户，每户各合限田若干，若分析时田亩不及合得所分格内之数，许将日后增置到田亩凑数，经所属批凿，入照免役，若分书并砧基内不曾合说，并不在免役之限，若诸县皆置田产，窃虑重叠免役，仍令诸县勒令各家自行指定，就一县用限田免役，如所措县分田亩不及合得限田之数，许于邻县凑数，其余数目及别县田产并封赠官子孙，并同编户差役，有已差役人辄于役内无故析户、计会官司差人抵替，致引惹词诉，今欲将来差役前父母亡没，服阕在充役之内，合行析户者听析户外，其见役人无故析户，即有所规避，须候满方许陈乞。"从之。以上《乾道会要》。②

据此看来，似乎在此之前（应该在绍兴后半期，即1145—1162年之间），官府就要求人户在分家析户时，必须同时分写分书与砧基簿，乾道八年限田免役指挥则进一步强调官户子孙析分时，要详细注明承荫后本户应得免

---

① （宋）朱熹：《朱熹集》别集卷第九《公移·检坐乾道指挥检视旱伤》，尹波、郭齐点校，四川教育出版社1997年版，第5554—5555页。

② 《宋会要辑稿》食货六之六，第4882页；同书食货六一之八，第5913页。后者较前者稍详些。

役田数以及补充措施。

第三节　宋代的分家关书

无论在古代还是现代社会中，家庭都是社会的基础，是社会的基本组成单位。学界大多认为，中国古代社会有很强的"同爨共财"（或者称为"同居共财"）的产权传统。[①] 但是在实际生活中，中国古代还是以三代五口之家[②]这种小家庭为主，因此析户分财是家庭演变中的现象。正如东汉许荆所说的："礼有分异之义，家有别居之道。"[③] 南宋袁采亦云："兄弟相爱，虽异居异财，亦不害为孝义。"[④] 南宋法令规定，"父母服阕，合用析户"[⑤]。邢铁先生认为，商鞅在秦国实行的改革实际上促使了诸子平均析产方式的形成，而析产方式以多次性析分与一次性继承为主要方式。[⑥] 宋代也是如此。

宋代人户进行家产分析时，一般每个承分人都要分别写一份文书，宋人称为"分立关书"或"分阄"，所写的文书被称为分家文书、关书、分书、支书、分关、阄书等。所以袁采说"分析只凭阄书"。[⑦] 这些分书所载明的财产，是合法的财产来源，上述有关砧基簿的法令也认定所载明的财产是合法财产来源之一。宋朝也比较注重立法，规范人户家产分割制度，

---

① 参考［日］仁井田陞《唐宋之家族共产与遗嘱法》，《食货半月刊》1935 年第 1 卷第 5 期；［日］中田薰《唐宋时代の家族共产制》，氏著《法制史论集》，东京岩波书店 1943 年版；［日］滋贺秀三《中国家族法の原理》，东京创文社 1981 年版，中译本，张建国、李力译，法律出版社 2002 年版；柯昌基《宋代的家族公社》，《南充师院学报》1982 年第 3 期；徐扬杰：《宋明家族制度史论》，第一、二章，中华书局 1995 年版，第 1—103 页；王善军：《宋代宗法与宗法制度研究》，河北教育出版社 2000 年版。

② 《汉书》卷二四上《食货志上》，第 1232 页。这里所说战国时期魏国"一夫挟五口"，晁错说西汉时期情况时列举的是"农夫五口之家"。

③ 《后汉书》卷七六《循吏传·许荆传》，第 2471 页。

④ （宋）袁采：《袁氏世范》卷一《睦亲·兄弟贵相爱》，丛书集成初编第 974 册，第 10 页。

⑤ 《名公书判清明集》卷之三《赋役门·差役》，佚名《父母服阕合用析户》，第 75 页。

⑥ 邢铁：《家产继承史论》，第 5、12 页。

⑦ （宋）袁采：《袁氏世范》卷三《治家·田产界至宜分明》，丛书集成初编第 974 册，第 59 页。

即如袁采所云："朝廷立法，于分析一事，非不委曲详悉。"① 其中也包括对分家关书的规范。

下面拟从订立分家关书的前提是否合法、参与分产的承分人是否合法、家产分析是否公当合法、分家关书形式是否合法、分家关书的手续是否合法、分家关书在各种产权活动中的运用等这几个方面，论述分家关书与其承分人的产权行为以及与官府的关系。

一 分家关书制作的前提

按照字方规定，人户在订立分家关书之前，分家要合法。唐宋社会分家析产的前提是，原来的户主（一般是男性，为祖、为父者）及其配偶去世之后，并要诸子孙服阕期满三年之后，才能提出分居析产。对此，宋代法律规定很严密。《宋刑统》卷十二《户婚律》之《父母在及居丧别籍异财（居丧生子）》② 条云：

> 诸祖父母、父母在，而子孙别籍、异财者，徒三年。别籍、异财
> 不相须，下条准此。若祖父母、父母令别籍及以子孙妄继人后者，徒
> 二年；子孙不坐。
> 诸居父母丧，生子及兄弟别籍、异财者，徒一年。
> 【疏议曰】："居父母丧生子"，已于名例"免所居官"章中解讫，
> 皆谓在二十七月内而妊娠生子者，及兄弟别籍、异财，各徒一年。别
> 籍、异财不相须。其服内生子，事若未发，自首亦原。

又《宋刑统》卷十二《户婚律》之《卑幼私用财（分异财产、别宅异居男女）》③ 条云：

> 诸同居卑幼，私辄用财者，十疋笞十，十疋加一等，罪止杖一

---

① （宋）袁采：《袁氏世范》卷一《睦亲·分析财产贵公当》，丛书集成初编第974册，第8页。
② （宋）窦仪等：《宋刑统》卷一二《户婚律·父母在及居丧别籍异财》，第113页。
③ （宋）窦仪等：《宋刑统》卷一二《户婚律·卑幼私用财》，第115—116页。

百。即同居应分，不均平者，计所侵，坐赃论减三等。

【疏议曰】：凡是同居之内，必有尊长。尊长既在，子孙无所自专。若卑幼不由尊长，私辄用当家财物者，十疋笞十，十疋加一等，罪止杖一百。"即同居应分"，谓准令分别。而财物不均平者，准户令："应分田宅及财物者，兄弟均分。妻家所得之财，不在分限。兄弟亡者，子承父分。"违此令文者，是为"不均平"。谓兄弟二人，均分百疋之绢，一取六十疋，计所侵十疋，合杖八十之类，是名"坐赃论减三等"。

准《户令》：诸应分田宅者及财物，兄弟均分。其相父亡后，各自异居，有不同爨经三载以上、逃亡经六载以上，若无父相旧田宅、邸店、碾硙、部曲、奴婢见在可分者，不得辄更论分。妻家所得之财不在分限。妻虽亡没，所有资财及奴婢，妻家并不得追理。兄弟亡者，子承父分。继绝亦同。兄弟俱亡，则诸子均分。其父祖永业田及赐田亦均分，口分田即准丁中老小法，若田少者，亦依此法为分。其未娶妻者，别与（娉）[聘] 财，姑姊妹在室者，减男（娉）[聘] 财之半，寡妻妾无男者承夫分，若夫兄弟皆亡，同壹子之分。有男者不别得分，谓在夫家守志者，若改适，其见在部曲、奴婢、田宅不得费用，皆应分人均分。

准唐天宝陆载伍月贰拾肆日敕节文：百官、百姓身亡殁后，称是别宅异居男女及妻妾等，府县多有前件诉讼，身在纵不同居，亦合收编本籍，既别居无籍，即明非子息，及加推案，皆有端由，或其母先因奸私，或素是出妻弃妾，苟祈侥幸，利彼资财，遂使真伪难分，官吏惑听，其百官、百姓身亡之后，称是在外别生男女，及妻妾先不入户籍者，壹切禁断，辄经府县陈诉，不须为理，仍量事科决，勒还本居。

准唐天宝柒载贰月拾贰日敕：其宗子、王公以下，在外处生男女，不收入宅，其无籍书，身亡之后，壹切准百姓例处分。

上述法律条文是宋初承袭唐五代以来的法律习惯编定而成的。其主要规定是，要在上一代或者上两代的长辈去世之后，同一辈的人才能进行家产分割，才能另立户籍。揆之于史实，宋代社会确实存在"同居共财"的制度。据仁井田陞（1904—1966）的研究，宋代的"同居共财"有同族同居共财、亲族同居共财、异姓同居共财之别。但是，他也指出，宋代民间即使是"同居共财"，实际上仍然还存在共财之下的私财。①

不过，经过唐中后期到五代，实际上在宋朝初年，法令屡经变异，社会动荡不安，一方面是人们对于法令相对比较生疏了，地方官府也着重于赋役的征调，不太重视地方教化。许多家庭并没有遵守户婚律令而进行了分家析产。早在后唐明宗长兴二年（931），辽州地区"里俗有父母在而析财别居"，后唐朝廷虽然说要对违反者加刑处罚，② 但似乎也是雷声大雨点小。开宝初年（968），宋太祖了解到，"西川及山南诸州百姓祖父母、父母在者，子孙多别籍异财"③，陕西路这一带也是如此。太祖一开始是诏令地方"长吏申戒之，违者论如律"，到了开宝二年（969），又进而规定，"令川、陕诸州，察民有父母在而别籍异财者，其罪死"④，但其实施效果却不得而知。真宗大中祥符二年（1009），人户"或靡顾宗亲，显求析户，或不闻尊属，潜举息钱"。这显然严重破坏了《宋刑统》之《户婚律》中的条法，而宋真宗只是下诏申严："自今诱人子弟，求析家产，恣为不逞，及辄坏坟域者，仰逐处即时捕捉，并许本家亲族邻人陈告，鞫按以闻，当议决配。其知情放债人所假钱物，不在还理之限，如因事彰露，应干系官吏邻保，并等第勘断。"这一诏令的处罚力度显然也远远小于宋太祖的诏令。⑤ 真宗天禧中（1017—1021），大名府宗城县有"母在而析产者"，他们并没有受到法令的处罚。⑥ 也就是说，只要没有财产诉讼，或者有人向官府告发，人户不按法令私自分产析户的行为是相对普遍的。另一个方面，差役的繁重也是民户违法分产析户的主要原因。英宗治平年间（1064—1067），三司使韩绛（1021—1088）曾向朝廷报告说，"江南有嫁

---

① ［日］仁井田陞：《唐宋法律文书の研究》第13章，第544—570页。

② （宋）王钦若等：《册府元龟》卷一五八《帝王部·诚励第三》，第1915页。

③ 《续资治通鉴长编》卷九，"太祖开宝元年六月癸亥"，第203页。

④ 《续资治通鉴长编》卷一〇，"太祖开宝二年八月丁亥"，第231页。

⑤ 《宋大诏令集》卷一九九《禁诱人子弟求析家产及坏坟域诏大中祥符二年正月戊辰》，第735页。

⑥ 《宋史》卷四五六《孝义传·李玭传》，第13398页。

其祖母及与母析居以避役者"①。神宗熙宁三年推行免役法后，不少人户纷纷通过析户来降低自己的户等，逃避或者减轻差役，官府根本没办法禁止，②只好听之任之。

到了南宋，民户随意析户分居，不按《户婚律》以及其他相关法令进行分家析产的行为更是司空见惯，比比皆是。高宗绍兴五年（1135）的一道诏令就提到，民户为了投机取巧，规避差役，"遂有父亡母改嫁、兄弟析生求免役"之举。③绍兴二十六年（1156），御史中丞汤鹏举弹劾左从政郎、新楚州州学教授刘度不应当被朝廷"召试馆职"，其理由就是因为刘度"素无行义，亲丧未除，兄弟析居"④。孝宗淳熙六年（1179）前后，江东路南康军建昌县刘琉兄弟、都昌县陈由仁兄弟，"并系母亲在堂，擅将家产私下指拨分并"⑤。大约在宁宗嘉定年间（1208—1224），王霆之父主持分家析业，⑥虽然于法不合，但是并没有受到官府追问。

总而言之，宋朝大体上是承袭唐代的分析家产法令，虽然存在很多民户违法分产析户的行为，但一旦发生分产析户纠纷诉讼，宋代官府还是依据这些法令加以审判。

二　承分人资格的认定

分产析户要确定承分人的资格或者身份。前引《宋刑统》之《户婚律》相关条款，承分人（又称为应分人）主要包括本户除了祖父母、父母之外的第一代男性成员，不论其嫡生还是庶出，只要是入了户籍的，都有资格成为合法的第一顺位财产继承人。如果有第一顺位男性继承人在分家之前死亡，那么他的财产份额将由其儿子承分。如果所有的第一顺位继承人都在分家之前去世，那么这些财产就由这些第一顺位继承人的儿子们继

---

① 《宋会要辑稿》食货六五之一，第6157页；《宋史》卷一七七《食货志上五·役法上》，第4297页。

② 《长编》卷三九三，"哲宗元祐元年十二月己酉"，第9580—9582。

③ （宋）李心传：《建炎以来系年要录》卷八八，"绍兴五年夏四月己未"，第1471—1472页。

④ （宋）李心传：《建炎以来系年要录》卷一七三，"绍兴二十有六年六月乙酉"，第2847页。

⑤ （宋）朱熹：《晦庵先生朱文公文集》卷九九《晓谕兄弟争财产事》，四部丛刊本。

⑥ 《宋史》卷四○八《王霆传》，第12315页。

承，是为第二顺位继承人。未出嫁的女性成员（包括第一代男性成员的姑姑、姐妹）可以获得未婚男性成员聘财数量的一半作为奁产。第一顺位男性继承人的遗孀（即所谓寡妻妾之类），如果没有男性后代且守志不再嫁者，可以继承其丈夫的完整份额，但是如果再嫁的话，就不能继承了。除了这些直系继承人，还有一类是旁系继承人——养子，是第一顺位继承人在世的时候领养以作为自己继承人。由于第一顺位继承人在领养儿子之后，可能还会有自己的亲生儿子出生，这就容易产生财产纠纷。对此，唐宋政府都有比较具体的规定，又见之于《宋刑统》卷十二《户婚律》之《养子（立嫡）》条，规定为：①

> 诸养子，所养父母无子而舍去者，徒二年。若自生子及本生无子，欲还者，听之。即养异姓男者，徒一年；与者，笞五十。其遗弃小儿年三岁以下，虽异姓，听收养，即从其姓。
>
> 又云：若养部曲及奴为子孙者，杖一百。各还正之。注云：无主及主自养者，听从良。
>
> 【议曰】：良人养部曲及奴为子孙者，杖一百。"各还正之"，谓养杂户以下，虽会赦，皆正之，各从本色。注云"无主"，谓所养部曲及奴无本主者。"及主自养"，谓主养当家部曲及奴为子孙。亦各杖一百，并听从良，为其经作子孙，不可充贱故也。若养客女及婢为女者，从"不应为轻"法，笞四十，仍准养子法听从良。其有还压为贱者，并同"放奴及部曲为良还压为贱"之法。

这一养子法令详细规定了收养与被收养双方的权利与义务。养子一般只允许在同宗当中领养，普通百姓禁止领养异姓男者或者部曲、奴为自己的继承人，违者，各依条处罚。

除了上述法令，《宋刑统》还增加了几种《唐律》中没有的继承法令，也规定了相关承分人资格。录文如下：

---

① （宋）窦仪等：《宋刑统》卷一二《户婚律·养子》，第113—114页。

户绝资产

　　准《丧葬令》：诸身丧户绝者，所有部曲客女奴婢店宅资财，并令亲亲依本服，不以出降。转易货卖，将营丧事，及量营功德之外，余财并与女，户虽同，资财无别者，亦准此。无女均入以次近亲，无亲戚者，官为检校，若亡人在日自有遗嘱处分，证验分明者，不用此令。

　　准唐开成元年柒月伍日敕节文，自今后如百姓及诸色人死绝，无男空有女已出嫁者，令文合得资产，其间如有心怀觊望、孝道不全、与夫合谋有所侵夺者，委所在长吏严加纠察，如有此色，不在给与之限。

　　臣等参详，请今后户绝者，所有店宅畜产资财，营葬功德之外，有出嫁女者叁分给与壹分，其余并入官，如有庄田，均与近亲承佃，如有出家亲女被出及夫亡无子并不曾分割得夫家财产入己、还归父母家后户绝者，并同在室女例，余准令敕处分。①

在这一《户绝资产法》中，我们可以了解到，在没有男性继承人、也没有抱养继承人的情况下，女性的财产继承权②也得到相应的尊重，而官府也从中获利不少。

　　以上我们可以把《宋刑统》中关于承分人继承资格的法令归纳为：兄弟均析法，子承父分法，诸子承父分均分法，妻承夫分法，子未娶聘财法，在室女归宗女承分法，养子法，户绝法。

　　跟前面一样，这些承分人资格法令只是宋初承袭唐五代的做法，实际上到了整个两宋时期，除了兄弟均析法、子承父分法、诸子承父分均分法基本保持原有的框架外，剩下几个继承法在原有的基础之上，基本上都有

---

　　① （宋）窦仪等：《宋刑统》卷一二《户婚律·养子》，第116。
　　② 相关研究参考［日］柳田节子《论南宋时期家产分割中的"女承分"》，载杨一凡总主编《中国法制史考证》丙编第3卷《日本学者考证中国法制史重要成果选译·宋辽西夏元卷》，姚荣涛译，页296—315，中国社会科学出版社2003年版；［日］高桥芳郎《"父母已亡"女儿的继承地位——论南宋时期的所谓女子财产权》，同前书，页316—343。另参考本书《绪论》中相关论述。

了新的变化。

赘婿法是两宋时期特有的法令，是从妻承夫分法中解析出来的。太宗淳化元年（990）九月二十一日，崇仪副使郭载（955—994）曾上奏说，以前在剑南地区（即原西蜀统治的川峡四路）任职的时候，看到当地富人家常常招贫民青年为赘婿，与富人的儿子一起长大，富人死后，赘婿也能分得一份家财，所以不少贫民纷纷舍弃父母，到富人家做赘婿，他认为这种行为有伤风化，而且容易造成财产争讼增多，要求朝廷禁止。宋太宗采纳了他的建议，下诏禁止贫民入赘富家。① 真宗天禧年间（1017—1021）的《编敕》规定：

> 妇人夫在日已与兄弟伯叔分居，各立户籍之后夫亡，本夫无亲的子孙及有分骨肉，只有妻在者，召到后夫同共供输，其前夫庄田且任本妻为主，即不得改立后夫户名，候妻亡，其庄田作户绝施行。

这条编敕跟《宋刑统》卷十二《户婚律》中引用的《户令》所规定的原则是一致的，所不同的是，有寡妻妾既没有改嫁，也没有守志不适，而是招收接脚夫或者赘婿（一般称为后夫）上门。但是有些后夫比较狡猾，借助妻子为户主的名义，将其田产"立契破卖"，他们卖到钱后，要么被他们隐没，要么另外再购买其他产业，后夫转而立自己为户主。② 到了南宋，赘婿法继续发展，赘婿获得了合法的财产继承权："在法：诸赘婿以妻家财物营运，增置财产，至户绝日，给赘婿三分。"③

两宋时期的养子法令，基本框架还是保留了唐代法令的原则，但也有自己的特色。养子法令更为宽松。法令规定："立嗣合从祖父母、父母之命，若一家尽绝，则从亲族尊长之意"④；百姓抱养异姓虽然违法，但是如果没有同宗之人反对，抱养者死后，养子可以继承遗产，并可以得到官府

---

① 《宋会要辑稿·刑法禁约》刑法二之一，第 6496 页。
② 以上并见《宋会要辑稿》食货六一之五八，第 5902 页下栏。
③ 《名公书判清明集》卷之七《户婚门·立继》，吴恕斋《生前抱养外姓殁后难以动摇》，第 201—203 页。
④ 《名公书判清明集》卷之七《户婚门·立继》，叶岩峰《争立者不可立》，第 211 页。

的保护。① 孝宗隆兴年间（1163—1164），朝廷对养子的岁数作了一定的限制，要求养子的年龄要小于养父母的年龄：

> 《隆兴敕》：在法，无子孙，养同宗昭穆相当者，其生前所养，须小于所养父之年齿。敕令所看详：则为母所养者，年齿亦合小于所养之母。

除了养子法，还有一种跟养子法相关的姊妹法，称为立继命继法，所谓立继，就是夫妻俱亡后无男性继承人，由其祖父母或者父母立本宗昭穆相当者为继承人；所谓命继，就是夫妻俱亡后无男性继承人，家里没有直系长辈来立继，就由绝家本宗亲族尊长者命为之。立继命继法应该是在南宋时期发展起来的。南宋朝廷规定：

> 在法：其欲继绝，而得绝家亲尊长命继者，听之；夫亡妻在，从其妻。敕令所看详云：如生前未尝养子，夫妻俱亡，而近亲与之立议者，即名继绝；若夫妻虽亡，祖父母、父母见在而养孙，或夫亡妻在而养子，各不入继绝之色。②

当然，养子或者立嗣要立定文书。③

在室女承分法则增加了一些新内容。两宋法令规定："诸分财产，未娶者与聘财，姑姊妹在室及归宗者给嫁资，未及嫁者则别给财产，不得过嫁资之数"；"诸户绝财产尽给在室诸女，归宗者减半"④。

三 分家关书的内容与形式

分家关书必须以一定的格式书写，并要经官府加盖朱印，分阄财产时

---

① 《名公书判清明集》卷之七《户婚门·立继》，吴恕斋《生前抱养外姓殁后难以动摇》，第201—203 页。

② 《名公书判清明集》卷之七《户婚门·立继》，佚名《仓司拟笔》，第219—222 页。

③ 张传玺：《中国历代契约会编考释》上册，537《北宋乾德二年（964 年）史氾三养侄为嗣文书》，北京大学出版社 1995 年版，第681—682 页。

④ 《名公书判清明集》卷之七《户婚门·立继》，司法拟《立继有据不为户绝》，第215—217 页。

一般也要亲邻或者官府在场见证。

唐宋时期的分家关书的形式与内容已经比较成熟了。一般先要写明状首、分关原因、分阄财产的数量方式份数、申说各自的权利与义务，最后是分关时间、承分人、见证人签名画押，分书完毕，一般还要交给官府盖朱印。其中状首制度是比较重要的，它涉及关书的合法性问题，一般状首要以家中辈份最高者为之，如祖父母、父母，如果他们都不在了，那就以兄弟中嫡长子为之。如果不以这种方式书写，官府会认为这是非法的。如《曾适张潜争地》判词中，黄榦就认为曾适的关书是伪造的，他提出的证据就是曾适分家析产时，其父曾儒林还健在，可是曾适关书的状首不是其父，而是他自己，显然是伪造的关书。① 仁井田陞先生等人都没有注意到这个状首制度（详见下文）。

不过由于实际需要不同，分家关书的具体形式也各不相同。根据具体的内容，有的分家关书完整、详细地开列了各项分关财产的明细，可以称为分式关书；有的写得简略，没有写明各项分关财产的明细，只是一个纲领性的关书，不妨称为总式关书。而一般分家关书写好之后，要去官府盖朱印，可以称之为"红关书"，简称为"红关"或者"朱关""赤关"，但有时候官府会对这种分关行为进行刁难，要求贿赂，或者是由于分关不合法，为了躲避官府的监管，而私自分关，所以不去官府盖朱印，这种关书一般称为"白关书"，简称"白关"。② 再从析产的规模来看，有在一个家庭内部分关的，有在一个数世同居共财的宗族内分关的，前者可以称为分家关书，后者可以称为宗族分支关书③。下面试举数例，以资说明。

---

① （宋）黄榦：《勉斋集》卷三二《判语·曾适张潜争地》，文渊阁《四库全书》，第 1168 册，第 359—361 页。

② 如《名公书判清明集》卷之三《赋役门·限田》有一篇名为《白关难凭》（第 87 页）就提到刘儒宗拿的两本白关，就是说他的分家文书没有到官府盖朱印。

③ 参考许怀林《陈氏家族的瓦解与"义门"的影响》，《中国史研究》1994 年第 2 期。

A. 后唐天复九年（公元 909 年）董加盈兄弟三人分家文书（斯 2174）[①]

天复九年己巳岁（润）[闰] 八月十三日，神沙乡百姓

赛田渠地加和出卖以入怀盈兄弟三人，不关佛堂□亭支

董加盈、弟怀子怀盈兄弟三人，伏缘小失

父母，无主作活，家受贫寒，诸道客作。

兄弟三人久□不谧。今对姻亲行巷，所有

岁岁贫资，田水家业，各自别居，分割如后：

兄加盈兼分进例与堂壹口，椽梁具全，并门，城外地

取索底一渠地叁畦共陆亩半，园舍三人亭支。

蕊同渠地取景家园边地壹畦共肆亩，又

玖岁㹀牸壹头，共弟怀子合。

又蕊同上口渠地贰亩半，加盈加和出买与集，断作

麦粟拾硕、布一疋、羊一口。领物人董加和董加盈白留。

弟怀子取索底一渠地大地壹半肆亩半，蕊同

渠地中心地两畦伍亩，城内舍堂南边舍壹口，

并院落地壹条，共弟怀盈二亭分。除却兄

加盈门道园舍，三人亭支。又玖岁㹀牸壹头，

共兄加盈合。白（羊）[杨] 树一、（季）[李] 树一，怀子怀盈

二人为主，不关加盈加和之□。

弟怀盈取索底一渠大地一半肆亩半。蕊同渠

地东头方地兼下头，共两畦伍亩，园舍三人亭

支。城内舍堂南边舍壹口，并院落壹条，

除却兄门道，共兄怀子二人亭分。又叁岁黄

草□壹头。

右件家业，苦无什物。今对诸亲一一

具实分割，更不得诤论。如若无大没

---

① 中国科学院历史研究所资料室编：《敦煌资料》第一辑，中华书局 1961 年版，第 405—407 页。

小，决杖十五下，罚黄金壹两，充官入用，便
要后验。

（润）［闰］八月十二日立分书

（押）盈加董兄　　　　见人阿舅石神　　（押）

（押）子怀董弟　　　　见人耆寿康常清　（押）

（押）盈怀董弟　　　　见人兵马使石福顺（押）

B. 吴中叶氏的宋世分书①

山头巷住人叶廿八，同妻某氏，请到亲族杨三十一秀、徐十八
秀、叶廿四秀等，写立遗嘱，有身正室某氏，长男叶椿、次男叶柏、
三男叶桂、七男叶枢，侧室某氏，生四男叶槐、五男叶榆、六男叶
梅。七男俱已娶妻完业，不幸叶梅早卒无后。有身仰赖祖宗遗荫，颇
成家业。今将现在房屋、山地、家私什物，均作十分，除叶柏出赘
外，叶椿嫡长得二分，余四子各得一分，叶桂早卒，遗孙叶堂孤苦，
同叶梅妻某氏又共得一分，余三分老身养赡送终并应门户，待老身天
年之后，所遗三分，照前均分，此系出于至公，并无私曲，亦无更分
不尽之财，即分之后，荣枯得失，听由天命，所有家私明写分书之
上，永远为照。

C. 南宋德祐二年（1276）《苏氏长基分处遗书》②

大宋淳化五年（公元994年），岁在甲午，肯构石城山中新厝。
淳熙

乙巳（十二年，公元1185年），分为天、地、人、和四房，随人
住居。缘景定辛酉（二年，公元1261年）遭贼寇紊乱，山场、坟冢、
庐舍、田园失荒废坏，至咸淳乙丑（元年，公元1265年），场阜隶张

---

① 《吴中叶氏族谱》卷六四《杂志丙故事·宋世分书》，清宣统辛亥年增修本，转引自
［日］仁井田陞《唐宋法律文书の研究》，第603—604页。

② 371《苏氏长基分处遗书》（德祐二年二月吉日，1275年2月27日），转引自杨国桢等
《闽南契约文书综录》，《中国社会经济史研究》1990年增刊，第105—106页。分家文书的标题是
原文收录者所加，年月日时间是原文收录者所推算，这里德祐二年应为1276年。

清、邱潦、陈刚在处守雇，延于丁卯（三年，公元 1267 年）五月，兵贼到，提招畲屯劄里社渚处封仑，至初七攻围罗城、仙溪等寨，初九纵火焚烧房屋，可怜焦土。时至己巳（五年，公元 1269 年）、庚午（六年，公元 1270 年），元军乱炽，大宋祚将倾，叔十万以仕五世仕宗，是故不屈，义扶宋室。今经乱岁沧桑，致慨谨将庐舍、田园、山场、坟冢、产业、屋基，族众旦平，区分天、地、人、和字号阄书收执，准照定基为书，据宗枝谱图永远批阅为用。后之子孙人文

蕃衍，天运循环，旋回故里，显祖荣宗，创置门闾，诗书敦让，风俗淳厚，迄称忠孝矣。至坟冢并庙宇地基，贯石城坂中心，号曰山中寨。诸兄弟照房均分，道远、道助、道隆居天、地字号，应得左畔；道隐、道益居人、和字号，应得右畔。口无干碍，各阄谱执照炳据，向后并无反悔。如违，罚铜钱壹百贯文入官支用。须至经官押印者

　　　　天字号道远

　　　　地字号道助

　　　收执天字号道隆

　　　　人字号道隐

　　　　和字号道益

　　　　　　戴茂

　　　族房见人朝用

　　　　　　朝□

　　　　　　德高

　　公见书字人王敬　顿首拜
大宋德祐二年岁在丙子二月吉日谷旦

第一份家产分割文书《后唐天复九年（公元 909 年）董加盈兄弟三人分家文书》是家庭的分式关书，末尾有兵马使的签名画押，估计可以视为红关。日本学者仁井田陞对这份文书进行了具体分析，认为它可以分为九个部分：（1）分产分割的年月日，（2）家产分割者（董氏兄弟三人），（3）家产分割的要旨，（4）家产分割目录，（5）分割后争论的守约要言，

（6）违约处罚的规定，（7）分割文书完成的时间，（8）见证人签名画押，（9）分财兄弟的签名画押。①

第二份分书《吴中叶氏的宋世分书》也是分家关书，不过是总式关书，可能是白关。其格式跟前者略有差异。这份文书的内容可以分为七个部分：（1）状首（即当时的户主）的地址、姓名（叶廿八及其妻子某氏），（2）亲族见证人（杨三十一秀、徐十八秀、叶廿四秀等），（3）承分人情况（户主及其一妻一妾，七个皆已成家的儿子），（4）分家原因，（5）略写家产分割内容，（6）分割方式（分成十分，次男叶柏出赘不受分，嫡长子叶椿得两分，余四子各得一分，三男叶桂早卒有子叶堂孤苦，六男叶梅早卒无后妻在，叶堂与叶梅妻共得一分，三老各得一分养老，三老过世后，这三分再照前均分），（7）分产声明。最后并没有各个承分人以及见证人的签名与画押，也没有注明文书制成的时间，也没有提及是否有官印官押，估计是在抄族谱时省略或者忽略了。

第三份分书《苏氏长基分处遗书》实际上一份宗族分产关书，为总式关书，应是红关。其格式又跟上面两份分家关书不同。这份宗族分产关书的内容如下：（1）本宗族大致的发展过程，（2）析产原因，（3）家产分割主要内容与份数、编号，（4）对宗族族产以后发展的愿景，（5）承分人及其获得财产的具体份数、号数以及地点，（6）分割族产后的承诺或者义务，（7）违约的处罚规定，（8）声明要去官府盖朱印，（9）承分人、见证人、见证并书写人的签名画押。这份关书的状首不明显。

值得我们注意的是，《吴中叶氏分家关书》的家产继承原则跟我们上述的法令有所不同，它体现了这些原则：第一，祖父母、父母在可以让子孙分产、异财，但不能别籍。根据《宋刑统》卷十二《户婚律》，祖父母、父母令子孙异财的，没有析户别籍的，不算违法。第二，嫡长子比其他嫡子、庶子多承一分。这跟第一份分产文书反映的内容是一致的，那里也是长兄可以"兼分"。第三，出赘子或者出继子无承分。叶氏次男叶柏出赘，没有分得财产。第四，无后之妻在夫死后承半分。按照唐宋《户令》，夫死妻未改嫁，妻承夫分，但是这里无后之妻只承半分，有后之妻承全分。

---

① ［日］仁井田陞：《唐宋法律文书の研究》，第611页。

第五，孤苦之孙得半分。唐宋法令并无明文规定第三顺位继承人可以获得财产，而这里却获得半分。

四　宋代分家关书与产权活动的关系

分家关书记载了大量的产权信息，在宋代产权活动的很多场合中得到运用。主要有：分家关书记载了承分人的产权来源，官府可以用来确定人户赋税，安排他们的差役以及处理各种产权纠纷；关书所有者则可以用来记录产权交易活动，承担自己适当的赋役，并在产生产权纠纷时作为比较有说服力的、关于自己以及同时分关之承分人产权来源的文本证明材料。

首先，在确定差役时，如果有争议，官府可以要求被告人带上自己的分家关书等产权证明材料到官衙进行核对。虽然差役是根据丁身来确定的，但是差役的时间长短是根据家产数量多少来确定的。所以南宋范应铃指出，品官之家在为官父祖死后，子孙分析，不以户数多少，免役田总数不得超过其父祖官品占田数的一半，必须在分书和砧基簿上写明，如果没有在这两个产权文书上注明，则不能免役。① 如建阳县王昌老诉陈钤干限田超出一案，官府判案的主要依据之一就是陈氏分家文书。不过在另一个江西路抚州崇仁县黄侍郎家的限田免役纷争中，官府认为，黄家提供的资料当中没有"关书"，"断然难凭"。② 而另一个被告官户王钜也是没有"分关簿书"，审理官员要求王钜提供更多的产权资料，才能裁断。③ 而且分家文书要有官府朱印，否则视为不合法的白关，不能作为有效的产权证书。④

其次，理断产权纠纷时，分家关书是官府裁决的主要依据之一。宁宗嘉定年间（1208—1224），莫如山诉莫如江卖过已分卑幼物业一案中，官府就是根据莫如江呈交的分家关书，证明了莫如江产权来源的合法性，而莫如山提供的根据母亲命令进行析产的"录白干照"，没有"经官印押文字"，官府没有采纳它作为审判依据，从而很容易就识破了莫如山的欺骗

① 《名公书判清明集》卷之三《赋役门·限田》，范西堂《乞用限田免役》，第83页。
② 同上。
③ 《名公书判清明集》卷之三《赋役门·限田》，范西堂《使州判下王钜状》，第86—87页。
④ 《名公书判清明集》卷之三《赋役门·限田》，佚名《白关难凭》，第87页。

图谋。① 理宗淳祐年间（1241—1252），某地何德懋诉婶缪氏母子析产一案，缪氏母子向官府提供关书等为主要证据之一。② 由于关书在产权纠纷中具有举足轻重的作用，所以有些人擅自修改关书，甚至伪造关书，来达到自己试图通过合法手段侵占他人财产的目的。《名公书判清明集》中有一道《揩擦关书包占山地》判词，里面提到方伯达与徐应辰争冈头山一案，徐应辰为了达到包占冈头山的目的，把自己祖上关书"揩擦一行"，并在"冈头山"之前填上"二堡土名"四个字，县官马上找来书铺书手当场辨认字迹，书铺书手证明这一段文字是"揩擦改写"的，从而使徐应辰的图谋被识破，徐也被官府断罪。③ 在判词《妄赎同姓亡殁田业》中，建宁府签厅认为，被告人江文辉拿出庆元三年（1197）官司印押江宗闵支书，支书云：江浩生两男，长二十八生彦，次三十生宗闵。而没有江文辉所说的其祖上江通宝的名字，江文辉就在支书"三十"两字侧边添上"名通宝"三字，被签判看穿其意图。④ 在《曾适张潜争地》判词中，黄榦阐明，曾家一开始只提供了朱契和砧基簿作为产权证据，没说有关书，只是到后来才提供关书，而且关书的状首不是他的当时还健在的父亲，而是他自己，且拿不出其他兄弟的关书"穿关"为证，显然是属于伪造的关书。⑤

再次，分家关书可以记录产权交易活动，作为产权交易的证据之一。据《清明集》所记载，"建阳乡例，交易往往多批凿元分支书"⑥。王直之与朱氏争地一案中，吴恕斋的判词提到，朱氏在购买施文霸二亩一角十九步桑地后，嘉定六年（1213）析产时记载到了分书中，于庆元五年（1199年）经官批上砧基簿，"并有官印官押分明"⑦。但宋代的产权交易有典卖

---

① 《名公书判清明集》卷之五《户婚门·争业下》，人境《物业垂尽卖人故作交加》，第152—153页。

② 《名公书判清明集》卷之五《户婚门·争业下》，翁浩堂《僧归俗承分》，第138—139页。

③ 《名公书判清明集》卷之五《户婚门·争业下》，翁浩堂《揩擦关书包占山地》，第159页。

④ 《名公书判清明集》卷之九《户婚门·取赎》，签厅《妄赎同姓亡殁田业》，第319—320页。

⑤ （宋）黄榦：《勉斋集》卷三十二《判语·曾适张潜争地》，文渊阁《四库全书》，第1168册，第359—361页。

⑥ 《名公书判清明集》卷之五《户婚门·争业下》，佚名《争山各执是非当参旁证》，第161页。

⑦ 《名公书判清明集》卷之六《户婚门·争田业》，吴恕斋《王直之朱氏争地》，第185—187页。

与绝卖之分，一般绝卖才要在支书上批注，典卖则不必，因而如果有人户"支书批典不批绝"的情况，官府是不受理的。①

又再次，分家关书可以作为正式产权交易前了解交易资产的平台之一。南宋袁采在这方面非常有经验，他告诫人们，在买卖田产时，要考虑周全，仔细调查，要充分利用分家关书的去了解信息，注意看看是否会触犯亲邻法、别籍异财法、卑幼用财法、割税法等等。他说：

> 人户交易，当先凭牙家索取阄书、砧基，指出丘段、围号，就问现佃人有无界至交加、典卖重迭，次问其所亲有无应分人出外未回及在卑幼未经分析，或系弃产，必问其初应与不应受弃，或寡妇卑子执凭交易，必问其初曾与不曾与勘会，如系转典卖，则必问其元契已未投印，有无诸般违碍，方可立契，如有寡妇幼子应押契人，必令人亲见其押字，如价贯、年月、四至、亩角必即书填，应债负货物不可用，必支见钱，取钱必有处所，担钱人必有姓名，已成契后，必即投印。虑有交易在后而投印在前者，已印契后必即离业；虑有交易在后而管业在前者，已离业后必即割税；虑因循不割税而为人告论，以致拘没者。②

总之，宋代的户帖、砧基簿、分家关书等田宅产权文书是产权经济特征的法定文字记录，把田宅等产权与特定的场所、位置以及产权权利束的掌握者联系起来，也记载了田宅等产权权利束交换、保留、分割、组合的过程，也是宋代朝廷进行田宅产权界定、产权保护的主要平台之一。

---

① 《名公书判清明集》卷之九《户婚门·违法交易》，佚名《正典既子母通知不得谓之违法》，第299—300页。
② （宋）袁采：《袁氏世范》卷三《治家·田产宜早印契割产》，第61页。

结　论

产权经济学认为，产权制度最重要的作用在于，"从宏观上为全社会各阶层设立了一个产权制度的框架，使之在全国范围内有效地运转；在微观上为各种经济组织设立了一个确定的财产制度，并使之有效地运转"①。通过对宋代产权结构（特别以宋代的义产作为个案分析）、私人财产检校制度与主要产权文书的研究，本书初步分析了宋代的产权状况，揭示了宋代经济结构以及运行状况。

产权制度是经济运行的基础，各种权利束实际上是经济运行的主要内容，即社会经济主要是各种资源的产权权利通过分割、保留、转换、重组等过程以实现资产增值，从而达到经济增长的目的。因此，划分产权结构类型，可以清楚地知道产权权利束的分布状况，能够理解每个历史时期的经济结构以及由此产生的经济运行状况。在反映产权经济属性的同时，宋代共有产权类型——"义产"也体现了基由经济属性之上的社会属性，促进了古代社会福利的进步，这说明产权的社会属性是通过产权的经济属性来发挥其效用，包含着产权的激励功能，而产权通过自身的增值，扩大资产（主要是田产）的数量，体现出产权的资源配置功能；同时，对产权主体的各种权利与义务的各种规定，体现着产权的约束功能，从而在整体上影响了宋代社会经济的发展。产权的经济属性与社会属性相结合，成为宋代社会经济发展的主要动力，这应该是宋代经济大大超过前代的主要原因

---

① 梁小民主编：《经济学发展轨迹——历届诺贝尔经济学奖获得者述要（第二辑）》，人民日报出版社 1998 年版，第 311 页。

之一。①

国家的目标是既要保证财政收入的增长，也要实现社会经济总量与社会福利的增长，所以国家必须合法合理地行使其产权权力——界定权、裁判权与赋役权。宋代私人财产检校制度比较详细地反映了宋代朝廷行使界定权与裁判权两种产权权力的状况，国家通过介入民间产权权利束的分割、保留、转换、重组等过程，稳定了宋代的产权秩序与经济秩序，间接地促进了经济的发展，加强了宋代官府对乡村宗族与地方社会的控制。

作为私人产权权利束与国家产权权力的结合物，宋代的户帖、砧基簿、契约、分家关书等主要产权文书记载了宋代土地、房产等在特定的时间和空间中各种产权权利束交换、保留、分割、组合以及国家产权权力的界定、裁判与征税的过程，既是宋代经济运行轨迹的记载，也是宋代各阶层人们谋求自身利益的重要法律保证。

当然，由于社会发展本身的局限，使得宋代产权制度存在一定的缺陷，但是这些缺陷仍然不能改变产权制度作为宋代社会基本经济制度的地位，对宋代整个社会经济的发展与社会进步仍然有不可或缺的重要作用。

综上所述，我们可以获得对宋代产权制度的几点看法：

第一，产权制度是宋代的基本经济制度之一。宋代资源的产权分配主要以市场配置为主，行政配置（或者是身份性配置）为辅；且宋代的产权结构主要可以分为私有产权、国有产权、共有产权，其中私有产权占主导地位。

第二，宋代产权的经济属性与社会属性相互作用，共同推动社会经济的发展与社会福利的提高；

第三，宋代经济运行是以各种资产的产权权利束交换、保留、分割、组合等为主要表现形式；

第四，宋代国家通过行使界定权、裁判权与征税权等产权权力来维护产权秩序与经济秩序，从而加强对乡族势力与地方社会的控制。

第五，宋代产权制度也不可避免地存在由于地方势力破坏、吏治以及国家财政因素造成的种种弊端。

---

① 杜文玉：《唐宋经济实力比较研究》，《中国经济史研究》1998 年等 4 期。

参考文献

一 史籍

（东周）管仲著，黎翔凤校注，梁运华整理：《管子校注》，新编诸子集成本，中华书局2004年版。

（战国）韩非著，张觉点校：《韩非子》，岳麓书社1990年版。

（战国）孟轲著，李学勤主编：《孟子注疏》，十三经注疏本，北京大学出版社1999年版。

（西汉）司马迁：《史记》，中华书局1982年版。

（东汉）班固：《汉书》，中华书局1962年版。

（东汉）许慎撰，（宋）徐铉校定：《说文解字》，中华书局2002年版。

（东汉）许慎撰，（清）段玉裁注：《说文解字注》，中州古籍出版社2006年版。

（南朝宋）范晔：《后汉书》，中华书局1965年版。

（北齐）魏收：《魏书》，中华书局1974年版。

（唐）房玄龄等：《晋书》，中华书局1974年版。

（唐）魏征、令狐德棻等：《隋书》，中华书局1982年版。

（唐）欧阳询等：《艺文类聚》，中华书局1965年版。

（唐）长孙无忌等撰，刘俊文点校：《唐律疏议》，中华书局1983年版。

（唐）长孙无忌等：《唐律疏议》，景印文渊阁四库全书，台湾商务印书馆1986年版。

（唐）长孙无忌等：《故唐律疏议》，元泰定四年抄本（微缩胶卷），京都 Kyoto University Library，2002 年。

（唐）李隆基、李林甫等：《唐六典》，中华书局 1992 年版。

（唐）杜佑：《通典》，万有文库十通本，浙江古籍出版社 2000 年版。

（唐）白居易，（宋）孔传：《白孔六帖》，景印文渊阁四库全书，台湾商务印书馆 1986 年版。

（唐）刘禹锡：《刘禹锡全集》，上海古籍出版社 1999 年版。

（后晋）刘昫等：《旧唐书》，中华书局 1998 年版。

（宋）王溥等：《唐会要》，中华书局 1998 年版。

（宋）王钦若等：《册府元龟》，台湾中华书局 1996 年版。

（宋）王溥等：《五代会要》，中华书局 1998 年版。

（宋）李昉等：《太平御览》，中华书局 1960 年版。

（宋）李昉等：《文苑英华》，中华书局 1966 年版。

（宋）窦仪等：《宋刑统》，中国书店 1990 年版。

（宋）王禹偁：《王黄州小畜集》，宋绍兴十七年黄州刻钞补本，宋集珍本丛刊第 1 册，线装书局 2004 年版。

（宋）张詠：《乖崖集》，景印文渊阁四库全书，台湾商务印书馆 1986 年版。

（宋）余靖：《武溪集》，景印文渊阁四库全书，台湾商务印书馆 1986 年版。

（宋）范仲淹：《范仲淹全集》，四川大学出版社 2002 年版。

（宋）蔡襄：《端明集》，景印文渊阁四库全书，台湾商务印书馆 1986 年版。

（宋）刘攽：《彭城集》，景印文渊阁四库全书，台湾商务印书馆 1986 年版。

（宋）韩维：《南阳集》，景印文渊阁四库全书，台湾商务印书馆 1986 年版。

（宋）范纯仁：《范忠宣集》，景印文渊阁四库全书，台湾商务印书馆 1986 年版。

（宋）苏轼：《苏轼文集》，中华书局 1996 年版。

（宋）强至：《祠部集》，丛书集成初编本，商务印书馆 1935 年版。

（宋）李新：《跨鳌集》，景印文渊阁四库全书》，台湾商务印书馆 1986 年版。

（宋）敕撰：《元丰官志不分卷》，宋史资料萃编第四辑（王民信主编），文海出版社 1981 年版。

（宋）慕容彦逢：《摛文堂集》，景印文渊阁四库全书，台湾商务印书馆 1986 年版。

（宋）苏辙撰，俞宗宪点校：《龙川略志》，中华书局 1999 年版。

（宋）沈括著，侯真平点校：《梦溪笔谈》，岳麓书社 2002 年版。

（宋）吕陶：《净德集》，丛书集成初编本，商务印书馆 1935 年版。

（宋）毕仲游：《西台集》，景印文渊阁四库全书，台湾商务印书馆 1986 年版。

（宋）佚名：《宋大诏令集》，中华书局 1997 年版。

（宋）洪迈撰，何卓点校：《夷坚志》（1－4 册），中华书局 1981 年版。

（宋）梁克家撰，陈叔侗校注：《三山志》，方志出版社 2003 年版。

（宋）梁克家：《淳熙三山志》，景印文渊阁四库全书，台湾商务印书馆 1986 年版。

（宋）梁克家：《淳熙三山志》，宋元方志丛刊第 8 册，中华书局 1990 年版。

（宋）郑瑶，方仁荣：《景定严州续志》，宋元方志丛刊第 5 册，中华书局 1990 年版。

（宋）陈耆卿：《嘉定赤城志》，宋元方志丛刊第 7 册，中华书局 1990 年版。

（宋）谢深甫等：《庆元条法事类》，中国书店 1990 年版。

（宋）李焘撰，上海师范大学古籍整理研究所等点校：《续资治通鉴长编》，中华书局 1995 年版。

（宋）李焘：《续资治通鉴长编》，景印文渊阁四库全书，台湾商务印书馆 1986 年版。

（宋）刘克庄：《后村先生大全集》，四部丛刊初编本，上海书店 1989

年版。

（宋）周应合：《景定建康志》，宋元方志丛刊第 2 册，中华书局 1990 年版。

（宋）李心传：《建炎以来系年要录》，中华书局 1956 年版。

（宋）李心传：《建炎以来朝野杂记》，中华书局 2000 年版。

（宋）张淏：《宝庆会稽续志》，宋元方志丛刊第 7 册，中华书局 1990 年版。

（宋）史能之撰，常州市图书馆校对：《毗陵志》，四川美术出版社 2005 年版。

（宋）方勺：《泊宅编》，中华书局 1997 年版。

（宋）梅应发、刘锡：《开庆四明续志》，宋元方志丛刊第 6 册，中华书局 1990 年版。

（宋）尤玘：《万柳溪边旧话》，丛书集成初编本第 2785 册，中华书局 1985 年版。

（宋）陈起：《江湖小集》，景印文渊阁四库全书，台湾商务印书馆 1983 年版。

（宋）胡寅：《斐然集》，景印文渊阁四库全书，台湾商务印书馆 1986 年版。

（宋）罗濬：《宝庆四明志》，宋元方志丛刊第 5 册，中华书局 1990 年版。

（宋）孙觌：《鸿庆居士集》，景印文渊阁四库全书，台湾商务印书馆 1986 年版。

（宋）陈造：《江湖长翁集》，景印文渊阁四库全书，台湾商务印书馆 1986 年版。

（宋）陆游：《渭南文集》，景印文渊阁四库全书，台湾商务印书馆 1986 年版。

（宋）林希逸：《竹溪鬳斋十一藁续集》，景印文渊阁四库全书，台湾商务印书馆 1986 年版。

（宋）黄震：《黄氏日抄》，景印文渊阁四库全书，台湾商务印书馆 1986 年版。

（宋）史浩：《鄮峰真隐漫录》，景印文渊阁四库全书，台湾商务印书馆 1986 年版。

（宋）方万里、罗濬：《宝庆四明志》，宋元方志丛刊第 5 册，中华书局 1990 年版。

（宋）朱熹：《晦庵先生朱文公文集》，四部丛刊初编本，上海书店 1989 年版。

（宋）孙应时，鲍廉，（元）卢镇：《琴川志》，宋元方志丛刊第 2 册，中华书局 1990 年版。

（宋）吕祖谦：《东莱集》，景印文渊阁四库全书，台湾商务印书馆 1986 年版。

（宋）程珌：《洺水集》，景印文渊阁四库全书，台湾商务印书馆 1986 年版。

（宋）王应麟：《玉海》，景印文渊阁四库全书，台湾商务印书馆 1986 年版。

（宋）周必大：《文忠集》，景印文渊阁四库全书，台湾商务印书馆 1986 年版。

（宋）张孝祥撰，彭国忠点校：《张孝祥诗文集》，黄山书社 2001 年版。

（宋）洪迈：《容斋随笔》，上海古籍出版社 1998 年版。

（宋）刘宰：《漫塘集》，景印文渊阁四库全书，台湾商务印书馆 1986 年版。

（宋）祝穆：《古今事文类聚》，景印文渊阁四库全书，台湾商务印书馆 1986 年版。

（宋）吴处厚撰，李裕民点校：《青箱杂记》，中华书局 1983 年版。

（宋）楼钥：《攻媿集》，丛书集成初编本，商务印书馆 1935 年版。

（宋）魏了翁：《鹤山先生大全文集》，四部丛刊初编本，上海书店 1985 年版。

（宋）杜大珪：《名臣碑传琬琰之集》，景印文渊阁四库全书，台湾商务印书馆 1986 年版。

（宋）周淙：《乾道临安志》，宋元方志丛刊第 4 册，中华书局 1990

年版。

（宋）范成大：《骖鸾录》，丛书集成初编本第 3114 册，中华书局 1985 年版。

（宋）范成大：《石湖诗集》，丛书集成初编本第 2256 册，中华书局 1985 年版。

（宋）郑克：《折狱龟鉴译注》，刘俊文译注，上海古籍出版社 1988 年版。

（宋）任广：《书叙指南》，景印文渊阁四库全书:，台湾商务印书馆 1986 年版。

（宋）佚名：《寿昌乘》，宋元方志丛刊第 8 册，中华书局 1990 年版。

（宋）李元弼：《作邑自箴》，续修四库全书第 753 册，上海古籍出版社 1996 年版。

（宋）陈襄：《州县提纲》，丛书集成初编本第 932 册，中华书局 1985 年版。

（宋）邵雍：《击壤集》，景印文渊阁四库全书，台湾商务印书馆 1986 年版。

（宋）曹彦约：《昌谷集》，景印文渊阁四库全书，台湾商务印书馆 1986 年版。

（宋）陈均：《九朝编年备要》，景印文渊阁四库全书，台湾商务印书馆 1986 年版。

（宋）周辉撰，刘永翔点校：《清波杂志校注》，中华书局 1997 年版。

（宋）薛季宣：《浪语集》，景印文渊阁四库全书，台湾商务印书馆 1986 年版。

（宋）曾巩：《曾巩集》，景印文渊阁四库全书，台湾商务印书馆 1986 年版。

（宋）崔敦礼：《宫教集》，景印文渊阁四库全书，台湾商务印书馆 1986 年版。

（宋）黄榦：《勉斋集》，景印文渊阁四库全书，台湾商务印书馆 1986 年版。

（宋）陈振孙：《直斋书录解题》，景印文渊阁四库全书，台湾商务印书馆 1986 年版。

（宋）徐元杰：《楳埜集》，景印文渊阁四库全书，台湾商务印书馆 1986 年版。

（宋）陈耆卿：《嘉定赤诚志》，宋元方志丛刊第 7 册，中华书局 1990 年版。

（宋）杜范：《清献集》，景印文渊阁四库全书，台湾商务印书馆 1986 年版。

（宋）袁采：《袁氏世范》，丛书集成初编本第 974 册，中华书局 1985 年版。

（宋）叶适：《叶适集》，中华书局 1983 年版。

（宋）徐经孙：《矩山存稿》，景印文渊阁四库全书，台湾商务印书馆 1986 年版。

（宋）董煟：《救荒活民书》，景印文渊阁四库全书，台湾商务印书馆 1986 年版。

（宋）刘爚：《文庄先生刘文简公文集》，清同治九年刻本。

（元）欧阳玄：《圭斋文集》，景印文渊阁四库全书，台湾商务印书馆 1986 年版。

（元）徐元端：《吏学指南》，浙江古籍出版社 1988 年版。

（元）金履祥：《仁山文集》，景印文渊阁四库全书，台湾商务印书馆 1986 年版。

（元）马端临：《文献通考》，万有文库十通本，浙江古籍出版社 2000 年版。

（元）脱脱等：《宋史》，中华书局 1977 年版。

（元）冯福京等：《大德昌国州图志》，宋元方志丛刊第 6 册，中华书局 1990 年版。

（元）袁桷：《延祐四明志》，宋元方志丛刊第 6 册，中华书局 1990 年版。

（元）吴澄：《吴文正集》，景印文渊阁四库全书，台湾商务印书馆 1986 年版。

（明）张国维：《吴中水利全书》，景印文渊阁四库全书，台湾商务印书馆 1986 年版。

（明）杨士奇等：《历代名臣奏议》，景印文渊阁四库全书，台湾商务印书馆 1986 年版。

（明）顾清等：《正德松江府志》，正德七年刊本影印本，成文出版社有限公司 1983 年版。

（明）宋濂等：《元史》，中华书局 1976 年版。

（明）程敏政：《新安文献志》，景印文渊阁四库全书，台湾商务印书馆 1986 年版。

（清）全祖望撰，朱铸禹彙集校注：《全祖望集》，上海古籍出版社 2000 年版。

（清）乾隆官修：《续文献通考》，万有文库十通本，浙江古籍出版社 2000 年版。

（清）敕撰：《浙江通志》，景印文渊阁四库全书，台湾商务印书馆 1986 年版。

（清）和珅等奉敕撰：《大清一统志》，景印文渊阁四库全书，台湾商务印书馆 1986 年版。

（清）敕撰：《四川通志》，景印文渊阁四库全书，台湾商务印书馆 1986 年版。

（清）谢旻等监修：《江西通志》，景印文渊阁四库全书，台湾商务印书馆 1986 年版。

（清）敕撰：《江南通志》，景印文渊阁四库全书，台湾商务印书馆 1986 年版。

（清）毕沅：《续资治通鉴》，中华书局 1957 年版。

（清）王夫之：《宋论》，中华书局 2003 年版。

（清）徐松：《宋会要辑稿》，中华书局 1997 年版。

（清）董诰：《全唐文》，中华书局 1983 年版。

（清）桂馥：《说文解字义证》，齐鲁书社 1994 年版。

（清）陈钟英：《（光绪）黄岩县志》，清光绪三年刊本。

（民国）冯煦等：《（民国）金坛县志》，民国十年刊本影印本，成文出版社有限公司 1970 年版。

二 出土文献、碑刻资料与整理文献

张家山汉墓二四七号竹简整理小组：《张家山汉墓竹简［二四七号墓]》，文物出版社 2001 年版。

国家文物事业管理局古文献研究室：《吐鲁番出土文书》（1—10 册），文物出版社 1981—1991 年版。

（清）陆心源：《括苍金石志》，续修四库全书第 911 册，上海古籍出版社 1995 年版。

（清）陆心源：《吴兴金石记》，续修四库全书第 911 册，上海古籍出版社 1995 年版。

（清）王昶：《金石萃编》，石刻资料新编（第一辑），新文丰出版公司 1982 年版。

江苏通志局：《江苏金石志》，江苏通志局影印本 1927 年版。

中国科学院历史研究所资料室：《敦煌资料（第一辑)》，中华书局 1961 年版。

中国社会科学院历史研究所宋辽金元史研究室点校：《名公书判清明集》，中华书局 2002 年版。

天一阁博物馆，中国社会科学院历史研究所天圣令课题整理组：《天一阁藏明钞本天圣令校证》，中华书局 2006 年版。

三 今人论著（按照作者姓名拼音排序）

B

包伟民：《宋代地方财政史研究》，上海古籍出版社 2001 年版。

C

蔡绍荣：《也析北宋的"不抑兼并"：兼与唐兆梅先生商榷》，《学术月刊》1993 年第 12 期。

曹道安：《北宋之方田与手实》，《中央日报》1947 年 9 月 24 日。

陈伯瀛：《中国田制丛考》，商务印书馆 1935 年版。

陈登原：《中国田赋史》，上海书店 1984 年版。

陈国栋、罗彤华：《经济脉动：台湾学者中国史研究论丛》，中国大百科全书出版社 2005 年版。

陈明光：《"调均贫富"与"斟酌贫富"——从孔子的"患不均"到唐代的"均平"思想》，《历史研究》1999 年第 2 期。

陈明光：《唐代财政史新编》，中国财政经济出版社 1999 年版。

陈明光、毛蕾：《唐宋以来的牙人与田宅典当买卖》，《中国史研究》2000 年第 4 期。

陈明光：《唐宋田赋的"损免"与"灾伤检放"论稿》，《中国史研究》2003 年第 2 期。

陈明光：《论唐五代逃田产权制度变迁》，《厦门大学学报》2004 年第 4 期。

陈明光：《宋朝逃田产权制度与地方政府管理职能变迁》，《文史哲》2005 年第 1 期。

陈明光：《试论汉宋时期农村"计赀定课"的制度性缺陷》，《文史哲》2007 第 2 期。

陈垣：《二十史朔闰表》，中华书局 1999 年版。

陈支平：《近 500 年来福建的家族社会与文化》，三联书店上海分店 1991 年版。

陈支平：《民间文书与明清赋役史研究》，黄山书社 2004 年版。

程民生：《论宋代财政的特点与积贫的假象》，《中国史研究》1984 年第 3 期。

程民生：《宋代粮食生产的地域差异》，《历史研究》1991 年第 2 期。

程民生：《宋代地域经济》，河南大学出版社 1992 年版。

程民生：《中国北方经济史：以经济重心转移为主线》，人民出版社 2004 年版。

程念祺：《国家力量与中国经济的历史变迁》，新星出版社 2006 年版。

［美］Coase, Ronald H.（科斯）：Fedal Communication Commission（《联邦通讯委员会,》），*Journal of Law and Economics*（V2, Oct 1959），pp. 1－40，氏著，盛洪、陈郁等译校：《企业、市场与法律》，上海三联书店 1999 年版。

［美］Coase，Ronald H. ：The Nature of the Firm. *Economica* 4，1937：386 – 405.

［美］Coase，Ronald H. ：The Problem of Social Cost ［J］，*Journal of Law and Economics* 3（No. 1，October），1960：1 – 44.

D

戴建国：《唐〈元二十五年令·田令〉研究》，《历史研究》2000 年第 2 期。

戴建国：《宋代的田宅交易投税凭由和官印田宅契书》，《中国史研究》2001 年第 3 期。

［美］Demsetz（德姆塞茨）：《关于产权的理论》，载（美）科斯，诺斯等著，刘守英等译《财产权利与制度变迁——产权学派与制度学派译文集》，上海人民出版社、上海三联书店 2002 年版。

邓广铭、漆侠：《两宋政治经济问题》，知识出版社 1988 年版。

邓广铭：《邓广铭治史丛稿》，北京大学出版社 1997 年版。

邓小南：《宋代文官选任制度诸层面》，河北教育出版社 1993 年版。

邓小南：《走向"活"的制度史》，《浙江学刊》2003 年第 3 期。

邓小南：《祖宗之法：北宋前期政治述略》，生活·读书·新知三联书店 2006 年版。

刁培俊：《由"职"到"役"：两宋乡役负担的演变》，《云南社会科学》2004 年第 5 期。

刁培俊：《宋代乡役人数变化考述》，《中国史研究》2005 年第 1 期。

杜文玉：《唐宋经济实力比较研究》，《中国经济史研究》1998 年第 4 期。

F

［英］F. H. Lawson and Bernard Rudden. *The Law of Property*，Oxford：Clarendon，1982.

方豪：《金门出土宋墓买地券考释》，《史学集刊（中国历史学会）》1971 年第 3 期。

冯培红：《唐五代归义军军资库司初探》，《敦煌学辑刊》1998 年第

1 期。

　　付坚强：《我国历史上田宅典权制度流变考》，《中国农史》2000 年第 4 期。

G

　　高楠：《宋代家庭中的奁产纠纷——以已婚女为例》，《中国社会经济史研究》2004 年第 3 期。

　　高楠、王茂华：《宋代家庭中的奁产纠纷——以在室女为例》，《贵州文史丛刊》2004 年第 2 期。

　　葛金芳：《试论"不抑兼并"——北宋土地政策研究之二》，《武汉师范学院学报》1984 年第 2 期。

　　葛金芳：《宋代官田包佃成因简析》，《中州学刊》1988 年第 3 期。

　　葛金芳：《宋代官田包佃性质探微》，《学术月刊》1988 年第 9 期。

　　葛金芳：《宋代官田包佃作用评议》，《江汉论坛》1989 年第 7 期。

　　葛金芳：《宋代户帖考释》，《中国社会经济史研究》1989 年第 1 期。

　　葛金芳：《宋辽夏金经济研析》，武汉出版社 1990 年版。

　　龚汝富、姚小建：《南宋理财家李椿年与"经界法"的推行》，《烟台师院学报》1998 年第 3 期。

　　郭东旭：《宋代法制研究》，河北大学出版社 2000 年版。

　　郭东旭：《宋代买卖契约制度的发展》，《河北大学学报》1997 年第 3 期。

　　郭丽冰：《王之望在潼川府路的经界》，《广州市经济干部管理学院学报》2005 年第 2 期。

　　谷更有：《唐宋乡村社会与社会控制》，云南大学出版社 2005 年版。

　　郭正忠：《宋代四川盐业生产中的资本主义萌芽》，《社会科学研究》1981 年第 6 期。

　　郭正忠：《宋代盐业经济史》，人民出版社 1993 年版。

　　郭正忠：《三至十四世纪中国的权衡量度》，中国社会科学出版社 1993 年版。

H

　　韩国磐：《隋唐五代史纲》，人民出版社 1977 年版。

韩国磐：《中国古代法制史研究》，人民出版社1993年版。

［秘鲁］Hernando de Soto，于海生译：《资本的秘密》，华夏出版社2007年版。

何燕侠：《女性财产继承权的历史考察》，《大连大学学报》2003年第3期。

何兹全：《中古时代之中国佛教寺院》，载氏著《五十年来汉唐佛教寺院经济研究》，北京师范大学出版社1986年版。

何兹全：《佛教经律关于寺院财产的规定》，《中国史研究》1982年第1期。

［英］Honoré，A. M.（1961），*Ownership*，In A. G. Guest（ed.），Oxford Essays in Jurisprudence，Oxford：Oxford University Press，chapter 5.

胡建华：《宋代城市房地产管理简论》，《中国史研究》1989年第4期。

胡余暄：《宋代的土地整理与均税问题》，《农村经济》1936年第3期。

华山：《南宋统治阶级分割地租的斗争——经界法和公田法》，《山东大学学报》1960年第1期。

黄纯艳：《论宋代的私茶法与私茶》，《云南社会科学》2000年第5期。

黄纯艳：《宋代茶法研究》，云南大学出版社2002年版。

黄宽重：《南宋地方武力——地方军与民间自卫力量的探讨》，东大图书公司2002年版。

黄宽重：《唐宋基层武力与基层社会的转变——以弓手为中心的观察》，《历史研究》2004年第1期。

黄宽重：《宋代的家族与社会》，三民书局股份有限公司2006年版。

黄敏枝：《宋代佛教社会经济史论集》，学生书局1989年版。

黄毓甲：《宋元之佃农制与佃农生活（上，下）》，《说文月刊》1940年第2期。

J

季敏：《宋元佃农制研究》，《中原文化》1934年第7—8期。

姜密：《宋代"系官田产"研究》，中国社会科学出版社 2006 年版。

姜锡东：《宋代商人和商业资本》，中华书局 2002 年版。

靳小龙：《宋代转运使与地方控制研究》，花木兰文化出版社 2017 年版。

［法］JACQUES GERNET（谢和耐）：《中国 5—10 世纪的寺院经济》，耿昇译，上海古籍出版社 2004 年版。

K

柯昌基：《宋代的家族公社》，《南充师院学报》1982 年第 3 期。

柯昌基：《宗法公社管探》，《中国社会经济史研究》1985 年第 2 期。

柯昌基：《中国古代农村公社史》，中州古籍出版社 1989 年版。

L

李伯重：《理论、方法、发展趋势：中国经济史研究新探》，清华大学出版社 2002 年版。

李崇智：《中国历代年号考》，中华书局 2001 年版。

李华瑞：《宋代酒的生产和征榷》，河北大学出版社 2001 年版。

李华瑞：《宋史论集》，河北大学出版社 2001 年版。

李华瑞：《王安石变法研究史》，人民出版社 2004 年版。

李金水：《王安石经济变法新探——以均输法、青苗法、农田水利法、免役法为主》，博士学位论文，厦门大学，2006 年。

李锦绣：《唐代财政史稿：上，下卷》，北京大学出版社 1995 年、2000 年版。

李如钧：《宋代土地交易之研究——以典为中心讨论》，硕士学位论文，新竹清华大学，2000 年。

李锡厚：《宋代私有田宅的亲邻权利》，《中国社会科学院研究生院学报》1999 年第 1 期。

李伟国：《略论宋代的检校库》，载邓广铭等《宋史研究会论文集：一九八四年年会编刊》，浙江人民出版社 1987 年版。

李文治、江太新：《中国宗法宗族制与族田义庄》，社会科学文献出版社 2000 年版。

李埏：《不自小斋文存》，云南人民出版社 2001 年版。

梁庚尧：《南宋的荒田开垦政策》，《史原》1974 年第 5 期。

梁庚尧：《南宋的圩田政策》，《书目季刊》1974 年第 8 期。

梁庚尧：《南宋的农村经济》，联经出版事业公司 1985 年版。

梁庚尧：《南宋的农家劳力与农业资本》，《台大历史学报》1978 年第 5 期。

梁庚尧：《宋代社会经济史论集（上下册）》，允晨文化实业股份有限公司 1997 年版。

［美］Libecap，Gary D.：《产权的缔约分析》，陈宇东等译，社会科学文献出版社 2001 年版。

林文勋：《宋代土地制度研究述评》，载包伟民主编《宋代制度史研究百年（1900—2000）》，商务印书馆 2004 年版。

林文勋：《唐宋土地产权制度的变革及其效应》，载缪坤和等《经济史论丛（一）》，中国经济出版社 2005 年版，第 20—40 页。

刘春萍：《南宋田宅交易法初探》，《求是学刊》1994 年第 6 期。

刘云：《论唐前期的土地产权制度》，《厦门大学学报》2006 年第 1 期。

刘云：《南宋高宗时期财政制度的变迁》，《中国社会经济史研究》2007 年第 2 期。

刘云生：《宋代招标投标制度论略》，《广东社会科学》2004 年第 5 期。

卢向前：《唐代西州土地关系述论》，上海古籍出版社 2001 年版。

［美］路易斯·享利·摩尔根：《古代社会》，商务印书馆 1977 年版。

吕思勉：《吕思勉读史劄记》，上海古籍出版社 2005 年版。

M

马良怀：《崩溃与重建中的困惑——魏晋风度研究》，中国社会科学出版社 1993 年版。

马兴东：《宋代"不立田制"问题试析》，《史学月刊》1990 年第 6 期。

［美］McKnight, Brian E. （马伯良）. WHO GETS IT WHEN YOU GO：THE LEGAL CONSEQUENCES OF THE ENDING OF HOUSEHOLDS（JUEHU 绝户）IN THE SONG DYNASTY（960 – 1279C. E.）. *Journal of the Economic & Social History of the Orient.* 2000，（43）3：314 – 363.

［美］McKnight, Brian E. （马伯良）. *Village and bureaucracy in Southern Sung China.* Chicago：University of Chicago Press，1972.

苗书梅：《宋代军资库初探》，《河南大学学报》1996 第 6 期。

N

南开大学历史系中国古代史教研组：《中国封建社会土地所有制形式问题讨论集（上、下)》，生活·读书·新知三联书店 1963 年版。

［美］North, D. C. （道格拉斯·诺思)：《经济史中的结构与变迁》，上海三联书店、上海人民出版社 2002 年版。

P

裴汝诚、许沛藻：《宋代买扑制度略论》，《中华文史论丛》1984 年第 1 期。

［美］Posner, Richard A.，*The Economic Analysis of Law*，Boston and Toronto：Little Brown，1972.

Q

漆侠：《宋代货币地租及其发展》，《河北大学学报》1979 年第 1 期。

漆侠：《宋代的货币地租》，《中国社会经济史论丛》（第二辑），山西人民出版社 1982 年版。

漆侠：《宋代地租形态——兼论地价及其地租的关系》，氏著《求是集》，天津人民出版社 1982 年版。

漆侠：《宋代经济史（上，下)》，上海人民出版社 1987 年、1988 年版。

钱公博：《宋代解盐的生产和运销制度》，《大陆杂志》1964 年第 28 期。

屈超立：《论宋代转运司的司法职能》，《浙江学刊》2003 年第 4 期。

屈超立：《宋代地方政府民事审判职能研究》，巴蜀书社 2003 年版。

R

若璋：《宋代的屯田》，《东南日报》1948 年 2 月 2 日。

S

宋代官箴研读会编：《宋代社会与法律——〈名公书判清明集〉讨论》，东大图书有限公司 2001 年版。

宋家钰：《唐代的手实、户籍与计帐》，《历史研究》1981 年第 6 期。

宋史座谈会：《宋史研究集》（第 1 – 38 辑），"国立"编译馆 1958—2006 年版。

T

谭其骧：《中国历史地图集》，中国地图出版社 1996 年版。

汤开建：《宋代香港地区的盐业生产及盐的走私》，《暨南学报》1995 年第 2 期。

唐兆梅：《析北宋的"不抑兼并"》，《中国史研究》1988 年第 1 期。

陶希圣：《王安石以前田赋不均与田赋改革》，《食货半月刊》1934 年第 1 期。

［冰岛］Thráinn Eggertsson（思拉恩·埃格特森），吴经邦等译：《经济行为与制度》，商务印书馆 2004 年版。

W

魏天安：《宋代户绝条贯考》，《中国经济史研究》1988 年第 4 期。

魏天安：《宋代官田的数量和来源》，《中州学刊》1991 年第 4 期。

魏天安：《从模糊到明晰：中国古代土地产权制度之变迁》，《中国农史》2003 年第 4 期。

汪圣铎：《两宋财政史》，中华书局 1995 年版。

王德毅：《李椿年与南宋土地经界》，《食货月刊复刊》1972 年第 2 期。

王德毅：《南宋义役考》，氏著《宋史研究论集》，台湾商务印书馆股份有限公司 1993 年版。

王棣：《宋代乡里两级制度质疑》，《历史研究》1999 年第 4 期。

王棣：《宋朝乡司在赋税征收体制中的职权与运作》，《中州学刊》1999 年第 2 期。

王棣：《论宋朝县乡赋税征收体制中的乡司》，《中国经济史研究》1999 年第 2 期。

王棣：《宋代乡书手初探》，载张其凡等《宋代历史文化研究》，人民出版社 2000 年版。

王棣：《从乡司地位变化看宋代乡村管理体制的转变》，《中国史研究》2000 年第 1 期。

王棣：《宋代经济史稿》，长春出版社 2001 年版。

王国强：《试论宋代寺院占田的新方式》，《保山师专学报》1999 年第 3 期。

王日根：《明清民间社会的秩序》，岳麓书社 2004 年版。

王曾瑜：《宋朝阶级结构》，河北教育出版社 1996 年版。

王曾瑜：《凝意斋集》，兰州大学出版社 2003 年版。

王昭贵：《四川井盐业经济的繁荣和资本主义生产关系的最初萌芽》，《盐业史研究》1992 年第 3 期。

乌廷玉：《北宋大土地所有制的发展和"千步方田法"》，《松辽学刊》1985 年第 1 期。

吴晓亮：《略论宋代城市的消费》，《思想战线》1999 年第 5 期。

吴晓亮：《试论宋代"全民经商"及经商群体构成变化的历史价值》，《思想战线》2003 年第 2 期。

X

邢铁：《家产继承史论》，云南大学出版社 2000 年版。

邢铁：《宋代家庭研究》，上海人民出版社 2005 年版。

许怀林：《陈氏家族的瓦解与"义门"的影响》，《中国史研究》1994 年第 2 期。

Y

杨国宜：《南宋大地主土地所有制的发展》，《史学月刊》1959 年第 9 期。

杨国桢：《明清土地契约文书研究》，人民出版社 1988 年版。

杨国桢等：《闽南契约文书综录》，《中国社会经济史研究》1990 年增刊。

杨际平：《北朝隋唐均田制新探》，岳麓书社 2003 年版。

杨际平：《唐宋土地制度的承继与变化》，《文史哲》2005 年第 1 期。

杨际平：《宋代"田制不立"、"不抑兼并"说驳议》，《中国社会经济史研究》2006 年第 2 期。

杨际平：《麴氏高昌与唐代西州、交州租佃制研究》，载韩国磐《敦煌吐鲁番出土经济文书研究》，厦门大学出版社 1986 年版。

杨际平：《中晚唐五代北宋地权的集中与分散》，《中国社会经济史研究》2005 年第 3 期。

杨康荪：《宋代官田包佃述论》，《历史研究》1985 年第 5 期。

姚恩全：《宋元时期江南包佃的制度经济学分析》，《财经问题研究》2002 年第 6 期。

游彪：《宋代"禁寺、观毋买田"新解》，《中国经济史研究》2002 年第 4 期。

游彪：《宋代寺院经济史稿》，河北大学出版社 2003 年版。

余贵林、郝群：《宋代典卖制度散论》，《中州学刊》1997 年第 5 期。

Z

臧知非：《张家山汉简所见汉初继承制度初论》，《文史哲》2003 年第 6 期。

曾琼碧：《宋代租佃官田的"二地主"》，《中国史研究》1987 年第 2 期。

张传玺：《中国历代契约会编考释》，北京大学出版社 1995 年版。

张谷源：《宋代乡书手的研究》，中国文化大学史学研究所硕士论文，1998 年。

张景贤：《关于宋代的"限田"政策》，《河北大学学报》1981 年第 3 期。

张维华：《试论两宋封建地主经济的几个象征并提出几个相关的问

题》，《山东大学学报》1955 年第 2 期。

张荫麟：《北宋的土地分配与社会骚动》，《社会经济史集刊》1939 年第 1 期。

张子铭：《宋元的地籍整理》，《中央日报》1948 年 5 月 24 日。

［美］赵冈：《地权分配的长期趋势》，《中国社会经济史研究》2002 年第 1 期。

［美］赵冈：《历史上的土地制度与地权分配》，中国农业出版社 2003 年版。

［美］赵冈：《永佃制研究》，中国农业出版社 2005 年版。

郑定、柴荣：《两宋土地交易中的若干法律问题》，《江海学刊》2002 年第 6 期。

郑学檬：《中国古代经济重心南移和唐宋江南经济研究》，岳麓书社 2003 年版。

周生春：《试论宋代江南水利田的开发和地主所有制特点》，《中国农史》1995 年第 3。

朱家源：《试论宋代品官地主庄田土地占有形式》，《宋辽金史论丛》第一辑，中华书局 1985 年版。

朱瑞熙：《宋代社会研究》，中州书画社 1983 年版。

朱云鹏：《宋代宫观的田产及其经营》，《中国经济史研究》1999 年第 1 期。

左云鹏：《祠堂族长族权的形成及其作用试说》，《历史研究》1964 年第 5—6 期。

四　日文文献

［日］仁井田陞：《唐宋时代の家族共产と遗言法》，载《市村博士古稀记念东洋史论丛》，东京富山房 1933 年版。

［日］仁井田陞：《旧中国社会の"仲间"主义と家族——团体的所有の问题をも合せて》，日本法社会学会编《家族制度の研究（下）》，1962 年。

［日］仁井田陞：《中国の同族又は村落の土地所有问题——宋代以后

のいゎゆる「共同体」》,《东洋文化研究所纪要》一〇,1956 年。

[日] 仁井田陞:中国社会の家父长权力の构造,氏著:法社会学四"中国社会の法と伦理",东京:东京大学出版会,1955 年。

[日] 仁井田陞:《宋代の家产法に於ける女子の地位》,载氏著《中国社会の法と伦理》,清水弘文堂书房 1967 年版。

[日] 仁井田陞:《唐宋之家族共产与遗嘱法》,《食货半月刊》1935 年第 5 期。

[日] 仁井田陞: 《唐宋法律文书の研究》,东京大学出版会 1983 年版。

[日] 仁井田陞:《唐令拾遗》,东京大学出版会 1983 年版。

[日] 仁井田陞著,[日] 今崛诚二、姚荣涛译:《〈金玉新书〉与〈淳祐新书〉考》,杨一凡等:《中国法制史考证:丙编》第 3 卷,《日本学者考证中国法制史重要成果选译·宋辽西夏元卷》,中国社会科学出版社 2003 年版。

[日] 天野元之助:《中国社会经济史》,东京开明书院 1979 年版。

[日] 加藤繁著,吴杰译:《中国经济史考证（三卷)》,商务印书馆 1959 年、1963 年、1973 年版。

[日] 福泽与九郎: 《宋代乡曲（乡人）义田庄小考》, 《史学研究》62。

[日] 牧野巽:《司马氏书仪の大家族主义と文公家礼》,氏著:《近世中国宗族研究》,御茶之水书房 1980 年版。

[日] 丹乔二:《宋元时代江南圩田地带における村落共同体について——浜岛敦俊氏の「田头制」论にふれて》（研究纪要),日本大学·人文科学研究所 40,1990 年。

[日] 周藤吉之:《宋代庄园制の发达》,《东洋文化研究所纪要》四,氏著:《中国土地制度史研究》,东京大学出版会 1980 年版。

[日] 周藤吉之: 《宋代庄园の管理——特に幹人を中心として》,《东洋学报》三二の四,收入氏著《中国土地制度史研究》,东京大学出版会 1980 年版。

[日] 周藤吉之:《宋金时代に於ける庄园と佃户の一考察——特に长

安附近について》，"东方学" 二，收入氏著《中国土地制度史研究》，东京大学出版会 1980 年版。

［日］周藤吉之：《宋代の典小作制》，"法制史研究" 七。

［日］周藤吉之：《中国土地制度史研究》，东京大学出版会 1980 年版。

［日］周藤吉之：《宋代史研究》，东洋文库 1969 年版。

［日］周藤吉之：《唐宋社会经济史研究》，东京大学出版会 1975 年版。

［日］周藤吉之：《宋代经济史研究》，东京大学出版会 1971 年版。

［日］古川新平：《北宋前半期に於ける废监租佃の问题（一）（二）》，《史渊》44、47。

［日］河上光一：《北宋代淮南盐的生产构造和收盐机构》，《史学杂志》1964 年 12 月。

［日］宫崎市定：《中国近世における生业资本の借贷について》，《东洋史研究》11–1。

［日］宫崎市定：《アジア史研究》，京都同朋舍 1957—1978 年版。

［日］小林高四郎：《宋代地券考》，《社会经济史学》2–10。

［日］滋贺秀三：《中国家族法补考——仁井田陞博士「宋代の家产法に于ける女子の地位」を读みて》，《国家学杂志》67・5・6・9・10・11・12、68–7・8。

［日］柳田节子：《宋代女性の财产权》，《法政史学》42，1990 年。

［日］柳田节子：《论南宋时期家产分割中的"女承分"》，杨一凡：《中国法制史考证：丙编》第 3 卷，《日本学者考证中国法制史重要成果选译・宋辽西夏元卷》，中国社会科学出版社 2003 年版。

［日］小松惠子：《宋代における女性の财产权について》，《东洋史研究室报告》（广岛大学・文学部）13，1991 年。

［日］永田三枝：《南宋期における女性の财产权について》，《北大史学》（北海道大学）31，1991 年。

［日］板桥眞一：《宋代の戸绝财产と女子の财产权をめぐって》，载《柳田节子先生古稀记念：中国の传统社会と家族》，汲古书院 1993 年版。

［日］大泽正昭：《南宋の裁判と女性财产権》，《历史学研究》717，1998 年。

［日］佐伯富：《王安石の淤田法》，《东亚经济研究》28－1、2，氏著《中国史研究》第一，京都同朋舍 1978 年版。

［日］荒木敏夫：《宋代の方田均税法》，《东洋史研究》6－5。

［日］东一夫：《方田均税法の实施地域に关する考察》，《东洋史学论集》1。

［日］东一夫：《北宋仁宗朝の千步方田法について》，《史潮》52。

［日］东一夫：《方田均税法の机构について》，"东京学艺大报告五（史学·地理学）"。

［日］东一夫：《方田均税法の性格に关する一考察》，《东洋史学论集》3。

［日］曾我部静雄：《南宋の土地经界法》，"文化" 5－2，氏著《宋代政经史の研究》，东京吉川弘文馆 1974 年版。

［日］曾我部静雄：《宋代政経史の研究》，东京吉川弘文馆 1974 年版。

［日］曾我部静雄：《宋代财政史》，东京大安出版社 1966 年版。

［日］草野靖：《賈似道公田法の系譜》，载《论集中国社会·制度·文化史の諸问题：日野开三郎博士頌寿記念》，东京中国书店 1987 年版。

［日］寺地遵：《南宋末期，公田法の背景》，《史学研究》（广岛史学研究会）231，2001 年。

［日］重松俊章：《宋代の均产一揆と其系统》，《史学杂志》42－8。

［日］池田诚：《均产一揆の历史的意义——九一十世纪にぉける变革の问题》，《历史学研究》152。

［日］大崎富士夫：《宋代の義役》，广岛文理科大学研究室《史学研究纪念论集》，广岛文理科大学 1950 年版。

［日］高桥芳郎：《"父母已亡"女儿的继承地位——论南宋时期的所谓女子财产权，原载东洋史论集编辑委员会《东北大学东洋史论集（第六辑)》，日本仙台，1995 年；中译文见川村康《中国法制史考证：丙编》第 3 卷，《日本学者考证中国法制史重要成果选译——宋辽西夏元卷》，中

国社会科学出版社 2003 年版。

[日] 中田薫：《唐宋时代の家族共产制》，氏著《法制史论集》，东京岩波书店 1943 年版。

[日] 滋贺秀三著，张建国、李力译：《中国家族法原理》，法律出版社 2002 年版。

[日] 宋史提要编纂协力委员会：《宋代研究文献提要》，汲古书院 1974 年版。

后　记

这本小书源自我的博士学位论文《宋代产权制度专题研究》，略有修改。拙书能够得以出版，首先要衷心感谢业师陈明光教授。承蒙先生不弃，忝列门墙。老师的教导之恩，提携之情，时时激励我前行。

在博士论文写作过程中，厦门大学郑学檬教授、杨际平教授、马良怀教授以及我的硕士生导师华南师范大学王棣教授，都提供了富有建设性的意见；黄纯艳教授、徐东升教授、毛蕾教授也给予我可贵的帮助。我在此向他们一并表示诚挚的谢意！

在论文评阅和答辩过程中，首都师范大学李华瑞教授、云南大学吴晓亮教授、华南师范大学王棣教授、武汉大学冻国栋教授、厦门大学郑学檬教授、杨际平教授、陈支平教授、王日根教授、福建师范大学胡沧泽教授等校内外专家提出了不少精当的意见和建议，在此一并表示深深的感谢。

同时，感谢老师师母在生活和学习方面的关心和帮助，感谢师兄李金水、王万盈、何世鼎、靳小龙、刘文波、师姐孙彩红、周红、同门程利英及顾乃武、何锋等同学在学习和生活上的热心帮助，感谢学兄刁培俊王志双伉俪、学兄水海刚学姐翁频伉俪的热心帮助，感谢母校厦门大学提供良好的学术环境、便利的图书馆、独立的生活空间，还有她令人流连忘返的魅力。

其次，我要感谢家人一直以来的关爱和支持，妻子康佩珊承担了所有家务，让我无后顾之忧，儿子荞维也时时给予他独特的关心和帮助。

再次，我要感谢自己的头家闽南师范大学，为拙书提供了学术专著出版资助。

最后，我要感谢拙书的责任编辑宋燕鹏博士。正是他的耐心、热心、敏锐和宽容才使得拙书得以成品问世，并把拙书的错误降至最低。当然，本书的文责由我本人自负。

史学研究，千淘万漉，吹尽狂沙。作为初学时期的成果，固有可取之处，然限于本人的学识水平，难免存在疏漏甚至错误之处，敬请诸位专家学者不吝赐教。

刘云

2019 年 12 月于漳州何衙内